国家出版基金项目
NATIONAL PUBLICATION FOUNDATION

国家出版基金资助项目

"十四五"国家重点图书出版规划项目

唐丽霞　刘启明

焦芳芳　袁伟民　◇著

乡村产业振兴与乡村功能拓展

中国乡村振兴
前沿问题研究
丛书

丛书主编◇李小云

执行主编◇左　停

湖南人民出版社·长沙
PUBLISHING & MEDIA

图书在版编目（CIP）数据

乡村产业振兴与乡村功能拓展／唐丽霞等著．--长沙：湖南人民出版社，
2023.10

（中国乡村振兴前沿问题研究丛书／李小云主编）

ISBN 978-7-5561-2879-2

Ⅰ．①乡⋯　Ⅱ．①唐⋯　Ⅲ．①乡村—农业产业—产业发展—研究—中国
Ⅳ．①F323

中国国家版本馆CIP数据核字（2023）第161697号

XIANGCUN CHANYE ZHENXING YU XIANGCUN GONGNENG TUOZHAN

乡村产业振兴与乡村功能拓展

丛书主编　李小云

执行主编　左　停

本册著者　唐丽霞　刘启明　焦芳芳　袁伟民

策划编辑　黎红霞　欧阳臻莹

责任编辑　黎红霞　夏文欢

装帧设计　许婷怡

责任校对　黄梦帆

出版发行　湖南人民出版社［http://www.hnppp.com］

地　　址　长沙市营盘东路3号

电　　话　0731-82683346

邮　　编　410005

印　　刷　长沙鸿发印务实业有限公司

版　　次　2023年10月第1版

印　　次　2023年10月第1次印刷

开　　本　710 mm×1000 mm　1/16

印　　张　16

字　　数　255千字

书　　号　ISBN 978-7-5561-2879-2

定　　价　70.00元

营销电话：0731-82221529（如发现印装质量问题请与出版社调换）

总序

在中国式现代化进程中
全面推进乡村振兴理论与实践创新研究

党的十九大明确提出实施乡村振兴战略，并将其作为构建社会主义市场经济体系的六大方面之一。2018年，《中共中央 国务院关于实施乡村振兴战略的意见》明确了实施乡村振兴战略的指导思想、目标任务和基本原则，进一步明确了乡村振兴战略实施路线图。乡村振兴战略是中国乡村发展实践总结出来的新思想、新模式、新路径，是党的农业农村工作的总抓手，是针对我国农业、农村、农民的特点提出的具有中国特色的乡村发展道路。

习近平总书记强调："从中华民族伟大复兴战略全局看，民族要复兴，乡村必振兴。"我们已经实现从解决温饱、摆脱贫困到全面小康的历史性跨越，但城乡发展不平衡、农村发展不充分仍然是社会主要矛盾的突出体现。农业农村这个短板能不能补上，是现代化进程中必须处理好的重大问题，关系到社会主义现代化建设的成效，也关系到共同富裕的成效，迫切需要坚持农业现代化与农村现代化一体设计、一并推进，走中国特色乡村振兴道路。

全面推进乡村振兴是新发展阶段乡村发展工作重心的历史性转移。乡村振兴是全域、全员、全方位的振兴，涉及乡村产业、人才、文化、生态、组织振兴诸多方面，对象更广、范围更宽、要求更高、难度更大，是一项中长期的任务，最终目标是全面实现农业农村现代化，实现农业强、农民富、农村美，"全面实施乡村振兴战略的深度、广度、难度都不亚于脱贫攻坚"，需要系统谋划、有序推进。

全面推进乡村振兴也是构建新发展格局的需要。随着经济社会的发展，农业多种功能、乡村多元价值越来越得以彰显，全面推进乡村振兴也是挖掘农村内需潜力、畅通城乡大循环、构建新发展格局的重要举措。扩大内需，培育完整内需体系，农村有着广阔的增量空间。农民收入水平提升、农村社会事业发展，会释放出巨量的投资和消费需求。加快拓展和畅通国内大循环，就需要充分挖掘农村内需潜力，推动乡村振兴和城市更新"双轮驱动"，进一步增强产业链供应链韧性。

全面推进乡村振兴还是应变局、开新局的关键之举。习近平总书记强调："从世界百年未有之大变局看，稳住农业基本盘、守好'三农'基础是应变局、开新局的'压舱石'。"改革开放以来，我们创造出的经济快速发展、社会长期稳定这"两个奇迹"，一个很重要的因素就是保持"三农"的稳定发展。2020年以来，应对新冠疫情和部分地区严重自然灾害冲击，我国粮食和重要农副产品供给充裕，农村社会保持和谐安定，对保持经济社会稳定发展功不可没。当前，外部形势复杂变化，不稳定性不确定性日益增加，需要通过乡村振兴实现农业农村稳定发展，赢得应对风险挑战的战略主动和回旋余地。

全面推进乡村振兴更是中国式现代化进程的一个部分，面临很多理论、政策和实践问题。当前的乡村振兴战略，一方面是全球现代化特别是新中国以来国家农业农村现代化战略和实践的一个部分，另一方面又有鲜明的时代特征，面临其他国家、其他时期所没有的问题和挑战。乡村振兴战略需要随着实践的深化而加大研究总结力度。比如，不同类型地区的乡村振兴类型是否有差别；在城镇化大背景下，农村的人口尤其是年轻人还在继续减少，乡村振兴如何实现；在推进乡村振兴产业发展过程中，如何兼顾产业发展的规模集聚效益；如何推进乡村治理体系的创新，有效地保证乡村振兴战略的实施；如何在保证国家生态安全和粮食安全前提下，通过乡村振兴实现农民生活富裕的目标；等等。这些来自实践中的诸多疑问要求我们更加科学、准确地回答关于乡村振兴的实质或内涵到底是什么，需要在更深的层次从多维视角对我国乡村振兴研究的现状、热点和前沿进行更深入的思考和研究。

为此，三年前，湖南人民出版社和中国农业大学国家乡村振兴研究院商量，计划联合学术同仁对当前全面推进乡村振兴所面临的一些迫切需要思考的理论实践问题开展研究，并撰写出版这套《中国乡村振兴前沿问题研究丛书》，以期为更深入开展乡村振兴研究提供重要参考和建议。经过几个方面的努力，现在这套丛书终于付梓。

《中国乡村振兴前沿问题研究丛书》坚持问题导向、国际视野和前沿性，强化实地调查、案例研究和统计分析，在中外乡村发展理论大视野下，力求对当前的乡村振兴理论进行深刻理解和阐释，致力于回应乡村振兴战略和政策实践的现实需要。《中国乡村振兴前沿问题研究丛书》也对代表性的乡村振兴案例进行生动呈现。丛书共七卷，主要的内容包括国家现代化进程与乡村振兴战略、巩固拓展脱贫攻坚成果与乡村振兴有效衔接、乡村产业振兴与乡村功能拓展、乡村振兴与乡村人才建设、乡村振兴与民生保障、乡村组织振兴与新时代乡村治理、乡村振兴与城乡融合发展。丛书各卷编撰都由相关领域的一线专家担纲，这些专家对相关问题有充分的研究积累。

我们需要从全球现代化进程和中国农业农村发展的大历史的视角理解中国乡村振兴战略提出的必然性，理解中国乡村振兴的本质属性，并在此基础上构思解决中国农业、农村、农民发展各类问题的路径框架。《国家现代化进程与乡村振兴战略》系统地分析和阐释乡村振兴战略提出与形成的国际国内背景、基本内涵、重要内容、实施体系和重大意义；针对农村改革与发展中迫切需要解决的问题，诸如农村土地流转、农村组织与制度、农产品生产与流通、乡村建设与发展、城镇化、农村金融、贫困与脱贫攻坚、农村社会、农村法治、乡村治理等进行论述，聚焦"三农"领域的新做法、新经验；总结评估乡村振兴战略从顶层设计到基层落实的实践现状、主要做法、经验和模式。

脱贫攻坚和乡村振兴既是局部和全局的关系，也是不同发展阶段的关系。脱贫攻坚为乡村振兴提供了现实基础；乡村振兴也能为减贫创造长期的有利的政策氛围，为减贫发挥经济上的牵引作用，可以提升社会托底的水平，为减贫建立新的标杆，也为长期的反贫困提供新的治理和发展的资源和力量。巩固拓展脱贫攻坚成果与乡村振兴相衔接既是当下的问题，也是一个长期问题，涉及实现包容性、益贫性的社会经济发展模式和公共政策体系。《巩固拓展脱贫攻坚成果与乡村振兴有效衔接》就做好脱贫攻坚与乡村振兴有效衔接需要把握和厘清的二者的深刻内涵和内在逻辑关系，两大战略协同推进、平稳过渡的政策着力点、关键路径、机制构建以及实施重点、难点等做了分析阐释，对脱贫攻坚已形成的经验和项目如何主流化、常态化、机制化嵌入到乡村振兴战略进行了展望和讨论。

乡村振兴战略不仅应重视传统农业的发展，还应拓展乡村产业发展的新的方向，也就是对乡村新的产业功能的拓展。《乡村产业振兴与乡村功能拓展》从夯实农业生产能力基础、加快农业转型升级、提高粮食等农产品质量安全、建立现代农业经营体系、强化农业科技支撑、完善农业支持保护制度、推动农村产业深度融合、完善紧密型利益联结机制、激发农村创新创业活力等方面进行了阐释；同时，本卷还着眼于未来乡村产业发展，探讨了深化改革、拓展农村的新功能，通过构建新的乡村产业体系和新农业，为实现"农业强""农民富"创造前提。

乡村振兴离不开乡村人才振兴，乡村振兴需要一批新农人。《乡村振兴与乡村人才建设》从城乡融合的视角，对乡村人才队伍建设，特别是农业经营管理人才（农业职业经理人）、新型职业农民、农业科技人才、农村电商人才、乡村人才挖掘、乡村教育体系、乡村人才培养机制等方面作了详细阐释，就如何创新人才培育、引进、使用、激励体制进行分析和论证，旨在为激励各类人才在农村广阔天地大施所能、大展才华、大显身手，打造一支懂农业、爱农村、爱农民的强大的乡村振兴人才队伍提供具体指导。

乡村振兴战略的出发点和立足点都是人的发展、人民福祉的改善，特别是生活在乡村中的农民。农民的生活富裕是乡村振兴的最重要目标，也是中国现代化的特色和本色。《乡村振兴与民生保障》从政治、社会和经济维度对乡村振兴民生保障的目标、重点、意义和基本框架进行了系统性的阐释。乡村振兴应该为农民提供生态宜居的家园，提供基本的民生保障。乡村是一个人类生态系统，乡村振兴的过程应该包括人类生态系统的优化、功能化。乡村系统不仅能够传承乡村传统文化，更重要的要为乡村文化文明的新发展提供沃土。要把乡村文化和乡村生态系统融合起来，打造乡村居民生态宜居的家园。要加强改善乡村福利、加强乡村社会服务体系建设，发展乡村养老等服务功能。

组织振兴是乡村振兴的核心，《乡村组织振兴与新时代乡村治理》紧紧抓住组织振兴这一乡村振兴的"牛鼻子"，从组织振兴的意义、乡村治理的历史演变与时代要求以及如何构建新时代乡村治理体系等方面进行深入阐述，剖析了构建新时代乡村治理体系所面临的难题和困境，提供了打造服务型政府、建设村民自治组织、推进乡村法治建设、提升乡村德治水平、壮大乡村集体经济组织等措施和方法，为实现乡村各类组织的全面振兴提出相应的政策路径。组织振兴还要积极考虑数字治理技术在乡村的推进应用，打破数字鸿沟、实现数字超车，提升乡村组织治理能力和水平。

　　乡村振兴需要在城乡融合发展的大格局下予以推进。作为面向2050年国家现代化进程一部分的乡村振兴战略，也需要嵌入到国家社会经济发展的宏大框架中，与城镇化等"四化"统筹的战略相配合。城乡融合是推进乡村振兴战略的重要路径之一，只有通过城乡融合，才能实现资源在城乡之间的优化配置。城乡基本公共服务均等化是推进城乡融合的目标和主要指标，基本服务均等化也是提升乡村能力、改善乡村居民福利的重要方面，也是乡村产业发展的平台。《乡村振兴与城乡融合发展》力图从理论上建构新型工农城乡关系的框架，从实践层面回应城乡融合的政策和措施手段。

　　丛书尽可能针对乡村振兴需要思考的理论与实践问题进行系统的梳理和研究，提出了很多有建设性的意见和建议，为我国乡村振兴的学术研究提供了前沿观点与资料储备，也提出了需要学界和业界进一步探索的问题。我们希望丛书的出版有利于乡村振兴研究和实践工作的开展。

　　习近平总书记强调，全面建设社会主义现代化国家，既要有城市现代化，也要有农业农村现代化。要在推动乡村全面振兴上下更大功夫，推动乡村经济、乡村法治、乡村文化、乡村治理、乡村生态、乡村党建全面强起来，让乡亲们的生活芝麻开花节节高。乡村振兴涉及的领域十分丰富，需要研究探索的问题也很繁杂。本丛书的研究编写历经了三年的时间，其间，国内外的形势发生变化，乡村振兴战略的推进也在不断深化，丛书可能没有完全反映相关领域的最新进展，也希望得到各界的批评指教。

李小云

2023年8月

目 录

第三章

农业标准化与品牌化发展

第四章

农业产业的市场化探索

第五章

乡村功能的拓展与乡村产业新业态

第一章

乡村振兴背景下我国乡村产业发展情况

农业产业是乡村振兴的"压舱石",是保障就业的"蓄水池",是促进国民经济发展的"战略后院",也是巩固提升全面小康成果的重要支撑。发展农业产业,把产业链增值收益更多地留给农民,农村全面小康社会和脱贫攻坚成果的巩固才有基础。农业产业的发展也是推进农业农村现代化的重要引擎。农业农村现代化不仅是技术装备的提升和组织方式的创新,更体现为构建完备的现代农业产业体系、生产体系和经营体系,推进农业规模化、标准化、集约化,纵向延长产业链条,横向拓展产业形态,助力农业强、农村美、农民富。

本章将结合具体宏观数据,在对我国农业产业结构的总体变动情况与趋势进行梳理与总结的基础上,进一步分析我国乡村休闲旅游农业、电商农业等农业新业态的发展情况,以及农村扶贫车间、农村光伏产业、一村一品等乡村特色农业产业发展情况,并分别对我国农业加工业和服务业、农业从业主体结构的变动趋势,以及家庭农场、农民合作社、农业企业等新型农业经营主体的发展情况进行系统概述。最后,提出乡村振兴背景下我国农业产业发展的挑战与应对策略。

一、乡村产业总体情况

（一）乡村产业发展的历史回顾

如何建设乡村，建设怎样的乡村，是近代以来中华民族面对的重大课题。从孙中山的"耕者有其田"到晏阳初的"河北定县试验"，再到梁漱溟的"山东邹平试验"……可以说，"三农"如今被重视程度前所未有，而农业农村优先发展的一个重要前提便是"产业兴旺"。产业兴则乡村兴，新中国成立70多年来，从乡镇企业逐渐发展而来的乡村产业，经历了从艰难孕育到百舸争流的蜕变过程，走出了一条伟大的蝶变之路。

1949年的中国，人均工农业总产值仅有86元，人均钢产量也只有300克，乡镇企业的发展更是无从谈起。自新中国成立初期实行国家工业化、允许发展地方工业包括社办工业以来，1959年社办工业企业70万个，总产值100亿元，约占农村工农生产总值的16.75%。1977年，社队企业工业总产值达到332亿元，农村非农劳动力和非农产业产值占农村比重分别达到4.67%和21.00%。

1978年12月，十一届三中全会开启了改革开放新时期。我国著名社会学家费孝通在改革开放初期考察江苏省小城镇发展时曾说过："社会工业的这种强盛的生命力和普遍的适应性，不能不使人联想到那'野火烧不尽，春风吹又生'的小草，草根深深地扎在泥土之中，一有条件它就发芽，就蓬蓬勃勃地生长。"经济短缺时代商品和服务的长期匮乏满足不了城乡居民家庭生活最基本的需求，单一公有制经济满足不了日益增长的就业需要，特别是不能吸纳"包产到户"后几乎瞬间释放出来的巨量农村剩余劳动力，这两个因素让乡镇企业"春风吹又生"。乡镇企业的出现让乡村也有了或大或小的产业，从而让农业劳动力离土不离乡、进厂不进城，就地转化为产业劳动力，农村社会出现新的活力。据统计，1978年，我国乡镇企业就业人数为2826.56万人。1991年，这一人数则达到了9614万人，占农村劳动力总数的20.21%；1978年，乡镇企业增加值为209.39亿元，1991年达到2972亿元，年平均增长率达26%。[①]

1992年，邓小平同志南方谈话和党的十四大召开加深了乡镇企业摆脱计划经济与市场经济争论的羁绊，大踏步登上经济社会舞台。1991至1995年，我国乡镇企业就业人数从9609万人上升至1.35亿人。1997年亚洲金融危机爆发，此时农业劳动力却不降反增，2002年达到高峰3.687亿，乡镇企业就业人数恰恰在1996至2002年呈先降后升趋势，直到2003年才超过了1996年的总数[②]。这一阶段，农村富余劳动力增加了，但乡镇企业的吸纳能力依然有限，于是大量农民开始进城务工，乡村劳动力逐渐减少，一些"空心化"乡村逐渐形成。没有企业，就无法吸引外出农民工返乡，而没有农民工返乡发展产业，也就没有乡村振兴。于是，鼓励开办乡镇企业便成了解决这些问题的重要途径。对此，中央采取了一系列重要措施，如吸引大量乡镇企业回归农业，瞄准开发农业资源、彰显特色优势等。21世纪的前10年，我国乡镇企业增加值中第三产业所占比重提高了2.21个百分点，2011年接近1/4，各类乡镇企业园区比重提高，超过1万个园区的增加值占到28%[③]；农产品加工业比重不断提高，2011年达到32.5%，接近1/3，拥有技术创新中心和研发机构6.77万个，比2002年增长50%[④]。

2012年11月，党的十八大以来，国家开始大力实施创新驱动发展战略和大众创业万众创新战略，并不断向农村延伸拓展，乡镇企业发展成为新型乡镇企业，开始形成以创新带创业、以创业带就业、以就业带增收的良性互动局面。截至2018年底，我国乡镇企业总产值86万亿元，乡镇企业数量3300多万个，其中集体企业13万个、私营企业51万个、个体工商户2500万个，其他为混合所有制企业；乡镇企业从业人数1.64亿人，其中集体企业350万人、私营企业5600万

---

① 根据《中国统计年鉴（1992）》相关数据整理。
② 根据《中国统计年鉴》相关年份数据整理。
③ 根据《中国农村统计年鉴》相关年份数据整理。
④ 根据《中国农产品加工业年鉴（2012）》相关数据整理。

人、个体工商户6300万人。①新型乡镇企业即由农民领办、开发农村资源、活跃农村二三产业、壮大县域经济、充分带动农民就地就业增收的新型群体。乡村产业也由此发展而来，日益得到重视。乡村产业系统也紧紧围绕农村一二三产业融合发展持续发力，努力构建乡村产业体系，推动城乡融合发展。

现如今，我国各地以农业农村现代化为总目标，以农业供给侧结构性改革为主线，依托农业农村资源，以农民为主体，以一二三产业融合发展为路径，发掘农业多种功能，开发乡村多重价值，延长产业链、提升价值链、打造供应链，形成了大批乡村产业。例如，江苏省坚持把发展新产业、新业态、新模式作为乡村产业振兴的新增长点；黑龙江省坚持特色支撑，加快乡村产业培育；河南省大力发展产业集群，促进乡村产业振兴；陕西省实施现代农业"3+X"工程，强力推进乡村产业全面振兴……各省纷纷出台配套措施，着力兴旺乡村产业。当前，全国上下已经形成乡村产业齐头并进、百花齐放的局面。从乡镇企业到新型乡镇企业再到今天的乡村产业，中国乡村产业发展正呈现出乡土特色产业快速发展、乡村产业形态不断丰富的显著特点。

（二）乡村产业的丰富内涵

2019年6月17日，国务院印发的《关于促进乡村产业振兴的指导意见》指出，乡村产业应根植于县域，以农业农村资源为依托，以农民为主体，以一二三产业融合发展为路径，地域特色鲜明、创新创业活跃、业态类型丰富、利益联结紧密，是提升农业、繁荣农村、致富农民的产业。具体而言，乡村产业应包括种养业、乡土特色产业、农产品加工流通业、休闲旅游业和乡村服务业等，特别是应根据各地农业资源禀赋条件，充分发挥农业比较优势，以促进地方农业产业发展、提高农民收入、维护生态环境、传承农耕文明、实现乡村功能的产业化为目标，以拓展农业产业边界，促进农村一二三产业融合为联结

---

① 根据《中国统计年鉴（2019）》相关数据整理。

纽带，以农村新产业、新业态为重要组成，形成分工明确、紧密衔接、运行高效的多元化产业形态和多功能产业体系。新时期，我国乡村产业发展应该秉持上述丰富内涵，并深刻理解以下几个重大关系的统筹：

一是粮食生产和乡村产业的关系。有限的土地资源和水资源决定了中国农业发展面临着稀缺资源的优化配置问题。作为人口大国，吃饭问题的极端重要性意味着粮食生产任何时候都不可能放松，而经济发展带来的对农业的多元需求则必须通过乡村产业实现。因此，要平衡好粮食生产与乡村产业发展的资源分配问题。在适合粮食生产的主要区域，牢牢把握粮食生产主线，稳面积、稳产量、稳政策；在耕地不足、劳动力充足、农业特色突出的区域，要发展好乡村产业，增活力、增就业、增效益。将粮食生产与乡村产业结合，实现增产增收有机统一，在全国范围形成二者并行不悖的乡村产业发展格局。

二是就业与增收的关系。面临经济下行压力和各种不确定因素，稳就业、保增收成为各级政府的工作重心。乡村产业承担着农民增收的功能，以解决当前城乡收入差距大、区域发展不平衡等问题。从产业发展规律看，提高乡村产业的生产效率和效益离不开先进技术的采用，一定程度上将挤出劳动力。要想在乡村产业发展中同步实现以追求效率为特征的收入效应和以追求吸纳劳动力为特征的就业效应，就必须进一步做好农村劳动力的转移工作，通过工业化、城镇化的持续推进配合富民乡村产业的发展。处理好就业与增收的关系，需要统筹好乡村产业和国民经济的协调发展，将发展富民乡村产业置于整个国民经济全局中思考，密切富民乡村产业与国民经济其他部门之间的关联。

三是市场与政府的关系。发展乡村产业是系统工程，不能一蹴而就，必须发挥好市场和政府各自的作用。市场是驱动产业发展的决定力量，发展乡村产业必须充分尊重产业成长规律，发挥市场在资源配置中的决定性作用。新产业新业态的萌生、产业的融合、产业链的延伸、利益链的构建、价值链的提升都应由市场主导。与此同时，政府发挥着消除产业发展体制机制障碍的重要作用。应将优化政府的规划引导、统筹协调和公共服务职能与尊重市场对资源配置的决定性作用有效结合起来，为乡村产业发展提供良好环境。从实践看，坚持市场主导和发挥好政府调控引导相结合是乡村产业发展的一条重要成功经验。

四是国内与国际的关系。尽管全球经济不确定性明显增强，但在经济全球化的大背景下，利用好"两种资源"和"两个市场"仍是中国各类产业发展的基本遵循。中国特色乡村产业不是封闭发展，而是在"以我为主"的前提下，同时坚持农业对外开放。"以我为主"意味着优先满足国内居民对农产品充分供给的需要，准确把握当前经济社会发展的阶段性特征，让乡村产业成为造福广大农民、保障产品供应、弘扬乡村价值、传承乡村文化的现代产业；"对外开放"意味着乡村产业要有国际化发展的理念，对标国际上农业产业的发展标准，大胆尝试、开拓创新，错位竞争，发挥比较优势，培育能够"走出去"主动参与国际竞争的独特产业和产品，打造一批在国外有影响力的农业品牌。

（三）乡村产业发展的结构特征

1.农林牧渔业结构特征

近年来，我国乡村第一产业结构的变动始终保持在平稳中循序渐进，这也反映了农业内部各业发展的稳定性。从产值增长来看（见表1-1），2000年至2019年，农业产值呈大幅度上升趋势，2005年较2000年农业增值高达41.4%，2010年较2005年增加83.1%，2015年比2010年增加51.0%，2019年比2015年增加21.9%。畜牧业发展一直是我国农业产业结构升级的重点，由于粮食等第一性产品价格下降，促进了畜牧业发展。2000年至2019年，牧业增加值为25671.2亿元，较2000年增加逾300%，其中2011年较2010年牧业增加产值4733.1亿元，年增长率达23.1%。近20年间，我国林业产值增加了4839.2亿元，渔业增加了9859.8亿元。上述分析表明，我国农林牧渔业发展已由一业为主向多业协调发展转变。

表 1-1 我国农林牧渔业产值结构变化

年份	农林牧渔总产值（亿元）	农业产值（亿元）	相对比重（%）	林业产值（亿元）	相对比重（%）	牧业产值（亿元）	相对比重（%）	渔业产值（亿元）	相对比重（%）
2000	24915.8	13873.6	55.7	936.5	3.8	7393.1	29.7	2712.6	10.9
2001	26179.6	14462.8	55.2	938.8	3.6	7963.1	30.4	2815.0	10.8
2002	27390.8	14931.5	54.5	1033.5	3.8	8454.6	30.9	2971.1	10.8
2003	29691.8	14870.1	50.1	1239.9	4.2	9538.8	32.1	3137.6	10.6
2004	36239.0	18138.4	50.1	1327.1	3.7	12173.8	33.6	3605.6	9.9
2005	39450.9	19613.4	49.7	1425.5	3.6	13310.8	33.7	4016.1	10.2
2006	40810.8	21522.3	52.7	1610.8	3.9	12083.9	29.6	3970.5	9.7
2007	48651.8	24444.7	50.2	1889.9	3.9	16068.6	33.0	4427.9	9.7
2008	57420.8	27679.9	48.2	2180.3	3.8	20354.2	35.4	5137.5	8.9
2009	59311.3	29983.8	50.6	2324.4	3.9	19184.6	32.3	5514.7	9.3
2010	67763.1	35909.1	53.0	2575.0	3.8	20461.1	30.2	6263.4	9.2
2011	78837.0	40339.6	51.2	3092.4	3.9	25194.2	32.0	7337.4	9.3
2012	86342.2	44845.7	51.9	3407.0	3.9	26491.2	30.7	8403.9	9.7
2013	93173.7	48943.9	52.5	3847.4	4.1	27572.4	29.6	9254.5	9.9
2014	97822.5	51851.1	53.0	4190.0	4.3	27963.4	28.6	9877.5	10.1
2015	101893.5	54205.3	53.2	4658.4	4.3	28649.3	28.1	10339.1	10.1
2016	106478.7	55659.9	52.3	4635.9	4.4	30461.2	28.6	10892.9	10.2
2017	109331.7	58059.8	53.1	4980.6	4.6	29361.2	26.9	11577.1	10.6
2018	113579.5	61452.6	54.1	5432.6	4.8	28697.4	25.3	12131.5	10.7
2019	123967.9	66066.5	53.3	5775.7	4.7	33064.3	26.7	12572.4	10.1

数据来源：根据相关年份《中国农村统计年鉴》整理

横向比较（表1-2），2019年我国农林牧渔总产值为123967.9亿元，其中农业产值占53.3%，林业产值占4.7%，牧业产值占26.7%，渔业产值占10.1%；各省区也存在地区差异，其中农林牧渔产值较高的山东省，产值为9671.7亿元，占全国农林牧渔总产值的7.8%。相比较而言，北京、上海、西藏农业经济发展水平较低，所占份额非常有限。全国农、林、牧、渔产值比重为53.3：4.7：26.7：10.1。全国各省中，四川、山东、河南畜牧业较发达，比重最大的四川已达到33.6%，其次为河南27.1%，山东24.9%；林业中，优势省份为湖南、福建、广西、广东，其林业产值分别为430.7亿元、417.3亿元、410.5亿元和408.5亿元，这与近几年市场对林特产品需求的增加有关。

表 1-2　2019 年我国农林牧渔业产值结构横向比较

地区	农林牧渔总产值（亿元）	农业产值（亿元）	相对比重（%）	林业产值（亿元）	相对比重（%）	牧业产值（亿元）	相对比重（%）	渔业产值（亿元）	相对比重（%）
全国	123967.9	66066.5	53.3	5775.7	4.7	33064.3	26.7	12572.4	10.1
北京	281.7	102.3	36.3	115.6	41.0	49.3	17.5	5.3	1.9
天津	414.4	202.9	49.0	24.9	6.0	100.4	24.2	71.4	17.2
河北	6061.5	3114.9	51.4	231.4	3.9	2035.4	33.6	212.5	3.5
山西	1626.5	936.8	58.0	101.3	6.2	478.6	29.4	6.9	0.4
内蒙古	3176.3	1606.3	50.6	100.9	3.2	1390.5	43.8	27.8	0.9
辽宁	4368.2	1912.0	43.8	117.4	2.7	1479.5	33.9	669.6	15.3
吉林	2442.7	1014.1	41.5	68.1	2.8	1239.6	50.7	40.1	1.6
黑龙江	5930.0	3774.5	63.7	193.9	3.3	1671.8	28.2	123.1	2.1
上海	284.8	145.8	51.2	18.3	6.4	48.2	16.9	55.0	19.3
江苏	7503.2	3828.6	51.0	162.0	2.2	1213.0	16.2	1741.0	23.2
浙江	3355.2	1595.0	47.5	185.5	5.5	395.2	11.8	1080.9	32.2
安徽	5162.1	2365.4	45.8	351.3	6.8	1628.9	31.6	521.3	10.1
福建	4636.6	1774.8	38.3	417.3	9.0	914.4	19.7	1361.7	29.4
江西	3481.3	1624.3	46.7	342.8	9.8	888.9	25.5	476.5	13.7
山东	9671.7	4914.4	50.8	197.7	2.0	2412.1	24.9	1397.4	14.4
河南	8541.8	5408.6	63.3	140.8	1.6	2316.5	27.1	118.2	1.4
湖北	6681.9	3257.9	48.8	258.5	3.9	1521.0	22.8	1152.7	17.3
湖南	6405.1	3052.1	47.7	430.7	6.7	2003.0	31.3	441.8	6.9

续表

地区	农林牧渔总产值（亿元）	农业产值（亿元）	相对比重（%）	林业产值（亿元）	相对比重（%）	牧业产值（亿元）	相对比重（%）	渔业产值（亿元）	相对比重（%）
广东	7175.9	3530.2	49.2	408.5	5.7	1404.1	19.6	1524.8	21.2
广西	5498.8	3102.3	56.4	410.5	7.5	1189.7	21.6	538.9	9.8
海南	1689.4	819.6	48.5	106.4	6.3	300.8	17.8	390.9	23.1
重庆	2337.8	1397.5	59.8	113.1	4.8	679.5	29.1	105.3	4.5
四川	7889.3	4395.0	55.7	372.2	4.7	2647.9	33.6	263.5	3.3
贵州	3889.0	2535.7	65.2	275.4	7.1	829.6	21.3	57.7	1.5
云南	4935.7	2680.2	54.3	395.5	8.0	1600.7	32.4	105.4	2.1
西藏	212.8	94.9	44.6	3.5	1.6	108.4	50.9	0.4	0.2
陕西	3536.8	2445.8	69.2	106.1	3.0	757.2	21.4	31.4	0.9
甘肃	1887.6	1306.4	69.2	38.1	2.0	395.6	21.0	2.0	0.1
青海	454.4	181.3	39.9	11.3	2.5	250.8	55.2	3.9	0.9
宁夏	584.8	330.8	56.6	11.2	1.9	197.8	33.8	17.4	3.0
新疆	3850.6	2616.3	67.9	65.6	1.7	915.3	23.8	27.5	0.7

数据来源：根据《中国农村统计年鉴2020》整理

2.乡村三次产业结构特征

纵向看（见表1-3），我国乡村三次产业产值构成变动中第一产业产值和非农产业都有了一定的发展。2019年比2000年农业产值增加55749.3亿元，增长了378.8%，非农产业增长了9.8倍，农业份额呈快速下降趋势，农业与非农产业之间比值由2000年的14.7:85.3下降到2019年的7.1:92.9。此外，相对劳动生产率①反映产值结构变动与劳动力结构变动之间的相对变动关系，其数学模型为：

$$E_j = \frac{D_j}{I_j}$$

---

① 相对劳动生产率是衡量乡村产业结构成熟程度的计算指标，它反映了乡村资源配置的状况与效率。

式中，E_j 代表 j 产业的相对劳动生产率，I_j 和 D_j 分别代表第 j 产业的劳动力投入结构份额和产值结构份额。

表 1-3 我国农业劳动力结构与产值结构

年份	第一产业产值（亿元）	第一产业产值比重(%)	第一产业劳动力比重（%）	相对劳动生产率	非农产值（亿元）	非农产值比重(%)	非农产业劳动力比重（%）	相对劳动生产率
2000	14717.4	14.7	73.7	0.20	85562.7	85.3	26.3	3.24
2001	15502.5	14.0	74.8	0.19	95360.6	86.0	25.2	3.41
2002	16190.2	13.3	76.1	0.17	105527.2	86.7	23.9	3.63
2003	16970.2	12.3	76.2	0.16	120451.8	87.7	23.8	3.68
2004	20904.3	12.9	74.2	0.17	140935.9	87.1	25.8	3.38
2005	21806.7	11.6	72.3	0.16	165512.2	88.4	27.7	3.19
2006	23317.0	10.6	70.4	0.15	196121.5	89.4	29.6	3.02
2007	27674.1	10.2	69.3	0.15	242418.2	89.8	30.7	2.93
2008	32464.1	10.2	68.9	0.15	286780.5	89.8	31.1	2.89
2009	33583.8	9.6	68.0	0.14	314933.9	90.4	32.0	2.83
2010	38430.8	9.3	67.4	0.14	373688.5	90.7	32.6	2.78
2011	44781.4	9.2	65.7	0.14	443158.8	90.8	34.3	2.65
2012	49084.5	9.1	65.1	0.14	489495.5	90.9	34.9	2.60
2013	53028.1	8.9	62.4	0.14	539935.1	91.1	37.6	2.42
2014	55626.3	8.6	60.1	0.14	587936.8	91.4	39.9	2.29
2015	57774.6	8.4	59.2	0.14	631083.6	91.6	40.8	2.25
2016	60139.2	8.1	59.4	0.14	686255.9	91.9	40.6	2.26
2017	62009.5	7.5	59.5	0.13	825835.4	92.5	40.5	2.28
2018	64745.2	7.0	59.3	0.12	854535.9	93.0	40.7	2.29
2019	70466.7	7.1	58.5	0.12	920398.4	92.9	41.5	2.24

数据来源：根据相关年份《中国农村统计年鉴》整理

根据模型测算（见表1-3），我国的农业劳动生产率一直下降，其产值份额下降速度快于劳动力份额下降的速度。而非农产业则相反，由于其资本密集式发展，劳动力增长缓慢，而产值却增长较快。这反映了我国乡村产业结构在产出与投入上的不尽合理，大量剩余劳动力仍停留在农业产业之中。

横向比较，全国各省乡村产业水平差异较大（见表1-4）。2018年，全国乡村社会总产值达914708.1亿元；各省中，广东农村经济发展较快，其农村社会总产值占全国比重为10.6%，而相对落后的省份中，西藏农村社会总产值仅为1477.6亿元，占全国的0.2%，青海占全国0.3%，宁夏为0.4%。

表 1-4 2018 年全国各省（市）乡村三次产业产值比较

地区	第一产业产值（亿元）	相对比重（%）	第二产业产值（亿元）	相对比重（%）	第三产业产值（亿元）	相对比重（%）
全国	64734.3	7.1	376320.9	41.1	473652.9	51.8
北京	118.7	0.4	5647.7	18.6	24553.6	81.0
天津	172.7	0.9	7609.8	40.5	11027.1	58.6
河北	3338.0	9.3	16040.1	44.5	16632.2	46.2
山西	740.6	4.4	7089.2	42.2	8988.3	53.4
内蒙古	1753.8	10.1	6807.3	39.4	8728.1	50.5
辽宁	2033.3	8.0	10025.1	39.6	13257.0	52.4
吉林	1160.8	7.7	6410.9	42.5	7503.0	49.8
黑龙江	3001.0	18.3	4030.9	24.6	9329.7	57.1
上海	104.4	0.3	9732.5	29.8	22843.0	69.9
江苏	4141.7	4.5	41248.5	44.5	47205.2	51.0
浙江	1967.0	3.5	23505.9	41.8	30724.3	54.7
安徽	2638.0	8.8	13842.1	46.1	13526.7	45.1
福建	2379.8	6.6	17232.4	48.1	16191.9	45.3
江西	1877.3	8.5	10250.2	46.6	9857.2	44.9
山东	4950.5	6.5	33641.7	44.0	37877.4	49.5
河南	4289.4	8.9	22034.8	45.9	21731.7	45.2
湖北	3547.5	9.0	17089.0	43.4	18730.1	47.6
湖南	3083.6	8.5	14453.5	39.7	18888.7	51.8

续表

地区	第一产业产值（亿元）	相对比重（%）	第二产业产值（亿元）	相对比重（%）	第三产业产值（亿元）	相对比重（%）
广东	3831.4	3.9	40695.2	41.8	52751.2	54.3
广西	3019.4	14.8	8072.9	39.7	9260.2	45.5
海南	1000.1	20.7	1095.8	22.7	2736.2	56.6
重庆	1378.3	6.8	8328.8	40.9	10656.1	52.3
四川	4426.7	10.9	15322.7	37.7	20928.8	51.4
贵州	2159.5	14.6	5755.5	38.9	6891.4	46.5
云南	2498.9	14.0	6957.4	38.9	8424.8	47.1
西藏	130.3	8.8	628.4	42.5	719.0	48.7
陕西	1830.2	7.5	12157.5	49.7	10450.7	42.8
甘肃	921.3	11.1	2794.7	33.9	4530.1	55.0
青海	268.1	9.4	1247.1	43.5	1350.1	47.1
宁夏	279.9	7.6	1650.3	44.5	1775.1	47.9
新疆	1692.1	13.9	4923.0	40.4	5584.0	45.7

数据来源：根据《中国文化及相关产业统计年鉴2019》整理

从我国乡村三次产业产值比重来看，海南、黑龙江、广西、贵州、云南、新疆、甘肃、四川、内蒙古较其他省份第一产业比重较大，第一产业产值比重分别达到20.7%、18.3%、14.8%、14.6%、14.0%、13.9%、11.1%、10.9%、10.1%，二、三产业发展相对缓慢（见图1-1）。此外，衡量乡村产业结构是否合理的一个重要标志是人均收入水平的高低，从表1-5和图1-2可知，北京、天津、辽宁、上海、江苏、浙江、福建、山东、湖北、广东2019年农民人均可支配收入均高于全国平均水平。其中，最为发达的上海，农民人均收入超出全国平均水平17174.5元。在农民人均可支配收入低于全国平均水平的省份中，甘肃省最低，较全国平均水平低了6391.8元。此外，内蒙古、辽宁、吉林、黑龙江、安徽、山东、湖北、广西、四川、云南、西藏、甘肃、青海、宁夏、新疆

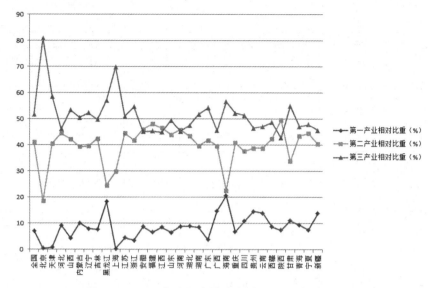

图 1-1　2018 年全国各省农村产业结构产值比较（%）

等省份的农户仍以家庭经营收入为主。可见，部分省份农村经济的落后，反过来也制约了产业结构的升级。

表 1-5　2019 年全国各省农村人均收入（元 / 人）

地区	可支配收入	工资收入	家庭经营收入	财产性收入	转移性收入
全国	16020.7	6583.5	5762.2	377.3	3297.8
北京	28928.4	21376.0	2262.2	2127.4	3162.8
天津	24804.1	14750.5	4984.6	1033.8	4035.3
河北	15373.1	8120.0	5099.1	323.0	1831.0
山西	12902.4	6098.1	3396.0	210.3	3197.9
内蒙古	15282.8	3173.8	8067.1	522.9	3519.1
辽宁	16108.3	6223.6	7012.7	284.5	2587.5
吉林	14936.0	3933.2	8264.3	307.2	2431.4
黑龙江	14982.1	3329.7	7196.1	758.7	3697.6
上海	33195.2	20019.8	2355.8	1295.4	9524.2

续表

地区	可支配收入	工资收入	家庭经营收入	财产性收入	转移性收入
江苏	22675.4	11076.7	6291.5	825.0	4482.2
浙江	29875.8	18479.6	7296.5	851.8	3248.0
安徽	15416.0	5462.5	5952.6	283.0	3717.9
福建	19568.4	8949.3	7178.6	344.6	3095.8
江西	15796.3	6699.2	5701.2	257.4	3138.5
山东	17775.5	7165.2	7799.3	456.4	2354.5
河南	15163.7	5866.6	5076.8	231.3	3989.0
湖北	16390.9	5352.9	6807.7	210.7	4019.6
湖南	15394.8	6224.0	5268.3	208.8	3693.6
广东	18818.4	9698.7	4446.9	541.0	4131.7
广西	13675.7	4258.5	5619.1	340.3	3457.8
海南	15113.1	6316.6	5865.4	282.8	2648.4
重庆	15133.3	5316.7	5209.5	367.4	4239.6
四川	14670.1	4662.1	5641.4	456.5	3910.5
贵州	10756.3	4774.1	3427.5	121.0	2433.7
云南	11902.4	3600.6	6214.2	188.5	1899.0
西藏	12951.0	3907.0	6364.5	436.5	2243.1
陕西	12325.7	5024.6	3791.5	214.4	3295.1
甘肃	9628.9	2769.2	4322.0	129.5	2408.3
青海	11499.4	3617.3	4296.7	409.9	3175.5
宁夏	12858.4	4962.7	4976.1	388.1	2531.6
新疆	13121.7	3409.2	6762.4	259.8	2690.3

数据来源：根据《中国农村统计年鉴2020》整理

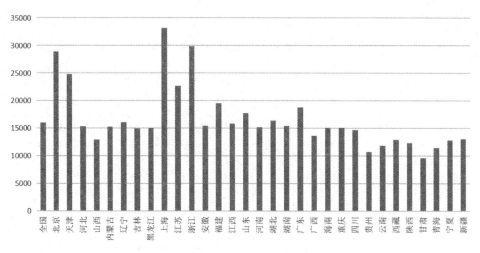

图1-2 2019年全国各省农村人均收入比较（元/人）[①]

二、农业加工业与服务业发展

（一）农业加工业发展情况

1.我国农业加工业发展历程

我国农业加工业的发展大致可划分为以下3个阶段：

第一阶段：新中国成立初至改革开放初期的初步建设阶段。新中国成立以后，农产品加工业取得长足发展，初步形成了农产品加工业体系。截至改革开放之初的1978年，相比新中国成立初期的1952年，农产品加工业总产值增长6.34倍，年均增长速度为7.97%，其中食品工业、纺织工业、造纸工业仅分别增长3.85倍、4.6倍和6.95倍，年均增长率分别为6.3%、6.9%和8.3%。

第二阶段：改革开放初期至2000年左右的快速发展阶段。1979至2000年农产品加工业产值年均增长速度为13.06%，比1952至1978年的年均增长率提高5.09%。同时，全国农产品加工业企业数量也呈现快速增加态势，1978年乡及

---

① 图1-2是根据表1-5中的数据整理所得。

乡以上独立核算农产品加工业企业的数量为9.4万个，1995年增加到17.6万个。1998年规模以上农产品加工业企业数量为5.7万个，2010年则增加到14.1万个。

第三阶段：2000年以来的高速增长阶段。2000年后我国农业加工业增长呈现出井喷态势，年均增长速度达20.95%，比1979至2000年的年均增长率提高7.89个百分点，超过同期轻工业产值增速。其中，食品、纺织、造纸、木材、橡胶5类子行业年均增速分别达22.93%、18.1%、19.01%、26.91%和21.41%。

2.我国农业加工业发展现状

2019年，我国农业加工业营业收入超22万亿元，规模以上加工企业8.1万家，吸纳3000多万人就业。截至2017年底，我国规模以上农业加工业增加值增速为6.5%，实现主营业务收入19.4万亿元，同比增长6.5%。在质量效益方面，规模以上农业加工业实现利润1.3万亿元，农业加工业主营业务收入利润率6.7%。规模以上企业平均收入2.4亿元，企业人均主营业务收入127.9万元。到2019年底，我国农业加工业按食品类和非食品类农业加工业划分，两者的收入占农业加工业总体的比重分别为65.98%和34.02%（见表1-6）。

表1-6 2019年中国农业加工业收入结构（%）

	食品类农业加工业	非食品类农业加工业
占比（%）	65.98	34.02

数据来源：农业农村部官网

在供给结构方面，食用类农产品加工业各子行业主营业务收入增速呈现高、中、低不同档位（见表1-7）。其中，肉类加工、制糖和乳品加工增长较快，增速均不低于10%，表明新兴和传统特色农产品加工产业继续呈追赶式发展；水产品加工、中药制造、精制茶加工、植物油加工、粮食加工与制造等子行业增速较为缓慢，其中果蔬加工业增速仅为0.1%。

表 1-7　2019 年我国农产品加工子行业主营业务收入增速

行业	肉类加工业	制糖业	乳品加工业	蛋品加工业	粮食原料酒制造业	烟草制造业	水产品加工业	中药制造业	精制茶加工业	植物油加工业	粮食加工与制造业	其他食品类农产品加工业	果蔬加工业
营业收入增速（%）	15.4	12.4	10.2	9.7	7.7	6.1	3.9	3.7	2.3	2.1	2.0	1.8	0.1
增速较 2017 年增加（减少）	10.1	0.7	3.4	−2.1	−3.7	3.7	−0.9	−6.9	−7.7	−5.0	−4.1	−5.2	−4.6

数据来源：农业农村部官网

　　在产品产量方面，全国小麦粉、大米、精制食用植物油等主要加工农产品产量均稳步提升（见表1-8）。在出口贸易方面，2017年我国规模以上农业加工业完成出口交货值10980亿元，同比上升4.9个百分点。主要食品行业商品累计出口额达518亿美元，同比增长5.4%。其中，谷物制品、植物油、干制蔬菜、淀粉和冷冻饮品出口增长较快，出口额比上年分别增长37.7%、22.9%、23.0%、31.4%和45.4%。

表 1-8　2017 年我国农业加工业主要产品产量

农产品名称	2017 年产量（万吨）	同比增速（%）
1. 小麦粉	13801.4	1.8
2. 大米	12583.9	4.3
3. 饲料	28465.5	5.3
4. 精制食用植物油	6071.8	2.0
5. 鲜／冷藏肉	3254.9	5.1
6. 冷冻水产品	963.1	6.7
7. 速冻米面食品	568.2	5.9

续表

农产品名称	2017 年产量（万吨）	同比增速（%）
8. 乳制品	2935.0	4.2
9. 精制茶	246.0	4.3

数据来源：2018 年中国农产品加工业年鉴

3.我国农业加工业发展中存在的问题

一是装备研发投入不足，工艺与装备匹配度不高。由于研发能力和投入不足，加工装备创新能力不强，突出表现在缺乏创新平台和创新主体，导致加工装备行业产品低水平重复现象较严重，低水平、低档次产品泛滥。许多小型加工装备制造企业仍停留在仿制外国产品阶段，拥有自主知识产权的产品较少。

二是缺乏高素质专业人才，人才流失严重。专业技能人才匮乏是制约我国农产品加工业发展"瓶颈"之一。由于农产品加工企业对专业人才的吸引力有限，导致高素质人才"引不来，留不住"。同时，农产品加工企业面临人才流失严重的问题，优秀人才流失问题普遍存在于经济发达地区和经济欠发达地区。

三是质量监管体系不健全，加工农产品存在质量安全隐患。由于多数农产品加工企业加工设备陈旧、技术水平低，农产品加工行业缺少相应的行业标准，加大了农产品加工产品质量安全隐患。此外，我国尚未建立严格的农产品加工质量监管体系，无法全面监控农产品生产加工过程。

四是外资涌入农产品加工领域，冲击我国农业产业安全。外资进入我国农业加工业引发的最大负面效应，在于外资以加工环节为关键节点渗透和控制整个产业链。以大豆产业为例，外资通过重点投资并控制居于产业链中端的加工环节，向产业链两端控制性扩张，从而严重挤压我国大豆产业发展空间。

（二）农业服务业发展情况

1.我国农业服务业发展历程

改革开放以来，我国农业服务业发展主要经历以下几个阶段：

第一阶段：20世纪70年代至80年代末期。1978年，我国首先成立了农业生产资料公司。1978至1984年，统购统销的农产品占销售总额从84.7%下降至39.4%。同时也自发成立了一批专业技术协会公司，为农户提供专业的技术服务。但是由于政策限制，这些公司大多为作坊式、小规模经营。

第二阶段：20世纪90年代至21世纪初。我国深入推进农业服务机构改革，新型农业经营性服务主体快速崛起。到2000年，各类农产品交易市场超过2.7万个，成交额超过7500亿元，占当年总产值的53%以上。1996至2000年间，我国农业专业合作组织数量增长了5倍。1990至1996年用于农业生产的资金累计达到1515亿元，1996年用于农业生产的资金占当年投入的43%。[①]

第三阶段：2000年至2008年。我国开始区分农业服务业的公益性和经营性属性。到2005年全国各级农业单位都已成立了信息服务类的机构，并构建了农产品开放流通的市场体系，2007年全国农产品批发市场达到4700多家，累计注册企业接近9000家，农业专业服务组织达17.2万个，其中龙头企业占比44%，专业组织6.9%，中介服务组织49%，农技服务组织达到3654万家。[②]

第四阶段：2008年至今。农业服务成为推进农业发展方式转变的重要手段，各类新型经营性服务主体竞相发展。2015年农产品电商平台集聚了超过90万个卖家，2016年淘宝网招募了1.2万个农村合伙人，到2020年6月底，全国已有5425个"淘宝村"、1756个"淘宝镇"，农村电商平台深刻改变着农业产业服务体系。[③]

---

① 根据《中国农村统计年鉴》相关年份数据整理。
② 根据农业农村部网站"农业农村重要经济指标"相关统计数据整理。
③ 根据阿里研究院发布的《2020中国淘宝村研究报告》整理。

2.我国农业服务业发展现状

总体来看，我国农业服务业规模不断扩大，农林牧渔业生产服务支出由2007年的2178.3亿元增加到2017年的7460.5亿元，年平均增长率为24.2%。同时，农林牧渔业生产服务支出占比呈现先下降后不断增加的态势，从2003年的11.46%上升到2017年的16.70%。这说明，近年来我国农业服务业规模逐步扩大，农业生产过程中越来越重视对服务业的投入（见表1-9）。

表 1-9　2003 至 2017 年农业生产性服务业发展情况

年份	农林牧渔业中间消耗（亿元）	农林牧渔业生产服务支出（亿元）	农林牧渔业生产服务支出占农林牧渔业中间消耗比值（%）
2003	12350.2	1414.9	11.46
2004	15014.1	1665.7	11.09
2005	16380.4	1682.3	10.27
2006	17687.0	1918.4	10.85
2007	20266.0	2178.3	10.75
2008	24300.0	2562.0	10.54
2009	25135.1	3180.6	12.65
2010	28786.2	3910.5	13.58
2011	33817.8	4627.7	13.68
2012	37079.4	5195.0	14.01
2013	40029.3	5750.4	14.37
2014	42068.1	6216.3	14.78
2015	44152.3	6820.5	15.45
2016	46123.4	7247.0	15.71
2017	44671.7	7460.5	16.70

数据来源：根据历年中国农村统计年鉴计算所得

从农业服务业的结构来看，近年来，我国农业服务业主要行业的中间投入呈不断增加态势（表1-10）。其中，交通运输、仓储和邮政业的投入由2005年的856.2亿元增长到2015年的1166.8亿元，增幅为36.3%；金融业投入由2005年的

414.4亿元增加到2015年的1092.7亿元，增幅为163.7%；科学研究和技术服务业由2005年的243.1亿元增加到2015年的550.6亿元，增幅为126.5%。

表1-10　2005至2015年农业服务业主要行业投入情况（单位：亿元）

年份	交通运输、仓储和邮政业	批发和零售业	金融业	科学研究和技术服务业	信息传输、软件和信息技术服务
2005	856.2	790.8	414.4	243.1	57.0
2007	797.5	722.5	406.36	381.5	173.33
2010	1324.9	952.0	551.44	638.4	223.84
2012	1084.5	1318.7	1104.88	516.0	272.74
2015	1166.8	1236.8	1092.7	550.6	103.3

数据来源：根据2005至2015历年投入产出表数据计算所得

从农业服务业产值及区域差异来看（见表1-11），2018年我国农业服务业产值达5865.4亿元，较2010年增长了129.6%，年均增速为9.7%。其中，山东省2010至2018年连续九年农业服务业产值位列全国第一，年均增长率达10.7%。此外，河南、河北、湖南、湖北四省均排在前列，2018年四省农业服务业产值分别达464.8亿元、413.2亿元、428.4亿元、446.4亿元，相比2010年，增长率分别为131.24%、104.76%、141.76%、280.24%。而西藏、青海农业服务业产值连续九年最低，2018年分别为5.5亿元、6.7亿元。另外，相比2010年，2018年中西部地区农业服务业产值增长率普遍高于东部地区和东北地区，尤其是湖北、贵州、重庆、广西，增长率分别为280.24%、242.72%、180.15%、161.15%，均超过了100%。从年均增速来看，2010至2018年，我国农业服务业年均增速最快的是湖北省，为16.0%，而年均增速最慢的吉林和甘肃两省，则分别只有4.3%和2.5%。

表1-11　2010至2018年我国农业服务业产值及年均增速（单位：亿元、%）

地区	2010年	2011年	2012年	2013年	2014年	2015年	2016年	2017年	2018年	年均增速
全国	2554.6	2873.4	3194.3	3555.5	3940.5	4341.3	4828.9	5353.1	5865.4	9.7
北京	5.9	6.6	7.5	8.0	8.4	8.7	8.7	8.7	8.8	4.5
天津	9.0	10.0	10.2	10.3	10.7	11.1	12.0	12.1	13.7	4.8
河北	201.8	224.2	241.5	266.5	290.2	313.2	342.0	375.5	413.2	8.3
山西	56.9	63.8	70.5	76.5	83.6	86.7	89.5	92.6	97.4	6.2
内蒙古	28.3	31.7	34.7	37.8	40.2	42.2	44.6	47.0	49.0	6.3
辽宁	122.1	138.0	154.1	174.7	194.5	200.8	203.1	209.4	188.4	4.9
吉林	53.1	60.0	63.5	64.4	67.4	68.2	72.6	75.0	77.4	4.3
黑龙江	53.7	65.2	77.3	88.6	101.0	114.7	130.4	140.4	154.9	12.5
上海	8.7	9.7	10.7	11.7	11.5	11.0	10.6	11.3	19.2	9.2
江苏	221.0	252.7	280.8	309.6	352.9	400.0	437.7	478.3	511.0	9.8
浙江	41.6	46.7	51.1	54.9	60.0	65.1	70.4	78.1	87.2	8.6
安徽	104.8	120.3	132.9	146.9	162.5	173.6	218.4	239.5	264.6	10.8
福建	82.2	89.6	95.9	103.9	112.5	122.1	132.1	139.9	150.4	6.9
江西	75.1	79.9	85.4	91.2	98.8	106.0	111.3	120.5	133.7	6.6
山东	272.5	295.1	325.1	363.4	400.9	432.0	510.7	594.7	678.9	10.7
河南	201.0	220.5	237.2	263.6	294.5	327.4	361.6	404.3	464.8	9.8
湖北	117.4	132.9	155.2	178.0	209.5	255.4	308.8	386.8	446.4	16.0
湖南	177.2	204.1	235.2	259.9	281.5	302.5	345.9	392.0	428.4	10.3
广东	133.0	148.8	162.7	178.2	193.0	206.6	225.7	245.3	269.4	8.2
广西	90.1	103.8	117.0	131.4	150.2	166.7	189.3	213.9	235.3	11.23
海南	23.0	27.0	31.5	35.2	39.7	44.0	49.5	55.9	63.0	11.8
重庆	13.6	15.7	17.9	19.9	22.2	26.2	30.3	34.3	38.1	12.1
四川	74.6	82.0	93.1	109.3	122.3	140.4	160.4	169.9	189.2	10.9
贵州	51.5	61.7	67.8	75.0	80.7	107.3	147.6	162.2	176.5	14.7
云南	63.9	72.0	80.1	90.4	100.0	111.8	123.0	131.7	141.9	9.3
西藏	3.1	3.0	3.1	3.1	3.3	3.8	4.3	4.3	5.5	6.6
陕西	80.4	91.6	105.2	118.7	129.3	137.9	150.5	162.8	177.8	9.2

续表

地区	2010年	2011年	2012年	2013年	2014年	2015年	2016年	2017年	2018年	年均增速
甘肃	112.0	125.6	137.6	154.8	168.9	182.2	138.4	148.4	139.3	2.5
青海	3.9	4.2	4.6	4.9	5.3	5.7	6.0	6.3	6.7	6.2
宁夏	11.9	13.9	15.8	17.9	19.8	21.7	22.9	24.5	26.1	9.1
新疆	61.5	73.0	89.3	106.8	124.9	146.2	171.0	187.3	209.4	14.6

数据来源：2019年中国第三产业统计年鉴，表中年均增速根据各年产值计算所得

3.我国农业服务业发展中存在的问题

（1）农业生产性服务业投入水平偏低。2017年我国农林牧渔业中间消耗为44671.7亿元，农林牧渔业生产服务支出为7460.5亿元，农林牧渔业中间消耗占农林牧渔业总产值比重为40.9%，农林牧渔业生产服务支出占农林牧渔业总产值的比重仅为6.82%，占到农林牧渔业中间消耗的比重为16.7%。这说明我国农业服务业尚处于一个较低的投入水平，应该加大投入力度。

（2）农业服务业内部行业构成不合理。我国农业服务业中传统服务业占比较高，而现代服务业占比较低。从农业服务业主要行业需求占比来看，2015年农业对零售和批发业的中间需求最大，占比40.72%；对交通运输、仓储和邮政业的中间需求次之，占比38.42%；对金融业的中间需求占比为36%；对科学研究和技术服务业的中间需求占比18.13%；对信息传输、软件和信息技术服务业的中间需求占比仅为3.4%。可见，我国农业服务业内部需求结构不合理。

（3）农业服务业地区间发展不均衡。东部地区的农业生产性服务业发展水平较高，中部和西部地区的农业生产性服务业发展水平则较低，三大地区间发展不均衡。以2016年农林牧渔业生产服务支出为例，我国中西部地区农林牧渔业生产性服务支出分别为2465.54亿元和1964.76亿元，占全国比重分别为34.02%和27.11%，而东部地区农林牧渔业生产性服务支出为2816.68亿元，占比38.87%，我国东部农业服务业发展水平明显高于西部地区。

三、农业新业态及乡村特色产业发展

（一）农业新业态发展情况及主要特征

1.农业新业态的主要类型

当前，我国农业正处于转型发展期，农业发展理念不断进步，衍生出种类繁多且形式丰富多样的农业新业态。依据农业新业态的衍生路径，可将我国现有农业新业态划分为以下5类（见表1-12）：

一是通过产业链的横向拓宽，产生了休闲农业、会展农业、创意农业、阳台农业等服务型农业新业态；二是以现代生物技术、信息技术等为代表的高科技向农业渗透，衍生出生物农业、智慧农业、农业大数据等创新型农业新业态；三是在城乡统筹发展背景下，社会组织方式变革衍生出农业众筹、订单农业、社区支持农业、农产品私人定制等社会化农业新业态；四是种植业、水产养殖业等农业内部子产业之间或子产业内部细分的产业之间发生融合，产生不同于现有生产方式的内部融合型农业新业态；五是现代技术集成应用衍生出工厂化农业等综合型农业新业态。

表 1-12　当前我国农业新业态的主要类型

类别	类型	表现形式	代表性企业或园区
服务型	休闲农业	休闲农庄、乡村酒店、特色民宿、房车营地、市民农园、教育农园、运动公园等	成都五朵金花、北京鹅和鸭农庄、北京张裕爱斐堡国际酒庄
	会展农业	会议、展销、节庆活动等	北京农业嘉年华
	创意农业	农产品创意、农业动漫创意、农业主题公园创意、节庆活动创意、异域农业文化创意、农食文化创意、医农同根创意等	蓝调薰衣草庄园、金福艺农番茄联合国
	阳台农业	盆栽园艺、立体农业	北京闲亭苑种植技术公司

续表

类别	类型	表现形式	代表性企业或园区
创新型	生物农业	生物育种、生物农药、生物肥料、生物饲料、生物疫苗和制剂	大北农集团、山东登海种业股份有限公司
	智慧农业	农业物联网、移动互联	北京密云爱农养殖基地、黑龙江七星农场
	农产品电子商务	农产品电子商务、微电商等	淘宝、京东、沱沱工社、本来生活、密农人家、北菜园
	农业大数据	云计算、大数据	农信通、信息田园、国家农业科技服务云平台
社会化型	农业众筹	农产品众筹、农场众筹	大家种
	订单农业	以流通、餐饮为主的服务性企业向前延伸产业链，建立原材料直供基地	呷哺呷哺公司、顺丰优选、阿卡农庄等
	社区支持农业	基于互联网的新型社区支持农业、现实版QQ农场等	小毛驴农场、分享收获农场、诺亚农场等
	农村养老服务业	农村闲置房屋发展养老社区	北京怀柔田仙峪村、密云塔沟村、山里寒舍等
	农业社会化服务业	农机合作社、土地托管合作社、植保飞虎队等	北京兴农天力农机服务专业合作社、山东平原县益民土地托管合作社等
	农产品私人定制	高端果品定制	北京昌平崔村镇青水果园特级苹果私人定制
内部融合型	生态农业	生态农业	上海市崇明区禾偕水产生态园"稻虾鳖蟹共生"稻田立体混养生产模式

续表

类别	类型	表现形式	代表性企业或园区
综合型	工厂化农业	工厂化食用菌、工厂化育苗、植物工厂	北京农众物联科技有限公司

2.农业新业态发展的现状及特征

（1）服务型农业新业态的发展。目前，休闲农业在我国已形成整体发展态势，其产品类型逐渐丰富，组织化程度不断提高。今后一个时期，我国居民年人均休闲旅游将超过5次，全国休闲旅游市场年均规模将超过80亿人次，与现阶段年接待规模22亿人次相比，未来发展空间巨大。阳台农业开始走进城市且发展迅速，在市场上不鲜看到矮化番茄、西甜瓜以及盆栽蔬菜等，阳台农业向栽培无土化、设备智能化、空间集约化方向稳步发展。但总体上，阳台农业还处于初期推广阶段，要形成产业，还需解决阳台小气候制约以及适应性设备和技术的开发等问题。

（2）创新型农业新业态的发展。生物农业已是新兴产业，整体上进入大规模产业化的起始阶段。截至2020年，我国生物农业总产值突破1万亿元。智慧农业处于由萌芽期向成长期迈进阶段，大规模商业化应用尚需要时间。具体表现在：一是尚未形成大规模需求，二是没有产生成熟的市场，三是生产主体规模化和标准化程度低。农业大数据新型资源要素价值尚未真正显现，整体仍处于萌芽期。

（3）社会化农业新业态的发展。订单农业、社区支持农业、农业社会化服务业已进入不断探索完善阶段；农业众筹、农村养老服务业、农产品私人订制等处于萌芽期，但其能够瞄准特定消费群体，收益率较高。如，北京怀柔区田仙峪村将农民的闲置房屋统一流转到北京田仙峪休闲养老农宅专业合作社，打造养老社区，盘活闲置房屋30处，为相关农民带来1700万元收入。合作社每年还可获得养老社区经营利润10%的分红，用于对社员和全村农民的二次分红。

（4）内部融合型农业新业态的发展。当前，我国生态农业尚处于发展模式探索阶段，尚未形成有效需求，也没有形成成熟的市场。以农业废弃物循环利用为例，目前北京市已建立了多座农业生产垃圾处理站，可将农作物秸秆进行科学处理后转化成为有机绿肥还田。但上述农业生产垃圾处理站多为项目支持下的技术研发和示范应用，真正有大量供需双方参与并自由交易的多级市场尚未形成。且当前生产主体普遍规模小，知名大型农业废弃物循环利用技术设备生产商较少。

（5）综合型农业新业态的发展。植物工厂作为工厂化农业的高级形态，当前还处于萌芽期。大型植物工厂现阶段主要用于科研单位的试验研究和示范，部分学校等单位也引进小型植物工厂用于科普展示。目前，奥地利、丹麦、美国、日本等先后建立了一批植物工厂，用于试验研究和示范，为工厂化农业展现了美好前景。

（二）乡村特色产业发展情况与主要特征

1.乡村特色产业发展情况

乡村特色产业就是以农村的特色资源禀赋及独特的历史文化为基础，以"特"制胜的产业，主要包括特色种养、特色食品、特色制造、特色手工业等，是乡村产业的重要组成部分。其关键在于"特色"，是相较于同一地区的其他产业或其他地区的同一产业，具有资源、文化、环境、技术、人才等方面的独特优势，从而拥有市场竞争力，发展前景十分广阔的产业。乡村特色产业的"特"主要体现在三个方面：一是显著的地域性。地域性是乡村特色产业最为显著的特征，也是乡村特色产业存在的前提和基础。离开特定地域，特色就成了无源之水、无本之木，特色资源、特色产品、特色产业也就无从谈起。二是明显的优势性。一个产业的特色越突出，其市场的占有率就越大，竞争力就越强，产业的比较优势也就越明显。正是乡村特色产业的明显优势性，使其得以在激烈的市场竞争中存在并不断发展壮大。三是适度规模性。乡村特色产业立足于乡村自身所特有的资源禀赋，而这种特有资源是有限的，不可能无限制地扩张，这就决定了乡村特色产业的发展只能适度规模发展。

当前，我国乡村特色产业发展总体呈现如下态势：第一，乡土特色产业快速发展。到2019年，我国已形成10万个特色鲜明的小宗类、多样化乡土产业"三品一标""土字号""乡字号"特色产品品牌。同时，涌现出了一批产值超10亿元的特色产业镇（乡）和超1亿元的特色产业村，产值上百亿元的产业集群达34个。截至2020年底，农业农村部已推介及认定3274个"一村一品"示范村镇。这些示范村镇具有明显特征：一是规模持续扩大，亿元村136个、10亿元镇91个；二是主体不断增多，龙头企业、合作社、家庭农场7.4万家；三是业态类型丰富，50%以上建设了加工流通、批发市场和电商交易平台；四是品牌效应明显，注册商标达1.46万个；五是参与农户增多，参与农户超过400万户，人均可支配收入达1.9万元。①

第二，乡村特色产业规模日益壮大。我国农业产业化龙头企业已达8.7万家，其中，国家重点龙头企业1243家。建设农产品加工园1600个，创建农村产业融合先导区153个、农业产业强镇254个。2019年，我国乡村休闲旅游业接待游客达32亿人次，营业总收入超过8500亿元。此外，依托互联网的快速发展，我国农村网络销售额已突破1.3万亿元，其中农产品网络销售额达3000亿元。②

第三，农村创新创业日渐活跃。截至2019年，各类返乡入乡创新创业人员累计超过850万人，在乡创新创业人员超过3100万，农村创新创业人员平均年龄45岁，中专和高中以上学历占40%，创办的实体87%在乡镇以下，80%以上发展产业融合项目，认定农村创新创业园区和基地1096个，创办农村产业融合项目的占到80%，利用"互联网+"创新创业的超过50%。各类涉农电商超过3万家，

---

① 农业农村部：《全国乡村产业发展规划（2020—2025年）》解读之二。
② 根据《中国农村统计年鉴（2020）》相关数据整理。

农村网络销售额1.7万亿元，其中农产品网络销售额4000亿元。[①]

2.乡村非农产业发展迅速

（1）扶贫车间得到快速发展。从规模上看，截至2020年10月底，我国已累计建设扶贫车间32688个，吸纳43.7万贫困人员实现家门口就业。从经营的产品来看，可分为种养式扶贫车间、贸易流通式扶贫车间、乡村旅游式扶贫车间；从就业场所来看，可分为居家式扶贫车间和工厂式扶贫车间；从资金来源来看，有政府就业补贴、政府投资分股到户、政府贴息鼓励和直接奖励等政府补贴形式，以及企业投入资金、设备和技术，村集体投入土地和劳动力，共同建设扶贫车间的"企业+村集体自筹"的模式。

（2）农村光伏扶贫产业发展成果显著。光伏扶贫自2014年试点以来成果显著。国家已于2017年底下达"十三五"第一批光伏扶贫项目计划，涉及14个省（自治区）、236个贫困县，共8689个村级电站，总装机规模达到4.19GW。[②]截至2017年底，纳入国家光伏补助目录项目已达到553.8万千瓦，补助贫困户96.5万户。截至2018年初，全国已有17个省份将光伏新增建设指标部分或全部用于光伏扶贫工作，累计装机容量达到962.6万千瓦。据预测，在未来25年将有超过150万贫困户能够通过光伏每年获得3000元以上的稳定收入。

（3）特色小镇发展步入快车道。中国特色小镇的数量提升速度极快，截至2020年，我国已初步培育建设超过1000个特色小镇，并逐步打造了一批知名特色小镇，如云栖小镇依托阿里巴巴云公司和转塘科技经济园区，打造成一个以云计算为特色产业的生态体系；玉皇山南基金小镇借助杭州的财富聚集优势以及杭州整体的平台优势，被国外媒体称为中国版的"格林威治"；杭州梦想小镇大力发展互联网创新创业；余杭艺尚小镇以时尚艺术为特色主推服饰创意。

---

① 根据《中国农村统计年鉴（2020）》相关数据整理。

② 根据国家能源局网站公布的相关数据整理。

四、农业经营主体

（一）农业从业人员结构

2017年，全国农业生产经营人员31422万人，其中女性14925万人。在农业生产经营人员中，年龄35岁及以下的6033万人，36—54岁的14862万人，55岁及以上的10558万人。可见，我国农业生产经营人员以中老年人为主。此外，农业生产经营人员受教育程度普遍偏低，东、中、西和东北地区占比较大的均为小学和初中，这反映出农业对于高学历人员的吸引力仍待加强（见表1-13）。2017年，我国规模农业经营户生产经营人员1289万人，其中女性609万人，35岁及以下272万人，36—54岁751万人，55岁及以上266万人，中年人成为规模农业经营户的主力军；农业生产经营人员受教育程度占比最低的是大专及以上，为1.5%，占比最高的是初中，为55.4%，这说明农业生产经营人员的受教育程度仍较低（表1-14）；我国农业经营单位生产经营人员1092万人，其中女性444万人，年龄35岁及以下215万人，36—54岁668万人，55岁及以上209万人（表1-15）。

表 1-13　2017 年我国农业生产经营人员数量和结构（单位：万人、%）

	全国	东部地区	中部地区	西部地区	东北地区
农业生产经营人员总数	31422	8746	9809	10734	2133
农业生产经营人员性别构成					
男性	52.5	52.4	52.6	52.1	54.3
女性	47.5	47.6	47.4	47.9	45.7
农业生产经营人员年龄构成					
年龄 35 岁及以下	19.2	17.6	18.0	21.9	17.6
年龄 36—54 岁	47.3	44.5	47.7	48.6	49.8

续表

年龄 55 岁及以上	33.6	37.9	34.4	29.5	32.6
农业生产经营人员 受教育程度构成					
未上过学	6.4	5.3	5.7	8.7	1.9
小学	37.0	32.5	32.7	44.7	36.1
初中	48.4	52.5	52.6	39.9	55.0
高中或中专	7.1	8.5	7.9	5.4	5.6
大专及以上	1.2	1.2	1.1	1.2	1.4
农业生产经营人员主要从事农业 行业构成					
种植业	92.9	93.3	94.4	91.8	90.1
林业	2.2	2.0	1.8	2.8	2.0
畜牧业	3.5	2.4	2.6	4.6	6.4
渔业	0.8	1.6	0.6	0.3	0.5
农林牧渔服务业	0.6	0.7	0.6	0.5	1.0

数据来源：国家统计局

表 1-14　2017 年我国规模农业经营户农业生产经营人员数量和结构

（单位：万人、%）

	全国	东部 地区	中部 地区	西部 地区	东北 地区
农业生产经营人员总数	1289	382	280	411	217
农业生产经营人员性别构成					
男性	52.8	54.0	53.7	50.0	54.7
女性	47.2	46.0	46.3	50.0	45.3
农业生产经营人员年龄构成					
年龄 35 岁及以下	21.1	16.8	17.1	27.0	22.6

续表

年龄 36-54 岁	58.3	57.8	58.7	57.9	59.2
年龄 55 岁及以上	20.7	25.4	24.3	15.1	18.2
农业生产经营人员 受教育程度构成					
未上过学	3.6	3.4	3.7	5.2	1.0
小学	30.6	28.8	26.9	35.7	28.6
初中	55.4	56.5	56.8	48.6	64.3
高中或中专	8.9	9.9	11.2	8.4	5.2
大专及以上	1.5	1.3	1.4	2.1	0.9
农业生产经营人员主要从事农业 行业构成					
种植业	67.7	60.0	60.9	73.3	79.8
林业	2.7	2.9	3.0	3.1	1.1
畜牧业	21.3	19.3	28.6	21.6	14.6
渔业	6.4	15.5	4.6	1.0	2.8
农林牧渔服务业	1.9	2.3	2.9	1.1	1.6

数据来源：国家统计局

表 1-15　2017 年我国农业经营单位生产经营人员数量和结构（单位：万人、%）

	全国	东部 地区	中部 地区	西部 地区	东北 地区
农业生产经营人员总数	1092	341	265	358	128
农业生产经营人员性别构成					
男性	59.4	59.1	60.1	56.7	66.1
女性	40.6	40.9	39.9	43.3	33.9
农业生产经营人员年龄构成					
年龄 35 岁及以下	19.7	17.0	17.1	23.1	22.9

续表

年龄 36-54 岁	61.2	59.7	61.2	61.7	63.6
年龄 55 岁及以上	19.1	23.3	21.7	15.3	13.5
农业生产经营人员 受教育程度构成					
未上过学	3.5	3.4	3.5	4.6	1.2
小学	21.8	23.4	20.6	25.6	9.8
初中	47.0	48.6	49.7	44.3	44.5
高中或中专	19.6	17.9	20.1	16.7	31.3
大专及以上	8.0	6.7	6.1	8.9	13.2
农业生产经营人员主要从事农业 行业构成					
种植业	50.3	49.6	49.1	50.7	53.3
林业	16.4	14.9	14.9	16.7	22.6
畜牧业	16.6	14.7	18.7	18.6	11.8
渔业	6.2	10.5	5.8	3.4	2.9
农林牧渔服务业	10.6	10.4	11.5	10.6	9.5

数据来源：国家统计局

（二）农业生产组织方式

1.家庭农场发展情况

以国家统计局发布的2018年各省（区）GDP值由高到低排序，采用《中国家庭农场发展报告（2019年）》中调查样本的平均经营规模、净收入、人力资源等指标，估算各省家庭农场平均劳动生产率（见表1-16）。从地区生产总值前十的省来看，浙江省的劳动生产率较突出；从地区生产总值中等地区的情况看，内蒙古和黑龙江省尤其突出，居各省劳动生产率前列；从地区生产总值较低省份来看，排除海南省和西藏地区，贵州省和甘肃省的劳动生产率较低。

表 1-16 按各省生产总值排序的各省劳动生产率估算情况

地区	2018 年地区生产总值	净收入（种植业农场）（单位：万元）	净收入（粮食类农场）（单位：万元）	家庭农场人力资源总计（单位：个）	劳动生产率（种植业农场）（单位：万元/个）	劳动生产率（粮食类农场）（单位：万元/个）
广东	97277.77	10.69	11.25	6.08	1.76	1.85
江苏	92595.40	13.98	15.74	7.91	1.77	1.99
山东	76469.67	12.19	11.44	7.29	1.67	1.57
浙江	56197.15	13.21	14.22	4.59	2.88	3.10
河南	48055.86	13.88	14.72	8.09	1.72	1.82
四川	40678.13	14.22	13.48	6.27	2.27	2.15
湖北	39366.55	12.10	12.82	7.72	1.57	1.66
湖南	36425.78	11.94	12.78	6.87	1.74	1.86
河北	36010.27	13.12	14.16	7.45	1.76	1.90
福建	35804.04	10.37	10.96	8.00	1.30	1.37
上海	32679.87	10.09	10.23	—	—	—
北京	30319.98	—	—	—	—	—
安徽	30006.82	20.66	20.96	7.97	2.59	2.63
辽宁	25316.35	13.67	9.56	5.06	2.70	1.89
陕西	24438.32	12.89	9.08	4.83	2.67	1.88
江西	21984.78	22.65	21.09	5.81	3.90	3.63
重庆	20363.19	10.79	10.21	6.99	1.54	1.46
广西	20352.51	12.67	11.40	6.44	1.97	1.77
天津	18809.64	21.87	21.87	8.71	2.51	2.51
云南	17881.12	13.76	13.00	7.47	1.84	1.74
内蒙古	17289.22	30.45	30.98	4.73	6.44	6.55
山西	16818.11	11.00	11.00	5.30	2.08	2.08
黑龙江	16361.62	21.49	22.85	6.74	3.19	3.39
吉林	15074.62	13.83	14.41	5.81	2.38	2.48

续表

贵州	14806.45	12.34	10.87	7.15	1.73	1.52
新疆	12199.08	22.99	24.56	7.58	3.03	3.24
甘肃	8246.07	24.05	23.83	13.38	1.79	1.68
海南	4832.05	14.68	14.94	7.62	1.93	1.96
宁夏	3705.18	22.46	22.34	6.42	3.50	3.48
青海	2865.23	13.57	12.99	7.02	1.93	1.85
西藏	1477.63	—	—	—	—	—

数据来源：国家统计局和《中国家庭农场发展报告（2019年）》

　　从家庭农场经营土地持有情况来看，以种植类农场为例（见表1-17），贵州省平均土地面积不足300亩，内蒙古平均土地面积居全国首位，达1441.26亩，其平均地块数量为10.41块，远远低于全国平均地块数16.32，利于实现规模经济。甘肃省的平均地块数量为101.57块，远远高于全国平均水平。从转入土地的租期特征来看，黑龙江省租期不低于5年的转入土地面积占比为53.01%，远低于全国平均水平66.94%，浙江省不低于5年租期的转入土地面积占比95.71%，高于全国平均水平，租期不稳定会极大地削弱农场主对农场投资的长期行为，是家庭农场可持续发展的重要影响因素。从流转土地平均租金看，2018年浙江省的平均租金731.71元/亩，远高于全国平均水平567.44元/亩，其他4省的流转土地平均租金在150—450元/亩之间，较高的土地租金使农业生产的成本增加，预期的收益趋势降低。

表 1-17　家庭农场经营土地的情况

项目	浙江省	内蒙古	黑龙江	贵州省	甘肃省
土地面积，亩	371.54	1441.26	799.39	217.83	449.91
平均地块数量，块	8.63	10.41	8.78	63.76	101.57
土地来源构成，流转进入占比，%	83.72	42.08	85.45	50.95	62.39
转入土地来自的农户数，户	73.91	15.83	18.90	28.52	41.43

续表

转入土地的租期特征，大于等于5年面积占比，%	95.71	61.81	53.01	69.28	74.65
流转土地平均租金，2018，元／亩	731.71	186.42	370.38	438.15	410.51

数据来源：中国家庭农场发展报告2019年

2.农业企业发展情况

从资产总额来看，2018年中国农业企业500强榜单企业资产总额为19093.88亿元，资产总额平均值为38.19亿元，其中排名前十的企业资产总额共计5526.75亿元，占全部资产总额的29%。从营业收入来看，500家上榜企业2018年营业收入总额为26436.02亿元，平均值为52.87亿元，前十名企业的营业收入共计9178亿元，占营业收入总额的34.7%。从行业分布上看，营业收入过百亿的49家企业中，农产品加工业企业21家，农业综合企业19家，畜牧业企业9家。

从区域分布来看（见图1-4），上榜企业主要分布在东部和西部地区，其中280家位于东部地区，114家位于西部地区，共占全部企业的78.8%。安徽省是中部地区上榜企业数量最多的省份，共28家企业上榜，其中以农产品加工业（食品加工、羽绒加工等）和畜牧业企业为主。

结合企业的资产规模来看（见表1-18），资产规模较小的企业资产周转率较高，资产规模较大的企业资产周转率略低，符合企业发展特征。结合企业所处的行业来看，林业企业资产周转率最低，为1.77，种植业企业资产周转率最高，达到4.11，资产周转率行业差距明显。

表1-18 不同资产规模实体农业企业的资产周转率均值

分组	资产周转率均值
>100亿元	1.14
50亿-100亿元	1.02
10亿-50亿元	1.38
1亿-10亿元	3.25
<1亿元	9.05

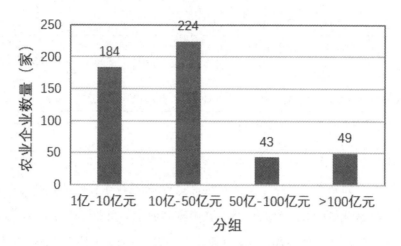

图 1-3 农业企业营业收入分布情况

从各行业情况来看，农产品加工行业企业的平均利润率高于均值，达到6.31%，畜牧业和农业综合企业利润率皆低于均值，种植业利润率为各行业中最低，仅为3.87%。通过农产品加工、畜牧业和种植业利润水平依次降低这一现象，可看出在农业产业链中加工环节能够比生产环节产生更高的利润。其他行业类型，如林业和渔业，普遍经营规模较小、平均利润率较高，林业利润率高达9.51%，渔业达到7.68%，皆显著高于均值5.47%。由此可见，各行业间经营规模和利润水平差异显著。

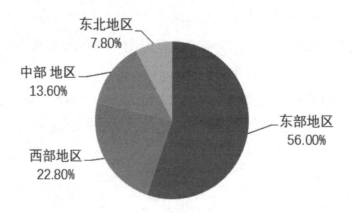

图 1-4 农业企业区域分布情况

从企业与电商新业态结合情况来看，电子商务交易在销售中占比日趋增加。500家上榜企业中有265家企业采用电子商务渠道进行产品销售，电商交易总额4334.62亿元，占265家企业营业收入总额的31.30%，占全部500家企业营收总额的16.40%。这265家农业企业电商交易额均值为16.36亿元，其中排名前十的企业电商交易额共计3855.48亿元，占电商交易总额的88.95%。265家企业中有17家企业电商交易额高于总体平均值，达237.07亿元，其余248家企业电商交易额平均值为1.23亿元。整体而言，电商销售渠道在农业企业中的普及程度仍较为有限，已采用电商的企业对电商渠道的使用程度也尚有大幅提升的空间。

3.农民合作社发展情况

党的十八大以来，我国农民合作社发展已从单纯的数量扩张转向量质并重阶段。截至2019年10月，全国依法登记的农民合作社数量达220.3万家，近十年总量增长近9倍。同时，我国农民合作社产业类型不断拓展，带动能力显著提升。2019年，实现产加销一体化服务的农民合作社占比53%，有3.5万家农民合作社创办了加工企业，4.6万家合作社通过了农产品质量认证。2018年底，农民合作社带动农户数达到12003万户，社均带动农户55户。

从合作社产业分布来看，我国农民专业合作社主要涵盖种植业、畜牧业、服务业、林业、渔业等五大产业。其中，种植业农民专业合作社占主导地位，2016年全国有种植业农民专业合作社84.3万家，占当年合作社总体的54%。畜牧业农民专业合作社在数量上位居第二，但2011至2016年，畜牧业合作社比重呈现出缓慢下降的趋势（见表1-19）。

表1-19　农民专业合作社产业分布情况（单位：万家、%）

年份	种植业		畜牧业		服务业		林业		渔业	
	总量	占比	总量	占比	总量	占比	总量	占比	总量	占比
2011	24.6	48.3	14.4	28.2	4.6	9	2.6	5.1	2	3.9
2012	30.6	48.2	17.7	27.9	5.8	9.1	3.4	5.4	2.5	3.9

续表

年份	种植业		畜牧业		服务业		林业		渔业	
	总量	占比	总量	占比	总量	占比	总量	占比	总量	占比
2013	44.8	50.6	22.7	25.7	7.7	8.7	5.1	5.8	3.3	3.7
2014	60	50.6	28.5	25	9.3	8.2	6.6	5.8	4	3.5
2015	71	53.2	32.4	24.3	10.9	8.1	7.9	5.9	4.5	3.4
2016	84.3	54	37.1	23.7	12.3	7.9	9.2	5.9	5.1	3.3

数据来源：根据农业农村部公布的农村经营管理统计年报数据整理所得

从农民专业合作社牵头人情况来看，2011年由乡村能人牵头的合作社有45.8万家，占总体的比例为89.9%；2016年这一数据上升到142.4万家，占总体的比例高达91.2%。相比之下，由企业、基层农技服务组织和其他身份领办者牵头举办的合作社则少得多（见表1-20）。

表1-20　按牵头人划分的农民专业合作社发展情况（单位：万家、%）

年份	乡村能人牵头		左列中由村干部牵头的合作社		企业		基层农技服务组织		其他	
	总量	比重	总量	比重	总量	比重	总量	比重	总量	比重
2011	45.8	89.9	9.2	20.1	1.5	2.9	1	2	2.6	5.2
2012	57.2	90.3	10.8	18.9	1.8	2.9	1.2	1.9	3.1	4.9
2013	80.2	90.7	13.6	16.9	2.4	2.7	1.5	1.7	4.3	4.8
2014	103.5	91	15.6	15.1	3	2.6	1.9	1.6	5.4	4.8
2015	121.6	91	17.3	12.9	3.4	2.5	2.1	1.6	6.5	4.9
2016	142.4	91.2	19.1	13.4	3.8	2.5	2.4	1.6	7.5	4.8

数据来源：根据农业农村部公布的农村经营管理统计年报数据整理所得

从农民专业合作社服务情况来看（见表1-21），截至2016年底，提供产加销一体化服务的合作社共83万家，占比53.1%；提供生产服务的合作社44.8万家，占比28.7%；提供购买服务的合作社6.1万家，占比3.4%；提供仓储服务的合作社1.6万家，占比0.9%；提供运销服务的合作社4.3万家，占比2.4%；提供加工服务的合作社3.6万家，占比2%。这反映出，现阶段农户踊跃参加合作社的主要目的，一是解决农产品过剩背景下的产品销售困难，二是通过农民专业合作社提供的产前、产中和产后服务来节约成本，增加收益。

表 1-21　农民专业合作社服务内容（单位：万家、%）

年份	产加销一体化		生产		购买		仓储		运销		加工		其他	
	总量	比重	总量	比重	总量	比重	总量	比重	总量	比重	总量	比重	总量	比重
2011	26.6	52.3	13.7	26.9	1.8	3.5	4.1	0.8	1.7	3.3	1.1	2.2	5.5	10.9
2012	33.1	52.2	16.9	22.7	2.5	3.9	5.7	0.9	2	3.1	1.5	2.3	6.9	10.9
2013	46.3	52.4	24.6	27.8	3.5	4	7.1	0.8	2.6	2.9	1.9	2.2	8.7	9.9
2014	60.6	53.3	31.8	28	4.2	3.7	1	0.9	3.1	2.7	2.3	2	10.7	9.4
2015	70.7	52.9	38.1	28.5	4.7	3.5	1.2	0.9	3.4	2.5	2.7	2	13.1	9.8
2016	83	53.1	44.8	28.7	6.1	3.4	1.6	0.9	4.3	2.4	3.6	2	17	9.5

数据来源：根据农业农村部公布的农村经营管理统计年报数据整理所得

从合作社盈余及分配情况来看（见表1-22），2016年全国农民专业合作社可分配盈余999.5亿元，社均盈余6.4万元。2011至2016年每个社员各年的平均盈余分别为1426元、1300元、1611元、1600元、1689元、1559元，总体上呈波动上升趋势。2016年按交易额返还盈余的合作社33.7万家，占比16.71%，其中按照这一分配方式分配的盈余超过60%的合作社25.9万家，占比12.84%。可见，实践中农民专业合作社盈余分配方式与《中华人民共和国农民专业合作社法》的要求差距很大，农民专业合作社的规范化程度有待提高。

表 1-22　农民专业合作社盈余及分配情况

年份	合作社可分配盈余（亿元）	社均可分配盈余（万元）	每个社员可分配盈余（元）	按交易额返还盈余的合作社（万家）	按交易额分配超过 60% 的合作社（万家）
2011	419.6	9.7	1426	11.5	8.3
2012	575.3	9.1	1300	14.9	10.8
2013	767.4	8.7	1611	21.1	16.0
2014	907	8.0	1600	26.7	20.6
2015	945.1	7.1	1689	29.4	22.7

续表

年份	合作社可分配盈余（亿元）	社均可分配盈余（万元）	每个社员可分配盈余（元）	按交易额返还盈余的合作社（万家）	按交易额分配超过60%的合作社（万家）
2016	999.5	6.4	1559	33.7	25.9

数据来源：根据农业农村部公布的农村经营管理统计年报数据整理所得

　　从国家对农民专业合作社的扶持情况来看（见表1-23），2015年东部地区获得财政扶持的合作社共1.26万家，占东部合作社总体的比例为2.46%，扶持资金总额16.4亿元，社均获得扶持资金13.01万元；中部地区获得财政扶持的合作社1.19万家，占中部合作社总体的比重为2.15%，扶持资金总额15.02亿元，社均获得扶持资金12.26万元；西部地区获得财政扶持的合作社0.87万家，占西部合作社总体的比重为3.22%，扶持资金总额14.53亿元，社均获得扶持资金16.7万元。东部地区承担的国家涉农项目为1532项，社均承担0.30项；中部地区承担812项，社均承担0.15项；西部地区1437项，社均承担0.53项。比较而言，西部地区无论是获得国家财政资金扶持的合作社数量、各级财政专项扶持资金总额、当年承担国家涉农项目的数量，还是当年获得的贷款余额都要高于中部、东部地区。

表 1-23　2015 年国家对农民专业合作社的扶持情况

指标名称	东部地区			中部地区			西部地区		
	总量	均值	占比	总量	均值	占比	总量	均值	占比
财政扶持数量	1.26万家	——	2.46%	1.19万家	——	2.15%	0.87万家	——	3.22%
财政专项扶持资金总额	16.4亿元	13.01万元	——	15.02亿元	12.26万元	——	14.53亿元	16.7万元	——
承担国家涉农项目数量	1532项	0.30项		812项	0.15项		1437项	0.53项	

续表

指标名称	东部地区			中部地区			西部地区		
	总量	均值	占比	总量	均值	占比	总量	均值	占比
贷款余额	42.17亿元	0.82	——	20.65亿元	0.37	——	50.21亿元	1.86	——

数据来源：根据《中国农村经营管理统计年报（2016年）》相关数据计算所得

五、乡村振兴背景下我国农业产业发展的挑战与机遇

（一）面临的挑战

1.资源环境与农业产业发展之间矛盾尖锐

由于长期对农业资源高强度开发利用，我国在成功解决粮食等重要农产品供给的同时，也付出了极大的生态代价。现阶段，资源环境承载力状况与农业产业发展之间的矛盾日益尖锐。一是耕地资源严重不足。这既制约着农产品的生产，又影响着种植业规模化经营的发展。二是水资源愈加短缺。随着工业化、城镇化的发展，我国用水总量显著增加。未来农业用水与非农用水之间的矛盾、农业产业发展与生态文明建设之间的矛盾仍将十分突出。三是水土资源污染严重。我国化肥、农药等农业投入品的长期过量施用，以及城市污染物和工业污染物的违规排放和农业面源污染，都对水资源造成了严重污染。

2.基础支撑条件仍然较为薄弱

一方面，农业的抗旱能力仍然不强。当前我国仍有近50%的耕地缺乏灌溉条件，在严重干旱的情况下，已经具备灌溉条件的耕地也会有相当一部分无法满足灌溉需要。另一方面，农业产业化的基础仍然比较薄弱。尤其是农产品加工设施和技术水平不高，加工链条短，精深加工和再加工率不足，导致农产品附加值低，农业整体效益低下。世界发达国家农产品加工业与农业产值之比大

都在3：1以上，美国甚至达到5：1，我国目前仅为2.2：1，远低于发达国家平均水平。

3.科技支撑和人才支撑力度不足

一是我国农业现代化物质装备与发达国家存在较大差距。目前，我国农业综合机械化水平不足70%，而美国、日本在20世纪中叶均已全面实现农业机械化。二是农业科技队伍建设相对滞后。农业科技专业人员总量不足，且现有农业专业技术人员队伍年龄偏大，知识结构与现代农业产业脱节，不能满足现代农业发展的需要。三是农村劳动力队伍素质偏低。青壮年人口大量外流，村庄空心化、人口老龄化、劳动力老弱化现象明显，导致现代农业缺人才问题突出。

4.农业支持和保障体系相对薄弱

一是国家对农业的投入受财力基础制约较大。现阶段，虽然国家将农业农村放在优先发展地位，但中央财力能够用于农业公共投入的资金在较长时期内难以满足农业产业发展需要。二是多元投入保障机制不健全。受农业生产投入大、周期长、效益低、风险大等因素影响，社会资本对农业投入的动力和活力明显不足，且尚未形成支撑农业产业发展的多元投入格局。三是农业风险保障体系不够完善。在市场化、全球化程度不断加深的大背景下，农业产业风险管理和预警体系建设在现代农业产业发展中的必要性和紧迫性日益凸显。

（二）历史机遇

乡村振兴战略的实施，叠加新时期国内消费升级，为农业产业振兴带来极为重要的政策机遇和市场机遇。

1.政策机遇

基于农业产业在乡村振兴中的重要地位和作用，以及现阶段农业产业发展中存在的新问题、新矛盾，党中央、国务院在《乡村振兴战略规划（2018—2022年）》（简称《战略规划》）和2019年中央一号文件（简称《若干意见》）中构建了全面、精准的农业产业发展政策支持体系。

一是关于保障重要农产品供给及产业结构调整的支持政策。《战略规划》和《若干意见》中明确指出，要夯实农业生产能力基础、健全粮食安全保障机制、提升粮油蔬菜和畜产品生产保障能力等。为此，农业农村部等七部委发布了《国家质量兴农战略规划（2018—2022年）》，并相继就开展农业质量年、农产品质量安全县创建、农业生产发展项目实施、全国一村一品示范村镇认定与监测以及促进小农户与现代农业发展有机衔接等出台了具体政策和推进措施。

二是关于推进农业产业融合发展的支持政策。《战略规划》和《若干意见》中提出，要进一步发掘农业新功能、新价值，培育新产业新业态，打造新载体新模式，实施数字乡村战略等。2019年，又在《中共中央 国务院关于建立健全城乡融合发展体制机制和政策体系的意见》中提出，要坚决破除妨碍城乡要素自由流动和平等交换的体制机制壁垒，促进各类要素更多向乡村流动，在乡村形成人才、土地、资金、产业、信息汇聚的良性循环。这无疑将为农村产业的融合发展注入强大动能。

三是关于强化农业产业科技和人才支撑，以及财政和金融支持力度与政策。《战略规划》和《若干意见》指出，要提升农业科技创新水平，打造农业科技创新平台基地，培育新型职业农民，加强农村专业人才队伍建设等。对此，农业农村部、财政部、教育部等部门就开展乡村振兴科技支撑、促进乡村就业创业、开展农业科技人员知识更新培训等工作出台了相关的政策和推进举措。在财政和金融支持方面，《战略规划》和《若干意见》提出，要健全多元投入保障机制、继续坚持财政优先保障、完善金融支农激励政策等。围绕这些政策，财政部发布了《贯彻落实实施乡村振兴战略的意见》，农业农村部和相关金融部门就关于加强农业产业化领域金融合作、助推实施乡村振兴战略出台了《实施意见》。

四是关于乡村振兴战略实施和农业产业振兴的制度保障措施。《战略规划》和《若干意见》围绕乡村振兴战略实施和农业产业振兴提出了若干制度性措施。2019年10月，党的十九届四中全会通过的《中共中央关于坚持和完善中国特色社会主义制度　推进国家治理体系和治理能力现代化若干重大问题的决定》，又进一步从国家治理的高度强调实施乡村振兴战略，完善农业农村优先发展和保障国家粮食安全的制度措施，健全城乡融合发展体制机制。

2.市场机遇

党的十九大报告规划了我国中远期发展蓝图：到2035年，基本实现社会主义现代化；到本世纪中叶，把我国建成社会主义现代化国家。在实现上述目标的过程中，随着居民收入水平不断提高，中等收入群体不断壮大，城乡居民生活水平差距不断缩小，国内消费需求增长将为农业产业发展提供巨大的市场机遇。

一是消费规模增长扩展市场空间。现阶段，我国农产品尤其是肉、蛋、奶和水产品消费存在明显的不平衡不充分问题。首先，城乡之间不平衡。2019年，我国农村居民家庭人均肉类、蛋类、奶类和水产品消费量，分别比城镇低13.41%，22.22%，58.20%和45.46%。其次，地区之间不平衡。2019年，有10个省份居民家庭人均肉类消费量超过40公斤，但有5个省份在25公斤（含）以下。最后，低收入群体和高收入群体之间不平衡。2019年，按收入五等份分组，我国20%低收入家庭人均可支配收入为7380.4元，20%中等收入家庭人均可支配收入为25034.7元，20%高收入家庭人均可支配收入为76400.7元，高收入家庭和中等收入家庭的人均可支配收入分别是低收入家庭的10.4倍和3.4倍[①]，低收入家庭与中等收入家庭及高收入家庭存在明显的消费差距。今后，随着低收入居民收入的增加以及生活水平的改善，全国食物类农产品的消费规模将会明显

---

① 　根据《中国农村统计年鉴（2020）》相关数据整理。

扩大。

二是消费层次提升助推产业转型升级。随着国民经济的持续发展，居民消费将向实现共同富裕的水平提升。在此过程中，优质农产品的市场需求空间必然随之扩大，这无疑将对农业产业的转型升级产生巨大的拉动效应。此外，随着消费能力提升和消费观念转变，我国居民旅游休闲消费需求有了明显增长，并对国内乡村旅游和农业休闲体验等新业态的发展产生了强大的促进作用。我国居民消费领域由以往传统的"衣、食、住、行"向现代旅游休闲领域拓展，将为发掘农业新功能新价值，发展休闲观光、文化体验、健康养老等生态产业提供日益广阔的市场空间。

第二章

中国推动乡村产业振兴的重点政策领域

乡村振兴是新时代解决我国社会主要矛盾和应对世界百年未有之大变局的必然要求，而乡村产业振兴是乡村全面振兴的物质基础。在新的历史起点上，中央的要求明确、任务明确，需要我们更加努力，走出一条具有中国特色的乡村振兴道路。2018年，在全面建成小康社会的冲刺阶段，出台了《中共中央国务院关于实施乡村振兴战略的意见》和《乡村振兴战略规划（2018—2022年）》，2019年出台《国务院关于促进乡村产业振兴的指导意见》，2020年出台《全国乡村产业发展规划（2020—2025年）》等，对发展壮大乡村产业做出专项部署，围绕促进农村一二三产业融合、农产品加工业、乡村休闲旅游、农村创新创业等，制定实施一系列涉及财政税收、金融保险、联农带农、用地等方面的支持和服务政策措施。本章将从政策工具的视角出发，进一步了解这些政策措施。

一、乡村产业政策分类与具体措施

政策工具的研究伴随着西方公共管理变革的深入、政策科学的进展以及公共政策的专业化与复杂化而引起学者们的关注。[①]广义而言，政策工具是为

---

① 黄红华.政策工具理论的兴起及其在中国的发展［J］.社会科学，2010，（4）：13-19，187.

实践者以及决策者所采用，或者在潜在意义上可能被用来实现一个乃至多个政策目标的手段和方法。[①]政策工具的分类很多，目前在环境、文化、产业等方面，国内学者多采用供给型、环境型及需求型的分类方法。该划分方式下的每一种类型的政策工具同时又包含了多种具体的工具，这一方面符合现实中各级政府为实现政策既定目标而采取的多种手段，另一方面也有利于借助多元工具对相关政策进行分析与解读。同时，"环境型"政策工具的运用突出了政府在推进产业发展过程中要做好引导和服务，而非控制和干预，这正契合了《国务院关于促进乡村产业振兴的指导意见》中"市场导向、政府支持"的基本原则。此外，"供给型"和"需求型"政策工具的联动强调了产业政策的制定要依据市场趋势的变化及未来发展的需求，政策着力点应在优化产业结构和促进

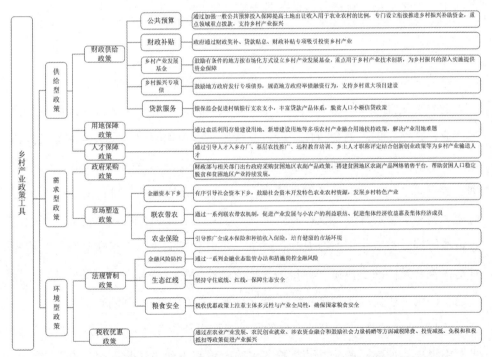

图 2-1 供给型、需求型和环境型维度下中国乡村产业发展政策框架

① 顾建光. 公共政策工具研究的意义、基础与层面 [J]. 公共管理学报，2006，（4）：58-61.

产业高质量发展上下足功夫，这与《国务院关于促进乡村产业振兴的指导意见》中"供给侧结构性改革为主线"的指导思想不谋而合。因此，本节采用供给型、环境型及需求型的分类方法对中国促进乡村产业发展的政策进行分析。

乡村产业的供给型政策工具指的是政府通过"资金、土地、人才投入"等方面的支持，直接扩大要素供给，增强相关要素活力，积极推动乡村产业发展。需求型政策工具则是指政府通过"市场塑造"等措施积极开拓市场需求，灵活应对市场的不确定性，从而拉动乡村产业发展。环境型政策工具是指政府通过"法规管制"等政策塑造有利的发展环境，消除市场障碍，激发主体活力，间接推动乡村产业振兴。

（一）供给型乡村产业政策分类与措施

1.财政供给政策

财政支持是所有推动乡村产业发展的扶持和服务政策中最为重要的措施，中央财政衔接推进乡村振兴补助资金，重点支持培育和壮大欠发达地区特色优势产业，并逐年提高资金占比。脱贫县统筹整合使用财政涉农资金优先支持特色产业发展，壮大脱贫地区特色优势产业（含必要的产业配套基础设施），促进产业提质增效。农业生产发展资金、农业资源及生态保护补助资金等中央财政相关转移支付继续倾斜支持脱贫地区产业发展，东西部协作、对口支援、定点帮扶等资金重点用于产业发展，并进一步向乡村振兴重点帮扶县倾斜。将脱贫地区符合条件的乡村振兴项目纳入地方政府债券支持范围。有条件的地区设立的乡村振兴基金，重点支持乡村产业发展，并向脱贫地区倾斜。

（1）公共预算。2019年出台的《国务院关于促进乡村产业振兴的指导意见》中提出，加强一般公共预算投入保障，提高土地出让收入用于农业农村的比例，支持乡村产业振兴。新增耕地指标和城乡建设用地增减挂钩节余指标跨省域调剂收益，全部用于巩固拓展脱贫攻坚成果和支持乡村振兴。各级政府也多措并举地完善乡村振兴投入保障机制。一是将涉及乡村振兴发展的资金投入作为财政编制预算的重要内容,确保财政投入和乡村振兴目标任务相适应。二是转移支付倾斜"三农"发展,聚焦重点区域财力保障,促进城乡一体化发展。财政转移支付重点向纯农地区、生态保护区域、财力困难区域倾斜,同时进一步加大对教育、医疗卫生、社会保障、公共安全和"三农"等重要民生领域的转移支付力度。三是涉农资金体现"统筹整合",采用"大专项+任务清单"管理机制,着力推进部门内涉农资金源头整合,优化完善政策体系;着力完善部门间涉农资金统筹机制,积极搭建涉农资金统筹整合平台。具体说来有以下两点:

一是增加涉农资金。2021年中央财政专门设立衔接推进乡村振兴补助资金,规模达到1561亿元,比2020年原中央财政专项扶贫资金增加了100亿元,财政支持政策和资金规模总体保持稳定。各地方也在财力"紧平衡"的压力之下,使2021年涉农财政资金有增无减。例如,湖北省麻城市在这块资金的"大盘子"中,切出了二分之一以上用于产业发展,2021年在巩固拓展脱贫攻坚成果同乡村振兴有效衔接方面共筹集资金8.3亿元,比2020年增加了1000万元。

二是多种专项拨款。专项拨款体现在国家重点研发计划和对现代农业产业技术体系的支持上。在促进国家重点研发计划实施方面,科技部正在谋划实施乡村产业共性关键技术研发与集成应用等国家重点研发计划,安排中央和地方财政经费28亿元,针对特色产业发展的瓶颈问题,计划筛选优良品种210个,研发并集成各类技术及装备280个,创建品质提升和高效生产模式150套,制定规范化生产技术规程或标准150项,开发加工新产品60个,给产业发展插上科技的翅膀。在优化现代农业产业技术体系方面,"十三五"期间,中央财政每年投入2.58亿元,支持425位专家开展食用菌、柑橘、苹果、梨、葡萄、桃、香蕉、荔枝、龙眼、茶叶等十余个产业的技术攻关任务,推动品种培育、植保、栽培、加工贮藏、农机装备等关键环节的技术集成示范。"十四五"期间,进一步优化现代农业产业技术体系布局,将枣、樱桃、蓝莓、草莓等特色农产品纳入支持范围，进一步拓宽品种覆盖面。

（2）财政补贴。财政补贴的形式和种类多样，大致可以分为以下两类：

一是财政奖补。以支持就业和特色产业集群为例，在就业领域，2018年宁夏回族自治区人民政府办公室转发《自治区人力资源社会保障厅财政厅扶贫办关于进一步推进就业扶贫工作若干意见》（以下简称《若干意见》），《若干意见》主要内容包括：一方面增加了给予建档立卡贫困人口外出转移就业交通补贴的政策，对外出务工稳定在1年以上并签订劳动合同、缴纳各项社会保险的建档立卡贫困劳动力，每人每年可享受一次性交通补贴。区内跨县（市）就业的每人每年给予200元交通补贴，跨省（区）就业的每人每年给予800元交通补贴。另一方面制定了鼓励各地搭建就业扶贫载体帮助农村留守妇女居家就业或灵活就业的措施，对吸纳建档立卡贫困户稳定就业在1年以上并签订劳动合同、缴纳各项社会保险的，按照吸纳人数给予扶贫载体一次性资金补贴：吸纳11—20人的补贴2万元，吸纳21—30人的补贴3万元，吸纳31—100人的补贴6万元，吸纳100人以上的补贴10万元。

在打造优势特色产业集群方面，新批准建设31个国家现代农业产业园、259个农业产业强镇，"点线面"结合加快推动农业产业高质量发展。地方财政采取财政奖补、贷款贴息等措施，重点支持家庭农场、农民合作社建设农产品仓储保鲜设施，解决农产品出村进城"最先一公里"问题。以现代种业为例，积极发挥发展基金引导作用，支持种业企业发展，推动做大做强我国民族种业。

二是财政补贴专项。在产业融合方面，农业农村部会同财政部先后设立现代农业产业园、农业产业强镇和优势特色产业集群等农业产业融合项目，扶持各地发展食用菌、果品、茶等特色产业。目前，中央财政累计安排337.5亿元，引导各省（区、市）建设现代农业产业园200个、农业产业强镇1109个、优势特色产业集群100个，有效推动了全产业链建设和产业转型升级。在生态环境方面，仅2020年，中央财政安排155.61亿元，引导牧民禁牧限牧，促进草原生态环境恢复，推动传统草原畜牧业向现代畜牧业发展。安排约4亿元，支持在重点水域开展渔业增殖放流，促进渔业种群资源恢复。安排94亿元，支持开展畜禽粪污资源化利用、农作物秸秆综合利用，推动提升农业废弃物资源化利用能力。持续改善农村人居环境，安排74亿元，鼓励和引导各地因地制宜推进农村改厕。落实农村人居环境整治先进县激励措施，对农村人居环境整治成效明显的20个县（市、区）分别予以2000万元奖励。

（3）乡村产业发展基金。实现乡村振兴，需要社会各界的共同努力，因此要鼓励有条件的地方按市场化方式设立乡村产业发展基金，重点用于乡村产业技术创新，为乡村振兴的深入实施提供资金保障。主要体现在四个方面：首先，政府要为优质农业产业项目提供扶贫贴息贷款，进而促进社会资本在农村的投资发展；其次，要建立对农业产业的扶持奖励资金，对发展前景好、有潜力、带动能力强的项目或者负责人进行引导和资金奖励；再次，要严格筛选有潜力的、成长前景好的农业企业和项目进行投资入股，加强政企合作，共同发展；最后，要与当地的担保公司和保险公司建立良好的合作关系，为农业项目的发展提供融资担保和保险服务。

比如，2018年，海南省农业厅与凯利易方资本管理有限公司联手设立"海南省乡村振兴发展基金"的签约活动在海口举行。"海南省乡村振兴发展基金"由凯利易方资本管理有限公司联合中央金融机构及相关产业龙头企业发起设立，首期资金规模不低于100亿元，总规模达1000亿元。该项基金投资范围主要涵盖五大方面：一是以乡村振兴为核心目标的美丽乡村、精准扶贫、共享农庄等项目；二是海南农业名优产品产业链打造，尤其是鸡鸭羊蟹四大品牌及热带农业品牌的规模化养殖种植和深加工；三是海南生态循环农业及绿色农业发展项目，包括农业面源污染治理与生态环境建设；四是农产品深加工及农产品交易所、冷链物流服务设施、农民培训学校等项目；五是中央和海南省政府鼓励发展的其他"新三农"产业项目等。该基金的设立有效地缓解了海南省乡村振兴战略资金缺乏的难题，极大地促进了乡村产业的发展，是值得借鉴和学习的。

（4）乡村振兴专项债。乡村振兴专项债是在扶贫专项债基础上，支持发行人将募集资金投向乡村振兴相关领域，通过市场化手段助力巩固拓展脱贫攻坚成果，服务乡村振兴战略实施。乡村振兴专项债募集资金聚焦"三农"发展，用于乡村振兴项目的建设、运营、收购等，有助于引导带动更多社会资本通过不同渠道投向乡村振兴领域，支持破解资金制约瓶颈，形成示范效应，有利于尽快补齐农业农村发展短板，完善乡村基础设施，盘活各类资产资源，服务农业农村现代化进程。

2021年6月，深交所首单乡村振兴专项债顺利落地。此次广东省广新控股集团有限公司在深交所成功发行5亿元乡村振兴专项债，募集资金用于增资全资子公司广东省食品进出口集团，最终投入养猪场现代化建设项目，辐射带动项目周边乡村振兴。项目主要分布于粤东及粤西北等珠三角经济圈十余个乡村振兴重点市县，募集资金投入将推动周边乡村形成养殖、屠宰、加工、物流等一体化食品供应链条，进一步带动乡村居民就业，提升人均收入，增厚地方政府税基，助力乡村振兴。

（5）贷款服务。2019年，银保监会印发《关于推动村镇银行坚守定位提升服务乡村振兴战略能力的通知》（银保监办发〔2019〕233号），要求农村中小银行机构专注服务本地、服务县域、服务社区，坚守支农支小金融主业。2021年，农业农村部会同人民银行等部门印发《关于金融支持新型农业经营主体发展的意见》（银发〔2021〕133号），要求银行业金融机构针对龙头企业、农民合作社、家庭农场和农业社会化服务组织等经营主体的融资需求与特点，丰富贷款产品体系，开发随贷随用、随借随还产品和线上信贷产品，合理设置贷款期限，加大中长期贷款投放力度。2021年，农业农村部印发《关于开展新型农业经营主体信贷直通车活动的通知》（农办计财〔2021〕16号），收集全国家庭农场、农民合作社等主体金融服务需求，对接银行发放贷款，打造"主体直报需求、农担公司提供担保、银行信贷支持"的信贷直通车体系，为农业经营主体提供更加便捷有效的金融服务。

近年来，针对脱贫人口的小额信贷政策不断调整完善，对有较大贷款资金需求、符合贷款条件的对象，鼓励申请创业担保贷款发展特色产业。创新金融产品和服务，充分发挥农业信贷担保体系作用，鼓励和引导金融机构为脱贫地区新型农业经营主体发展产业提供信贷支持。现有再贷款政策在展期期间保持不变，引导地方法人金融机构将再贷款资金重点用于支持发展特色产业。另外，在不新增地方政府隐性债务的前提下，鼓励金融机构开发符合乡村一二三产业融合发展需求的信贷产品。例如湖北省争取中央、省级支农专项向大别山片区8个贫困县倾斜，在2016—2018年安排支农投入25亿元；指导省农业担保公司在黄冈、孝感等15个市、县建立分支机构，业务覆盖大别山片区8个贫困县，累计为小微新型经营主体开展业务313笔，放贷近2.8亿元，同时，各级保险机构在贫困地区创新推出政银保、财银保等30多个扶贫保险产品，已覆盖大别山片区90%以上的脱贫村。

2.用地保障政策

目前我国对建设用地实行规划和计划双重管理。首先，土地规划用途必须为建设用地属性，满足用地规划，否则在使用土地以前需调整土地规划。其次，还需拥有新增建设用地指标。我国对新增建设用地指标实行计划管理，从国家层面逐级往下划分，而到农村层面，新增建设用地指标必然会进一步下降。此外，还需要克服耕地占补平衡、林地占补平衡、严禁占用基本农田等诸多问题。因此，农村产业发展面临建设用地指标不足的严峻现状。

近年来，为了助力乡村振兴，支持农村产业发展，解决农村产业融合用地困境，国家相继出台多项农村产业融合用地扶持政策。根据《国土资源部、农业部关于完善设施农用地管理有关问题的通知》（国土资发〔2010〕155号）规定，在以农业为依托的休闲观光项目以及各类农业园区，涉及建设永久性餐饮、住宿、会议、大型停车场、工厂化农产品加工、中高档展销等的用地，不属于设施农用地范围，按非农建设用地管理。与之对应，《通知》对一二三产业融合发展用地的土地用途进一步明确为工业用地、商业用地、物流仓储用地等。其他政策具体见下表。

表2-1 乡村产业发展用地保障政策梳理

时间	文件名称	文件内容
2015年8月18日	《农业部关于积极开发农业多种功能大力促进休闲农业发展的通知》	支持农民发展农家乐，闲置宅基地整理结余的建设用地可用于休闲农业。支持有条件的农村开展城乡建设用地增减挂钩试点，发展休闲农业。鼓励利用"四荒地"（荒山、荒沟、荒丘、荒滩）发展休闲农业。
2016年12月31日	《中共中央、国务院关于深入推进农业供给侧结构性改革加快培育农业农村发展新动能的若干意见》（2017年中央一号文件）	探索建立农业农村发展用地保障机制。优化城乡建设用地布局，合理安排农业农村各业用地。完善新增建设用地保障机制，将年度新增建设用地计划指标确定一定比例用于支持农村新产业新业态发展。在控制农村建设用地总量、不占用永久基本农田前提下，加大盘活农村存量建设用地力度。允许通过村庄整治、宅基地整理等节约的建设用地采取入股、联营等方式，重点支持乡村休闲旅游、养老等产业和农村三产融合发展。
2017年12月7日	《国土资源部国家发展改革委关于深入推进农业供给侧结构性改革做好农村产业融合发展用地保障的通知》（国土资规〔2017〕12号）	乡（镇）土地利用总体规划可以预留少量（不超过5%）规划建设用地指标，用于零星分散的单独选址农业设施、乡村旅游设施等建设。 加强建设用地计划指标支持。对利用存量建设用地进行农产品加工、农产品冷链、物流仓储、产地批发市场等项目建设或用于小微创业园、休闲农业、乡村旅游、农村电商等农村二三产业的市、县，可给予新增建设用地计划指标奖励。 鼓励土地复合利用。探索农村集体经济组织以出租、合作等方式盘活利用空闲农房及宅基地，按照规划要求和用地标准，改造建设民宿民俗、创意办公、休闲农业、乡村旅游等农业农村体验活动场所。 加快"房地一体"的农村宅基地和集体建设用地确权登记颁证工作。

续表

时间	文件名称	文件内容
2018年9月26日	中共中央、国务院印发《乡村振兴战略规划（2018—2022年）》	乡镇土地利用总体规划可以预留一定比例的规划建设用地指标，用于农业农村发展。根据规划确定的用地结构和布局，年度土地利用计划分配中可安排一定比例新增建设用地指标专项支持农业农村发展。鼓励农业生产与村庄建设用地复合利用，发展农村新产业新业态，拓展土地使用功能。 完善农民闲置宅基地和闲置农房政策，探索宅基地所有权、资格权、使用权"三权分置"。在符合土地利用总体规划前提下，允许县级政府通过村土地利用规划调整优化村庄用地布局，有效利用农村零星分散的存量建设用地。对利用收储农村闲置建设用地发展农村新产业新业态的，给予新增建设用地指标奖励。
2019年5月29日	自然资源部办公厅印发《关于加强村庄规划促进乡村振兴的通知》（自然资办发〔2019〕35号）	允许在不改变县级国土空间规划主要控制指标情况下，优化调整村庄各类用地布局。各地可在乡镇国土空间规划和村庄规划中预留不超过5%的建设用地机动指标，村民居住、农村公共公益设施、零星分散的乡村文旅设施及农村新产业新业态等用地可申请使用。对一时难以明确具体用途的建设用地，可暂不明确规划用地性质。
2020年1月2日	《中共中央、国务院关于抓好"三农"领域重点工作确保如期实现全面小康的意见》（2020年中央一号文件）	辅助设施用地纳入农用地管理，根据生产实际合理确定辅助设施用地规模上限。通过村庄整治、土地整理等方式节余的农村集体建设用地优先用于发展乡村产业项目。新编县乡级国土空间规划应安排不少于10%的建设用地指标，重点保障乡村产业发展用地。省级制定土地利用年度计划时，应安排至少5%新增建设用地指标保障乡村重点产业和项目用地。农村集体建设用地可以通过入股、租用等方式直接用于发展乡村产业。按照"放管服"改革要求，对农村集体建设用地审批进行全面梳理，简化审批审核程序，下放审批权限。

续表

时间	文件名称	文件内容
2021年1月28日	《自然资源部、国家发展改革委、农业农村部关于保障和规范农村一二三产业融合发展用地的通知》（自然资发〔2021〕16号）	在村庄建设边界外安排少量建设用地。可根据休闲观光等产业的业态特点和地方实际探索供地新方式。 探索在农民集体依法妥善处理原有用地相关权利人的利益关系后，将符合规划的存量集体建设用地，按照农村集体经营性建设用地入市。鼓励对依法登记的宅基地等农村建设用地进行复合利用，发展乡村民宿、农产品初加工、电子商务等农村产业。 在村庄建设边界外，具备必要的基础设施条件、使用规划预留建设用地指标的农村产业融合发展项目，在不占用永久基本农田、严守生态保护红线、不破坏历史风貌和影响自然环境安全的前提下，可暂不做规划调整；市县要优先安排农村产业融合发展新增建设用地计划，不足的由省（区、市）统筹解决；办理用地审批手续时，可不办理用地预审与选址意见书；除依法应当以招标拍卖挂牌等方式公开出让的土地外，可将建设用地批准和规划许可手续合并办理，核发规划许可证书，并申请办理不动产登记。

　　以上政策集中于两个方面，一是盘活利用存量建设用地。鼓励通过土地整治实现用地布局优化和用途调整。主要的政策工具是村庄规划+增减挂钩+土地整治。在充分尊重农民意愿的前提下，根据地方自然资源禀赋、农村产业项目用地需求等，可以选择若干个乡镇、村庄（包括行政村、自然村）为单元，编制全域土地综合整治规划或郊野单元规划，作为国土空间规划的组成部分，通过城乡建设用地增减挂钩等政策，在规划确定的乡镇、村庄之间，实行村村挂钩、村镇挂钩，在更大的尺度上，对农村宅基地、产业用地、公益事业和公共设施用地等的布局和规模进行调整优化。二是新增建设用地。要求规划上预留指标。各地可在村庄规划中预留不超过5%的建设用地规模，用于农村新产业新业态、农村公共公益设施等。对具备必要的基础设施条件，使用规划预留建设

用地指标的农村产业项目，在不占用永久基本农田、严守生态保护红线、不破坏历史风貌和影响自然环境安全的前提下，可暂不做规划调整。

3. 人才保障政策

在西方发达国家，城市的老龄化程度一般要高于乡村，但在我国，由于城乡之间的人口流动而出现了不同的结果。改革开放以后，广大年轻劳动力涌入城市，长者多数留在乡村生活。乡村的青壮年流入城市是我国生产力与生产关系矛盾运动的客观结果，也是现代化建设的必然趋势。在这一过程中，国家在不断关注乡村振兴资源的大量投入与人口流失这一现状之间的关系，不断调整对策，避免资源投入与人才出走的错位，积极构建有利于乡村产业兴旺发展的人才保障政策。

在"怎么保障"的问题上，主要从强化产业振兴的人才支撑着手，坚持问题导向，结合市场需求与时代趋势，根据产业选择引导、培育产业人才，并把"扶贫"和"扶智"有机结合。

（1）强化引导人才入乡办厂。2018年，人社部、财政部联合印发《关于进一步加大就业扶贫政策支持力度着力提高劳务组织化程度的通知》，提出对企业、农民专业合作社、扶贫车间等各类用人单位吸纳贫困劳动力就业并开展以工代训的，给予职业培训补贴；对企业吸纳贫困劳动力就业的，还给予社会保险补贴、创业担保贷款及贴息，对其中吸纳就业成效好的就业扶贫基地，还给予一次性资金奖补。

2020年，农业农村部印发《全国乡村产业发展规划（2020—2025年）》，强调要培育乡村企业家队伍，提出采取多种方式扶持一批大型农业企业集团，培育一批具有全球战略眼光、市场开拓精神、管理创新能力的行业领军乡村企业家。引导网络平台企业投资乡村，开发农业农村资源，丰富产业业态类型，培育一批引领乡村产业转型的现代乡村企业家。同时，发掘一批乡村能工巧匠，培育一批"小巨人"乡村企业家。弘扬乡村企业家精神，对扎根乡村、服务农业、带动农民贡献突出的优秀乡村企业家给予表彰。

（2）加强基层农技推广体系建设。2021年，通过农业生产发展资金对基层农技推广体系给予支持，对全国1/3以上在编在岗基层农技人员进行知识更新培训，培育1万名以上业务精通、服务优良的农技推广骨干人才，招募1万名以上特聘农技员，构建"一主多元"的农技推广体系。农业农村部会同中组部大力开展农村实用人才带头人和大学生村官示范培训，提升各类人才的脱贫致富带动能力。

（3）组织开展现代远程教育培训。2017年，建立全国农业科教云平台，利用云上智农APP和中国农技推广APP对农民开展教育培训和技术推广。2020年，各地依托全国农业科教云平台等开展农民线上培训，参与人数达7718万人次。

（4）推进乡土人才职称评定。农业农村部会同人力资源和社会保障部出台《关于深化农业技术人员职称制度改革的指导意见》，明确农业技术人员职称增设正高级，可覆盖农学、园艺等8个专业；保留农业技术推广研究员正高级职称，实现农业技术系列与农技推广体系的衔接。畅通农民合作社、家庭农场、农业企业、农业社会化服务组织等生产经营主体中农业技术人员职称申报渠道，逐步将高级职称评审权下放到符合条件的地市或大型企业、科研院所等企事业单位，充分发挥用人主体的评价自主权。同时，加大新兴职业开发力度，将农业经理人等新兴职业纳入国家职业分类大典。

（二）需求型乡村产业政策分类与措施

1.政府采购政策

近年来，政府采购一直致力于支持脱贫攻坚。2019年，财政部与相关部门出台政府采购贫困地区农副产品政策，搭建贫困地区农副产品网络销售平台，帮助贫困人口稳定脱贫和贫困地区产业持续发展。统计显示，截至2020年末，贫困地区农副产品网络销售平台累计上架商品9万多款，累计成交总额破80亿元，有效带动上百万贫困农户增收脱贫。

2021年，财政部、农业农村部、国家乡村振兴局下发《关于运用政府采购政策支持乡村产业振兴的通知》，规定自2021年起，各级预算单位应当按照不低于10%的比例预留年度食堂食材采购份额，通过脱贫地区农副产品网络销售平台（原贫困地区农副产品网络销售平台）采购脱贫地区农副产品。脱贫地区农副产品是指在832个脱贫县域内注册的企业、农民专业合作社、家庭农场等出产的农副产品。

继财政部下发以上《通知》以来，各地出台了具体的实施办法。例如，云南省利用"832"平台，为非标准化农副产品供需两端牵线搭桥，一头连着832个贫困县的农副产品，一头连着各级预算单位政府采购的大市场。2020年，全省各级各部门累计采购额达3.12亿元，全国排名第9位；全省88个贫困县在扶贫832平台累计销售额达2.66亿元，全国排名第10位。全省多个县的帮扶案例入选财政部、中华全国供销合作总社《2020年政府采购贫困地区农副产品优秀典型案例选编》，政策效应凸显，帮农助农成效突出。

总体来看，一方面，通过政府采购尽可能地进行购买，可以使这些行业企业获得更大的销售市场和发展空间，从而不断地进行技术更迭和产品创新，增强竞争力。但是，另一方面，政府采购还要与市场需求相衔接，要充分发挥市场在资源配置中的决定性作用。未来发展中，政府采购要多走一步、多送一程，并逐步实现脱手，才能最终形成政策效能和乡村产业发展的良性互动。

2.市场塑造政策

乡村振兴的关键性战略路径是要全面深化改革，健全市场机制，强化城乡融合，坚持发展提升，推进适度规模经营等，以及防范过度行政化和过度形式化等潜在风险。十九届四中全会提出"坚持社会主义基本经济制度，充分发挥市场在资源配置中的决定性作用，更好发挥政府作用"，2020年3月30日，中共中央、国务院出台《关于构建更加完善的要素市场化配置体制机制的意见》，这些都体现了走中国特色社会主义道路，必须构建政府与市场相互协调的体制机制的思想。政府更好地发挥作用不仅体现在对公共事务的主导作用，而且也体现在政府为充分发挥市场制度的作用奠定基础。市场塑造政策正是基于这样的指导思想而形成。

市场塑造政策即塑造市场的政策。在中国广大乡村，有很多还未被大众所知道的农副产品，这些产品需要打开销路，创造消费者需求。在此过程中，需要推动金融资本下乡，让农副产品有商业价值，需要建立与农户的利益联结，需要在整个流程中增加保险，减少所有运营主体的风险。

（1）推动金融资本下乡。有序引导金融资本（社会资本/工商资本）下乡，是实施乡村振兴的重要环节。工商企业等社会资本具有资金、管理经验和销售渠道等先天的优势。对工商资本进行合理引导和扶持，有利于推进现代农业的发展，同时还可以就近吸纳农村富余劳动力，增加农民收入，促进当地经济发展。有序引导工商资本下乡，首先就是要坚持互惠互利，优化营商环境，引导工商资本到乡村投资兴办农民参与度高、受益面广的乡村产业，支持发展适合规模化集约化经营的种养业；其次要支持企业到贫困地区吸纳农民就业、开展职业培训；最后要引导工商资本依法依规开发利用农业农村资源。

2018年，出台《文化和旅游部、财政部关于在旅游领域推广政府和社会资本合作模式的指导意见》，2019年6月，《国务院关于促进乡村产业振兴的指导意见》指出，要有序引导工商资本下乡，支持企业到贫困地区和其他经济欠发达地区吸纳农民就业、开展职业培训和就业服务等。2020年，中央农办、国家发展改革委等部门印发《关于扩大农业农村有效投资加快补上"三农"领域突出短板的意见》，要求各地制定出台社会资本投资农业农村的指导意见，引导社会资本参与农业农村发展。2021年，农业农村部会同国家乡村振兴局印发《社会资本投资农业农村指引》，要求各地充分发挥财政政策、产业政策引导撬动作用，对标全面推进乡村振兴、加快农业农村现代化目标任务，鼓励社会资本开发特色农业农村资源，发展乡村特色文化产业，推动农商文旅体融合发展。

以贵州为例，2019年，贵州出台《关于金融服务乡村振兴的实施意见》，要求不断加大对农村地区脱贫攻坚、12个特色产业和500亩以上坝区产业调整、农村基础设施和人居环境建设，以及农村民生等重点领域的金融支持力度。要创新产品、优化手段，丰富农业农村抵质押融资方式，扩大农村金融大数据运用，完善涉农信贷差异化管理，提高农业保险保障能力和水平，努力满足乡村振兴金融需求。要抢抓机遇、加强引导，加大资本市场、债券市场和期货市场支持力度，大力拓宽乡村振兴融资渠道。要夯实基础、提升服务，持续提升农村支付服务水平、完善农村信用体系建设、强化农村地区金融消费权益保护，构建良好乡村振兴金融环境。

（2）联农带农机制。2021年4月发布的《关于推动脱贫地区特色产业可持续发展的指导意见》对联农带农机制做出了进一步规定和指导。对带动脱贫人口稳定增收的龙头企业继续给予认定与扶持，在项目安排、示范评定、融资贷款、保险保费、用地用电等方面倾斜支持。继续实施脱贫地区企业上市"绿色通道"政策。优化东西部协作、对口支援帮扶方式，引导东部地区企业到脱贫地区投资兴业，鼓励东西部共建产业园区。深化脱贫地区农村集体产权制度改革，推动村集体经济做大做强。返乡创业扶持政策向脱贫地区延伸覆盖，引导农民工、大中专毕业生、科技人员、乡土人才在农村创新创业。将新型经营主体扶持与联农带农效果紧密挂钩，形成企业、合作社和脱贫户、小农户在产业链上优势互补、分工合作的格局。特别是连续多年通过评选"全国农产品加工业100强"，在联农带农方面有着突出的成效。

表 2-2　全国农产品加工业 100 强企业主要特点及具体情况

主要特点	具体情况
地域分布广	东部地区 56 个，中部 32 个，西部 12 个
行业集聚度高	粮油加工企业 28 家，畜禽及饲料加工企业 27 家，占到一半以上

续表

主要特点	具体情况
企业规模大	总资产额 100 亿元以上的 43 家，销售收入百亿元以上的 31 家，利润总额 20 亿元以上的 13 家
社会贡献高	员工总人数 153 万人，合计纳税 674 亿元
研发能力强	研发投入总额 166 亿元，省级以上研发中心 257 个
联农带农紧	2020 年农产品采购额共计 9474 亿元，安排农民工就业 50 万人，70% 的百强企业成立了农业产业化联合体

从次级政策工具的使用来看，策略性措施的高频使用凸显了中央政府的政策导向以宏观指导为主，相应地，地方政府则应积极出台微观可操作的实施方案以实现政策有效转化。

（3）农业保险。自2007年以来，农业保险在保障国家粮食安全和稳定农民收入等方面发挥了越来越重要的作用，但2017年之前保障水平仍以直接物化成本为主，约为生产总成本的40%，保险金额仅为被保险标的产值的三成左右，难以满足农户日益增长的风险保障需求。为此，2017年起，我国在13个粮食主产省开展了三大主粮作物大灾保险试点。2018年又进行了拓展，财政部在内蒙古、辽宁、安徽、山东、河南、湖北这6个粮食主产省份的24个产粮大县开展了为期3年的完全成本保险和种植收入保险试点工作，受到了广大农户和地方政府的欢迎。统计显示，这两个险种亩均赔款高出传统险种95.5%，理赔金额大约是农户自缴保费的12倍以上，试点地区三大粮食作物的种植面积增加了38.28万亩。

2020年，农业保险为超过2000万户次建档立卡贫困户、不稳定脱贫户提供风险保障2000多亿元，为700多万户次受灾农户支付赔款50多亿元。配合相关部门完善扶贫小额信贷政策，指导国家融资担保基金将"三区三州"和省定深度贫困地区担保贷款风险分担比例从20%提高到30%，并免收再担保费，支持缓解贫困地区小微企业和"三农"融资难、融资贵问题。

2021年，财政部、农业农村部、银保监会发布的《关于扩大三大粮食作物完全成本保险和种植收入保险实施范围的通知》明确，自2021年1月1日起，我国稻谷、小麦、玉米三大粮食作物完全成本保险和种植收入保险实施范围逐步扩大到13个粮食主产省份产粮大县的全体农户。其核心内容是三大粮食作物农业保险政策进一步扩面提标，2021年覆盖实施地区约60%的产粮大县（500个），2022年实现13个粮食主产省份产粮大县全覆盖。中央和地方财政对投保农户保费实施补贴。其中，保险费率要按照保本微利的原则厘定，反映经营成本的综合费用率不得高于20%。承保机构在承保理赔时，要做到承保到户、定损到户、理赔到户，在农户同意的基础上，原则上可以以乡镇或村为单位抽样确定损失率。

原来物化成本保险保额只占农作物种植总成本的36%—50%，即以往政策性农业保险强调的是低保障、广覆盖。在自愿投保的条件下，低保障很难实现广覆盖，也就难以保障国家粮食安全。而完全成本保险和种植收入保险保额最大可以达到种植收入的80%，不仅极大提高了农业保险保障水平，稳定了投保农户的种粮收入预期，而且使生产遭到的损失得到足够弥补，很大程度上保障了种植的当期收入。另外，70%—80%的保费由政府补贴，农民支付的保费少，得到的赔付多，从而大大增加了农民收入。完全成本保险和种植收入保险有效提高保障程度，兜牢种粮风险底线，保证种粮不亏，从而激发了农民种粮的积极性，避免耕地撂荒，稳定和增加粮食播种面积，有利于稳定粮食生产，保障粮食安全。

从实践来看，完全成本保险和种植收入保险的高保障能为粮农收入兜底，有效防止了脱贫粮农因灾返贫。如安徽省水稻完全成本保险2019—2020年试点期间，户均赔付5361元。受益农户中有2286个脱贫户或贫困边缘户，5000余元的赔款能够使一个三口之家在基本劳动收入（2000元左右/人）的基础上，家庭年收入达到1.1万余元，避免了因灾返贫。推动三大粮食作物农业保险政策进一步扩面提标，是稳定种粮农民收益的重要举措，也是助力乡村振兴的有力抓手，将为国家粮食安全撑起"保护伞"。

在乡村振兴战略的实施中，处理好政府与市场的关系十分重要，既要发挥政府在顶层设计、政策引导、示范带动以及公共投入和改革推动等方面的作用，又要充分发挥市场在要素配置、主体激活、产业竞争、效率增进等方面的作用。作为我国现代化发展战略重要组成部分，乡村振兴战略总体上由政府主导是无须置疑的，但这并不意味着乡村振兴战略的具体实施均要由政府来包办，而应由多方力量参与和多种机制协同，特别是让市场在资源配置中起决定性作用。市场不仅要在产业发展中起决定性作用，也可在生态转化与环境治理以及乡村集体经济改革发展中起重要作用。

（三）环境型乡村产业政策分类与措施

1.法规管制政策

营造良好的乡村产业发展环境离不开法律法规的约束，特别是在防控金融风险和保护生态红线方面。

（1）金融风险防控。为了更好地引导县域金融机构将吸收的存款主要用于当地，重点支持乡村产业，国家金融风险防控主要有三个着力点。首先是采取早调查、早计划、早筹措、早评定、早投放的措施。即要提前调查农民的资金需求，力求走在季节的前面；提前考虑计划安排，比如，年底时考虑明年的计划、当季考虑下一个季度的计划等；做好资金的筹措和专项资金的支出，留足扶贫专项信贷资金，保证扶持到位；简化有贷款需求的贫困户的贷款手续，尽早对其进行资信评定；要对各项扶贫资金做到尽早投放，不耽误农时。其次是合理确定贷款的期限，促使生产周期与贷款期限相吻合。最后，要建设"阳光工程"，进一步提高扶贫资金的服务水平，更好地服务"三农"工作。

例如，吉林在金融服务乡村振兴战略过程中，推出了几个创新举措。一是健全体制机制。按照中央时序安排，适时组建省金融稳定发展工作领导小组，统筹打好金融风险攻坚战。落实地方金融监管体制改革，加快各级地方金融监管部门职能转变、角色转换、编制到位、力量到岗，接稳管好以"三农"为主要服务对象的各类地方金融业态。二是完善法规政策。制定出台符合吉林省实际的各类地方金融业态监管法规政策。建立健全中央驻吉金融监管、公安、工商及有关成员单位参与的联防联动工作机制，推动信息互通共享，强化联合执法，厚培农村金融领域风险防控工作合力。三是创新技术运用。搭建金融决策信息支持系统，强化农村金融运行指标调查统计，监测"三农"融资服务政策落实效果，强化农村地区金融风险监测预警监控，及时识别重大风险隐患，提高突发事件处置效能。

（2）生态红线。生态保护红线是指在生态空间范围内具有特殊重要生态功能、必须强制性严格保护的区域，是保障和维护国家生态安全的底线和生命线，通常包括具有重要水源涵养、生物多样性维护、水土保持、防风固沙、海岸生态稳定等功能的生态功能重要区域，以及水土流失、土地沙化、石漠化、盐渍化等生态环境敏感脆弱区域。随着生态文明建设的深入推进，国家各部门和各省也已制定出台了一系列政策措施，生态保护红线工作取得积极进展。党的十九大报告明确要求"完成生态保护红线、永久基本农田、城镇开发边界三条控制线划定工作"。

表 2-3 生态红线相关法律法规

名称	时间	相关内容
中华人民共和国土地管理法	2019 年修正	维护土地的社会主义公有制，保护、开发土地资源，合理利用土地，切实保护耕地
中华人民共和国森林法	2019 年修正	以培育稳定、健康、优质、高效的森林生态系统为目标，对公益林和商品林实行分类经营管理
中华人民共和国防沙治沙法	2018 年修正	沙化土地所在地区的县级以上地方人民政府应当按照防沙治沙规划，划出一定比例的土地，因地制宜地营造防风固沙林网、林带，种植多年生灌木和草本植物

续表

名称	时间	相关内容
中华人民共和国水污染防治法	2017 年修正	优先保护饮用水水源,严格控制工业污染、城镇生活污染,防治农业面源污染,积极推进生态治理工程建设,预防、控制和减少水环境污染和生态破坏
中华人民共和国海洋环境保护法	2017 年修正	保护红树林、珊瑚礁、滨海湿地、海岛、海湾、入海河口、重要渔业水域等具有典型性、代表性的海洋生态系统
中华人民共和国水法	2016 年修正	国家保护水资源,采取有效措施,保护植被,植树种草,涵养水源,防治水土流失和水体污染
中华人民共和国国家安全法	中华人民共和国主席令第二十九号（2015）	完善生态环境保护制度体系,加大生态建设和环境保护力度,划定生态保护红线,强化生态风险的预警和防控,妥善处置突发环境事件
中华人民共和国环境保护法	2014 年修订	保护和改善环境,防治污染和其他公害,保障公众健康,推进生态文明建设
中华人民共和国草原法	2013 年修正	保护、建设和合理利用草原,改善生态环境,维护生物多样性,发展现代畜牧业
中华人民共和国水土保持法	2010 年修订	预防和治理水土流失,保护和合理利用水土资源,减轻水、旱、风沙灾害

表2-4　生态红线相关国家级文件

文件名称	时间	发文单位	核心内容
关于在国土空间规划中统筹划定落实三条控制线的指导意见	2019	中共中央办公厅国务院办公厅	把事关国家生态安全的重要生态区域统一纳入一条红线的管控之中。国家在重点生态功能区、生态环境敏感区和脆弱区等区域划定生态保护红线，实行严格保护。各级人民政府对具有代表性的各种类型的自然生态系统区域，珍稀、濒危的野生动植物自然分布区域，重要的水源涵养区域，具有重大科学文化价值的地质构造、著名溶洞和化石分布区、冰川、火山、温泉等自然遗迹，以及人文遗迹、古树名木，应当采取措施予以保护，严禁破坏。
关于全面加强生态环境保护坚决打好污染防治攻坚战的意见	2018	中共中央国务院	
关于划定并严守生态保护红线的若干意见	2017	中共中央办公厅国务院办公厅	
关于加强滨海湿地保护严格管控围填海的通知	2018	国务院	
关于印发打赢蓝天保卫战三年行动计划的通知	2018	国务院	
关于印发"十三五"生态环境保护规划的通知	2016	国务院	
生态保护红线勘界定标技术规程	2018	自然资源部生态环境部	
关于生态环境领域进一步深化"放管服"改革，推动经济高质量发展的指导意见	2018	生态环境部	
"生态保护红线、环境质量底线、资源利用上线和环境准入负面清单"编制技术指南（试行）	2017	环境保护部	

（3）粮食安全。党的十八大以来，以习近平同志为核心的党中央把粮食安全作为治国理政的头等大事，提出了"确保谷物基本自给、口粮绝对安全"的新粮食安全观，确立了以我为主、立足国内、确保产能、适度进口、科技支撑的国家粮食安全战略，走出了一条中国特色粮食安全之路。农业农村部在《关于做好2021年粮食稳产增产工作的指导意见》中明确：2021年要确保全年粮食面积只增不减，着力稳口粮、增玉米、稳大豆，确保粮食播种面积稳定在17.5亿亩以上、力争玉米增加1000万亩以上，确保粮食产量保持在13000亿斤以上、力争更多增产。

表2-5　粮食安全相关政策文件

文件名称	时间	核心内容
关于全面深化农村改革加快推进农业现代化的若干意见	2014中央一号文件	把饭碗牢牢端在自己手上。实施以我为主、立足国内、确保产能、适度进口、科技支撑的国家粮食安全战略
关于坚持农业农村优先发展做好"三农"工作的若干意见	2019中央一号文件	"确保粮食播种面积，严守18亿亩耕地红线"的硬指标
关于全面推进乡村振兴加快农业农村现代化的意见	2021中央一号文件	对粮食播种面积、产量、生猪产业、农产品质量和食品安全水平均设定了具体要求：粮食播种面积保持稳定、产量达到1.3万亿斤以上
粮食流通管理条例	2004	保护粮食生产者的积极性，促进粮食生产，维护经营者、消费者的合法权益，保障国家粮食安全，维护粮食流通秩序

续表

文件名称	时间	核心内容
关于改革完善体制机制加强粮食储备安全管理的若干意见	2019	科学确定粮食储备功能和规模，改革完善粮食储备管理体制，健全粮食储备运行机制，强化内控管理和外部监督
中华人民共和国国家安全法	中华人民共和国主席令第二十九号（2015）	健全粮食安全保障体系，保护和提高粮食综合生产能力，完善粮食储备制度、流通体系和市场调控机制，健全粮食安全预警制度

2.税收优惠政策

税收优惠政策是国家通过采取与现行税制基本结构相背离的税收制度，给予纳税人各种优惠性税收待遇，使其税负减轻，进而达到补贴特定纳税人及其活动的目的，促进和扶持经济发展的一种特殊规定。税收优惠政策包括减税、免税、延期纳税、退税、加计扣除、加速折旧、减计收入、投资抵免、起征点和免征额等14种形式。这14种形式可以分为直接优惠与间接优惠两种实施方式。在乡村创新创业领域先后有多部门发文，如《关于推动返乡入乡创业高质量发展的意见》《关于进一步推动返乡入乡创业工作的意见》明确规定：对返乡入乡创业企业招用建档立卡贫困人口、登记失业人员，符合条件的，按规定落实税收优惠等政策。返乡入乡创业人员可在创业地享受与当地劳动者同等的创业扶持政策。对返乡入乡创业人员符合条件的，及时落实税费减免、场地安排等政策。对建档立卡贫困劳动力就业开展全方位的公共就业服务，对在城镇常住并处于无业状态6个月以上的，可在城镇常住地进行失业登记，享受各项就业创业优惠政策。还有很多更为细致的政策，以安徽省为例，至少涉及支持农业产业发展、支持农民创业就业、促进涉农金融发展、鼓励社会力量涉农捐助四个方面。

表2-6 安徽省促进乡村产业发展的税收优惠政策

类型	核心内容
支持农业产业发展	转让土地使用权给农业生产者用于农业生产免征增值税
	承包地流转给农业生产者用于农业生产免征增值税
	出租国有农用地给农业生产者用于农业生产免征增值税
	直接用于农、林、牧、渔业生产用地免征城镇土地使用税
	农村集体经济组织清产核资收回集体资产而承受土地、房屋权属免征契税
	收回集体资产签订的产权转移书据免征印花税
	农村土地、房屋确权登记不征收契税
	农业生产者销售的自产农产品免征增值税
	符合规定的进口玉米糠、稻米糠等饲料免征增值税
	生产销售和批发、零售有机肥产品免征增值税
	生产销售和批发、零售滴灌带和滴灌管产品免征增值税
	生产销售农膜产品免征增值税
	批发零售种子、种苗、农药、农机免征增值税
	购进农业生产者销售自产的免税农业产品可按规定抵扣率抵扣进项税额
支持农民创业就业	月销售额15万元以下（含本数）的增值税小规模纳税人免征增值税
	增值税小规模纳税人减按50%征收资源税、城市维护建设税、房产税、城镇土地使用税、印花税、耕地占用税和教育费附加、地方教育附加
	残疾人个人提供的加工、修理修配劳务，为社会提供的应税服务免征增值税
	安置残疾人的单位和个体工商户（以下称纳税人），实行由税务机关按纳税人安置残疾人的人数，限额即征即退增值税
	安置残疾人的特殊教育学校举办的企业，实行由税务机关按纳税人安置残疾人的人数，限额即征即退增值税
	安置残疾人就业的单位减免城镇土地使用税

续表

类型	核心内容
促进涉农金融发展	金融机构向农户、小型企业、微型企业及个体工商户发放小额贷款取得的利息收入免征增值税
	金融机构农户小额贷款的利息收入，在计算应纳税所得额时，按90%计入收入总额
	金融企业涉农及中小企业贷款损失按规定税前扣除
	金融机构与小型企业、微型企业签订的借款合同免征印花税
	符合条件的中小企业融资（信用）担保机构按规定提取的准备金准予在企业所得税税前扣除
	保险公司为种植业、养殖业、牧业种植和饲养的动植物提供保险的业务免征增值税
	保险公司为种植业、养殖业提供保险业务取得的保费收入，在计算应纳税所得额时，按90%计入收入总额
	农林作物、牧业畜类保险合同免征印花税
鼓励社会力量涉农捐助	企业同时发生扶贫捐赠支出和其他公益性捐赠支出，在计算公益性捐赠支出年度扣除限额时，符合条件的扶贫捐赠支出不计算在内
	在2015年1月1日至2018年12月31日期间已发生的符合条件的扶贫货物捐赠，可追溯执行免征增值税政策
	个人通过非营利的社会团体和国家机关向农村义务教育的捐赠准予在个人所得税前全额扣除
	财产所有人将财产赠给政府、社会福利单位所立的书据免征印花税
	境外捐赠人无偿向受赠人捐赠的直接用于慈善事业的物资免征进口环节增值税
	国际和外国医疗机构在我国从事慈善和人道医疗救助活动，供免费使用的医疗药品和器械及在治疗过程中使用的消耗性的医用卫生材料免征进口环节增值税

税收优惠政策直接"让渡"一部分经济利益给微观市场主体，从长期看能够影响企业经营、投融资以及产业发展决策。更进一步地分析，税收优惠主要是事后激励，能有效降低微观市场主体的税收负担，节税收入作为一项期望收入，企业使用的自主性相对较强。

二、乡村振兴背景下乡村产业政策的基本特征

（一）以自上而下为主，注重顶层设计

在上述供给型、需求型和环境型三种政策类型中，供给型政策工具中次级工具的运用相对均衡，针对乡村产业活力不足的现状，从"人、财、地"等方面形成顶层政策组合拳。财政投入工具致力于克服土地出让金用于发展乡村产业的比例偏低等现实困境，通过加大一般公共预算投入、设立产业发展基金等方式建立健全财政投入的长效机制。

用地工具采取了完善乡村产业用地保障政策、加快建设特色产业园区等多项举措，反映了国家层面对产业发展用地供给不足、配套基础设施尚不完善等现实问题的高度重视，解决了乡村产业用地难的部分问题，但是，目前我国对建设用地实行规划和计划双重管理，用地难问题仍然严峻。人才培养旨在引导各类人才兴办和服务乡村产业，通过扶持农村创新创业、健全人才保障机制等措施加快产业从业者结构优化升级。

（二）先试点后推广，注重以点带面

通过先行先试，总结典型成功经验，再逐步向全国铺开，是乡村产业政策的又一特点。比如，为积极推动市场塑造，拉动各方需求，在需求型政策工具中，内蒙古赤峰市主要通过市场塑造工具为乡村产业发展奠定相应的准则规范，以优化产业发展环境，降低政府管理成本。目前其他次级工具的缺失使得

需求型工具的效用难以充分发挥。倘若其他工具得以充分运用，则能够有效支持各类符合条件的经营主体参与乡村产业发展，这对于调整产业体系、激发乡村产业发展动能等具有重大意义。

具体而言，一是政府采购措施有利于充分调动服务机构的积极性，提高乡村产业各项服务的精准性、便利性和可得性，既有效减少政府在财政资金、人员配置及技术支持等方面的预算和投入，又能更好地满足乡村产业振兴的多样化与多层次需求，实现与小农户的利益联结。脱贫地区继续依托产业的多元化发展，既实现了农民在农业内部的充分就业，也大大地增加了从业收入，在致富奔小康的路上找到了自身的位置，比如山西的杂粮生产，陕西的苹果产业，西南丘陵山区的茶叶、药材生产，不仅对农民收入的增长效果明显，而且极大地丰富了乡村产业的产业类型。

二是市场塑造中，推动金融资本下乡、联农带农、农业保险都是在互惠互利的基础上优化营商环境，引导工商资本和农民广泛参与并广泛受益的措施，是引导更多要素向农村聚集的重要措施。一方面带动市场驱动力增强。消费结构升级加快，城乡居民的消费需求呈现个性化、多样化、高品质化特点，休闲观光、健康养生消费渐成趋势，乡村产业发展的市场空间巨大。另一方面推动技术驱动力增强。世界新科技革命风起云涌，新一轮产业革命和技术革命方兴未艾，生物技术、人工智能在农业中广泛应用，5G、云计算、物联网、区块链等与农业交互联动，新产业新业态新模式不断涌现，引领乡村产业转型升级。

（三）贯穿底线思维，注重实践边界

1.坚持守住底线与红线

环境型政策工具主要通过策略性措施对乡村产业发展进行引导和规范。其中，基于产业升级和农业农村发展环境改善的现实背景，围绕产业振兴目标追求，法规管制上主要是应用限制性措施，通过金融风险防控、划定生态红线、

确保粮食安全等，从不同层面和角度规范壮大产业的实施路径、范围。同时，为了引导更多金融资金振兴乡村产业，税收支持工具多措并举。

2.绿色发展

当前绿色发展理念必须深入人心。统计显示，截至2020年底，中国化肥农药减量增效已顺利实现预期目标，化肥农药使用量显著减少，利用率明显提升。经科学测算，水稻、小麦、玉米三大粮食作物化肥利用率40.2%，比2015年提高5个百分点；农药利用率40.6%，比2015年提高4个百分点。畜禽粪污集中处理率达75%；农作物秸秆资源化利用率达80%以上，农业可持续发展取得了长足进步。但是生态保护红线政策的制定和落地也必须考虑到微观区域内个体间的相同点和差异性，提高政策设计的灵活性和动态性，减少矛盾。没有划进红线核心区的区域能够从事最基本的生产活动，能够修建旅游的基础设施，可以靠乡村旅游带动经济发展，红线区内则禁止了这些经济活动，甚至红线核心区与缓冲区仅一"墙"之隔，出现明显的政策差异，导致不同区域农户生计情况差距较大，政策如何刚柔并济值得考虑。

3.确保国家粮食安全

税收优惠政策上注重主体多元性与产业全局性。一方面，大国小农仍是中国的基本国情和农情，以家庭经营为主的小规模农户多达2.6亿户。另一方面，新型农业经营主体蓬勃发展，目前家庭农场、农民合作社、农业企业以及农业社会化服务组织等各类新型农业经营主体接近400万家，另有黑龙江农垦等国有性质的经营主体，以及广泛存在于大城市郊区、东部地区的集体性质的经营主体。这些经营主体所有制构成多元、组织形式多元、利益联结机制多元，不同的新型农业经营主体在现代农业的不同环节、不同层面扮演着不同角色，共同构建了多元化农业经营体系和现代产业体系，在不断地提高税收政策对于不同主体的优惠政策精准性，以引导产业发展方向，提高产业融合水平。目前，农业产业化龙头企业9万家，其中国家重点龙头企业1547家，年销售收入过1亿元的近1.2万家，过100亿元的达到77家。融合业态愈加丰富，形成"农业+"态势，催生中央厨房、直供直销、会员定制、体验农业、智慧农业等新业态。融合载体逐渐增多，2020年，中央财政安排50亿元，支持各省（区、市）聚焦主导产业，聚集资源要素，建设50个优势特色产业集群。2018至2020年，中央财政安排90亿元，建设811个农业产业强镇。此外，还引导各地建设1600多个农产品加工园。

三、推进乡村产业振兴的政策建议

整体而言，中国乡村产业发展正处于深入推进和转型发展期。这一过程虽然实施了以上三种类型的政策与措施，很大程度上促进了乡村产业的发展，但是也不可避免地存在一些思想认识、政策制定或执行落实层面的不足，因此需要在政策设计上作相应转变。

（一）注重政策平衡，各种类型互通

一方面，构建支持农业产业发展的主导政策。供给型、需求型和环境型政策，虽然每一种类型都有，但是却缺乏支持农业产业发展的主导政策。一直以来，财政虽然在解决"三农"问题上投入了大量人力、物力和财力，但主要是通过惠农补贴、农村综合开发、公益事业以奖代补、支持农村基础设施建设等形式，以改善农民生产生活条件为主，而对农业产业发展的支持则没有形成体系化的主导政策，像农业产业融资抵押、经营风险补偿、土地利用、用工用电、交通设施建设等方面还没有成熟的政策，若仅靠一些财政奖补、支农补助资金，那只是杯水车薪。一些地方设立农业产业基金，弥补了这一方面的不足，但却是以县级财力为保障，资金规模有限，且政策设计的层次较低。从长远来看，既难以满足广大农村市场主体的多元化需求，又面临上级政策对冲的

不可预见性，所以需要像支持工业企业一样，通过政府的精准支持，切实解决农业产业融资难、融资贵的问题。

另一方面，健全财政投入农业产业发展的长效机制。目前，乡村振兴还处于打基础的初期阶段，而农业供给侧结构性改革落地也需要一个循序渐进的过程，当前财政支持农业产业发展的政策还不够系统、完备，没有形成支农合力。但从现实来看，农村已经形成了农业龙头企业、农民合作社、家庭农场、农户等不同发展层级、点多面广的市场主体。他们在购置新设备，研发新产品，建设仓储、物流设施，应对自然灾害、市场风险等过程中都需要大量资金投入和包括财政政策在内的系统全面的政策配套。这就要求政府要建立财政投入农业产业发展的稳定增长机制，从预算投入、税收优惠、政府采购、融资担保、风险兜底、项目支持等各方面给予全方位支持。

（二）遵循市场规律，完善资源配置

一是减少过度干预。三种政策工具中，可以很明显地看到，供给型政策占主导，对市场进行规范、促进市场发展的政策较少，并且在需求型政策中，存在明显的过度干预问题。由于政策供给考虑的因素与市场规律不尽相符，可能由于管理者对市场主体、对农业产业发展现状不了解，或者由于管理者与市场经营者之间的利益关系，或者由于追求某一品牌效应，造成在政策资源分配上违背市场优胜劣汰规律，过度强调对某一个或某一类市场主体的支持，形成"空壳名牌"，如过度要求市场主体在脱贫攻坚中承担责任、以产业导向干预市场主体经营方向等。这些做法，既不利于被支持对象的健康发展，也不利于其他市场主体公平享受政策支持、参与市场竞争。

二是注重资源组合。在支持农业产业发展过程中，由于政府可能的强制性要求或既定施政目标，可能导致在政策制定、执行过程中难以兼顾个体，难以突出特色，造成发展模式单一、资源浪费、同质竞争等问题。如一些地方在

脱贫攻坚产业扶贫过程中，千篇一律发展光伏产业，导致村级集体经济"一光了之"，发展模式不可持续。又如某些地方政府因追求宣传舆论效应和官员政绩，而要求将财政支持过多地投入到硬件设施建设上，而忽视了市场主体内部管理、扩大生产、技术改进等方面，造出了巨大的"盆景"，却没有培植出一片"森林"。

三是注重供需结合。目前，政府的有些政策供给不一定是市场所需要的。如一段时间以来实行的财政惠农补贴政策，有效维持了农民开展农业生产的积极性，保护了耕地地力，但因其在落实过程中更多的是普惠性政策，这不可避免地在一定程度上导致"撒胡椒面"的问题，不利于集中财力支持规模化农业产业发展。若长期实行，从农村市场经济发展的角度来看，是非必需且有副作用的。例如，不同地区农民种植作物不尽相同，生产经营中面临风险较大，亟需相关保险保障，虽然加入了完全成本保险和种植收入保险分担了部分农户的种植风险，但整体上农业相关保险险种还是较少，难以满足需求。

（三）政策适当容错，考虑市场风险

乡村产业风险大，投入周期长，见效慢，在市场经济中存在运营风险，应考虑如何让想干事儿的人敢干。同时，农村存在土地政策约束、环境资源约束、农民传统观念约束以及金融市场不发达、基础设施欠发达、人才资源不足等现实问题，导致农业产业发展在资源获取、融资贷款以及改革创新等方面存在更高的交易成本、经营成本，必须有更多的政策供给，才能弥补这些短板。如加大基础设施建设投入力度，支持农村普惠金融发展，支持农业转移人口就近就业和职业农民培训，规范推进农村土地"三权分置"、产权交易、土地流转，逐步建立完善农村土地市场体系。

（四）增强公共服务，优化政策环境

一是加强政策宣传。在调研过程中发现，一些市场主体对有关财政支持农业产业发展的政策不了解或了解不透。如对政府的产业发展导向、促进高质量发展的举措和对企业设备改造、校企合作、人才培训等方面的一些优惠政策不甚清楚，还有一些市场主体反映存在"政策兑现难"等问题。究其原因，从财政角度来看，县级以上财政部门向农村下沉不够，而乡镇"七站八所"改革后，乡镇一级仅有财政所成为与农村经营管理有较密切联系的单位，但乡镇财政所主要精力一般放在"三资"管理、惠农政策宣传落实等方面，对上级有关的产业政策、金融政策了解不够、宣传不多，造成政策"中梗阻"、信息不对称。

二是补齐农业服务短板。在"以钱养事"机制下，直接服务于农业、农机、农技等方面的人才较为缺乏，同时，一些经济欠发达地区，农村"三资"交易、农产品交易、土地流转、专业人才培养、职业介绍等中介服务机构还未完全建立，或虽已建立，但服务能力有限，难以适应当前农村产业发展需要，难以满足农民和农村市场对农业信息的获取需求，难以获得农民的信任和支持。

（五）保障产业用地，明确用地政策

《中华人民共和国乡村振兴促进法》明确规定"发展乡村产业应当符合国土空间规划和产业政策、环境保护的要求。"通过对历年农村产业用地政策的梳理还可以发现，关于新增建设用地规划指标的保障，中央谨慎表述为"各地可在村庄规划中预留不超过5%的建设用地规模"。相较于2015年国务院以及农业农村部"鼓励利用四荒地发展休闲农业"的要求，2017年中央一号文件"将年度新增建设用地计划指标确定一定比例用于支持农村新产业新业态发展"的

模糊表述，目前对新增建设用地规划指标管控有放松趋势，中央对农村产业融合发展的支持态度可以肯定，但"不超过5%"的表述毕竟不够具体，在实操层面未免让人有所顾虑。

而关于存量土地盘活，中央试图探索宅基地所有权、资格权、使用权分置有效实现形式，探索在农民集体依法妥善处理原有用地相关权利人的利益关系后，由村集体经济组织收回集体建设用地使用权，探索休闲观光等产业供地新方式，而究竟如何"探索"，中央并未给出实质性的指引。总体上看，中央支持农村产业融合发展，并探索建立用地保障机制，在宏观政策层面呈利好趋势。

第三章

农业标准化与品牌化发展

在新发展阶段，国内外农业发展形势和生产方式发生了巨大变化，中国的农业发展在取得巨大成就的同时，也面临着一系列的矛盾和问题。要想破解制约我国现代农业发展的矛盾和难题，需加快转变农业发展方式，实现新常态下农业转型升级，走中国特色农业现代化道路。[①]这是从追求粮食温饱到注重粮食安全有效转换的重要路径，也是全面推进乡村振兴、实现农业现代化的要义。2016年10月17日，国务院印发《全国农业现代化规划（2016—2020年）》，提出农业现代化发展目标：到2020年，全国农业现代化取得明显进展，国家粮食安全得到有效保障，农产品供给体系质量和效率显著提高，农业国际竞争力进一步增强，农民生活达到全面小康水平，美丽宜居乡村建设迈上新台阶。2020年后，随着消除绝对贫困、全面建成小康社会目标的实现，农业的发展也步入了全面振兴的新阶段。

从农业现代化进程来看，推进农业全面振兴，必须改变传统农业生产方式，促进农业产业的转型升级，不断提升农业竞争力，实现农业发展的经济效益、社会效益和生态效益相统一；从农产品质量来看，需要确保农产品质量安全，从生产、管理多个环节上下功夫，解决农产品结构与消费者需求之间的差异，生产更多优质农产品。2016年12月31日，中共中央、国务院颁布《关于深

[①] 翁鸣. 中国农业转型升级与现代农业发展——新常态下农业转型升级研讨会综述 [J]. 中国农村经济，2017，（04）：88-95.

入推进农业供给侧结构性改革加快培育农业农村发展新动能的若干意见》，明确提出要推进农业供给侧结构性改革，在确保国家粮食安全的基础上，围绕农业增效、农民增收、农村增绿，加强科技创新引领，加快结构调整步伐，加大农村改革力度，提高农业综合效益和竞争力，推动社会主义新农村建设取得新的进展，力争农村全面小康建设迈出更大步伐。2018年1月2日，中共中央、国务院《关于实施乡村振兴战略的意见》发布，强调要深入推进农业绿色化、优质化、特色化、品牌化，推动农业由增产导向转向提质导向。推行标准化生产，培育农产品品牌，保护地理标志农产品，打造"一村一品""一县一业"发展新格局等。

与此同时，各地在中央有关农业产业发展的顶层设计的基础上，不断探索农业产业和农产品发展模式：通过培育"三品一标"提升农产品的质量与安全水平，通过推进"一县一业"培育县域发展的特色产业集群，通过发展"一村一品"助力乡村产业兴旺等。由此实现由注重数量增长到注重高质量发展的转变，推动乡村产业振兴，实现农业现代化的高效高质与可持续发展。

一、"三品一标"：提升农产品的质量与安全水平

改革开放以来，我国农业快速发展，粮食生产能力不断提高，尤其是党的十九大以来，全面实施乡村振兴战略，加快推进农业农村现代化，农业发展经历了由注重数量增长到注重高质量发展的转变，发展"三品一标"农产品日益成为保障农产品的质量与安全的应有之义。

"三品一标"作为政府主导的安全、优质的农产品公共品牌，具有深厚的历史渊源和丰富的内涵。20世纪90年代，农业部开始提出要建立"三品一标"农产品相关制度，其中"三品"指的是无公害农产品、绿色食品和有机农产品，"一标"指的是农产品地理标志。"三品一标"既是农业发展形势下的战略选择，也是从传统农业向现代农业转型的重要标志。自此，中国把发展"三

品一标"作为推动现代农业建设、提高农产品质量安全水平的重要抓手，并对其作了一系列重要部署和安排。2008年，农业部办公厅《关于加强品牌农产品监督管理工作的通知》中提到，"三品一标一名牌"①作为品牌农产品的主体，需要强化品牌农产品认证后监督管理，进一步提升品牌农产品信誉，加快实施农业品牌战略。2010年，农业部成立农产品质量安全监督管理局，专门负责农产品质量安全相关工作。2016年5月，农业部《关于推进"三品一标"持续健康发展的意见》中强调，"三品一标"成为推动农业转型升级和现代农业建设以及保障农产品质量安全的重要抓手，将被纳入农业农村经济发展规划和农产品质量安全工作计划之中，并予以统筹部署和整体推进。

2021年中央一号文件指出，要走中国特色社会主义乡村振兴道路，加快农业农村现代化，加快形成工农互促、城乡互补、协调发展、共同繁荣的新型工农城乡关系，促进农业高质高效、乡村宜居宜业、农民富裕富足。2021年3月，农业农村部办公厅印发《农业生产"三品一标"提升行动实施方案》，提出要实施新"三品一标"，即品种培优、品质提升、品牌打造和标准化生产。并明确新"三品一标"的目标是深入推进农业绿色发展，提升农业质量效益和竞争力，适应消费结构不断升级。到2025年，打造国家级农产品区域公用品牌300个、企业品牌500个、农产品品牌1000个，绿色食品、有机农产品、地理标志农产品数量达到6万个以上，食用农产品达标合格证制度试行取得积极成效。同年6月1日正式实施的《乡村振兴促进法》进一步强调，要推动品种培优、品质提升、品牌打造和标准化生产。

新"三品一标"的概念与前期一直推行的"三品一标"理念与路径有所区别。传统的"三品一标"指的是无公害农产品、绿色食品、有机农产品和农产品地理标志。而新"三品一标"则强调从生产方式导向出发，重点关注优良种质的创新攻关，加强提升产品品质，同时要强化品牌意识，树立产业链观念，

---

① "三品一标一名牌"指无公害农产品、绿色食品、有机农产品、地理标志农产品和名牌农产品。

从而实现优质优价，更好地促进产业提档升级、农民增收致富。新"三品一标"的概念蕴含了农业全产业链的拓展增值空间，是新发展阶段农业生产全过程的行动指南。

（一）"品种"培优：解决好种子的问题

品种资源是保障国家粮食安全与重要农产品供给的战略性资源。2020年12月16—18日，中央经济工作会议上提出将"解决好种子和耕地问题"列入2021年要抓好的八项重点任务中，打一场种业翻身仗。包括加强种质资源保护和利用，加强种子库建设；尊重科学、严格监管，有序推进生物育种产业化应用；开展种源"卡脖子"技术攻关等内容。2020年12月17日，在全国种业创新工作推进会上，农业农村部强调，"十四五"时期，要把种业作为农业科技攻关及农业农村现代化的重点任务，统筹当前与长远、发展与安全、国内与国际，做强优势，补上短板，突破瓶颈，加强种质资源保护利用，强化种业科技支撑，支持企业做大做强，建设现代种业基地，提升知识产权保护及监管治理能力，加快构建中国特色现代种业体系，筑牢我国农业农村现代化及人民美好生活的种业根基。2021年政府工作报告进一步强调保障粮食安全的要害是种子和耕地，要加强种质资源保护利用和优良品种选育推广，开展农业关键核心技术攻关。2021年3月21日，农业农村部提出利用3年时间，在全国范围内组织开展农业种质资源普查，摸清我国农作物、畜禽和水产种质资源家底。同年3月，农业农村部办公厅印发的《农业生产"三品一标"提升行动实施方案》中，新"三品一标"第一个关键词便是"品种培优"，培育推广优良品种对于推进农业现代化具有重要意义。同时，行动实施方案强调"品种培优"的重点是"四个一批"，即发掘一批优异种质资源、提纯复壮一批地方特色品种、选育一批高产优质突破性品种和建设一批良种繁育基地，以推进育种创新，加快培育绿色安全、优质高效的新品种。

（二）"品质"提升：适应农业高质量发展的要求

2019年2月，农业农村部、国家发展改革委等七个部门联合印发《国家质量兴农战略规划（2018—2022年）》，强调实施乡村振兴战略，必须深化农业供给侧结构性改革，走质量兴农之路。只有坚持质量第一、效益优先，推进农业由增产导向转向提质导向，才能不断适应高质量发展的要求，提高农业综合效益和竞争力，实现我国由农业大国向农业强国转变。坚持质量兴农，实施农业标准化战略，突出优质、安全、绿色导向，全面提升农产品质量安全水平，推动农业产业由总量扩张向品质提升转变，是党中央、国务院科学把握我国社会主要矛盾转化和农业发展阶段作出的重大战略决策。

品质提升一方面体现了提高农产品质量安全水平的要求，是实现农业产业可持续健康发展的重要抓手。品质提升的重点是净化农业产地环境，推广应用绿色投入品，集成推广技术模式，构建农产品品质核心指标体系等，推动农产品的优质化、安全化和绿色化发展。另一方面，品质提升是增进人类福祉、满足人民对美好生活的向往的有力举措。随着社会经济的全面发展，人们生活水平和消费水平的提高，公众的消费观念趋于注重食品安全和健康，提升农产品的品质是满足公众消费需求和美好生活需要的必然趋势。

（三）"品牌"建设：打造农产品的核心竞争力

品牌效应是一项产业或一个产品高信誉和高品质的表现。农业的品牌化建设体现了其核心竞争力，是推动农业高质高效发展的需要，也是满足生产者和消费者的需要。2017年中央一号文件强调要深入推进农业供给侧结构性改革，首次提出要"推进区域农产品公用品牌建设，支持地方以优势企业和行业协会为依托打造区域特色品牌，引入现代要素改造提升传统名优品牌"。2018年6月印发的《农业农村部关于加快推进品牌强农的意见》提出，鼓励和引导品牌主体加快商标注册、专利申请、"三品一标"认证等，规范品牌创建标准。同年9月，中共中央、国务院印发《乡村振兴战略规划（2018—2022年）》，明确提出要培育提升农业品牌。具体而言，包括培育、管理与维护、宣传与推广三个环节。

其一，注重品牌培育。农业农村部办公厅2021年印发的《农业生产"三品一标"提升行动实施方案》指出，品牌培育要通过建立农业品牌标准，鼓励地方政府、行业协会等打造一批地域特色突出、产品特性鲜明的区域公用品牌，同时培育一批"大而优"、"小而美"、有影响力的农产品品牌，并鼓励龙头企业加强自主创新、打造一批竞争力强的企业品牌。以浙江丽水[①]为例，丽水号称"中国生态环境第一市"，以"九山半水半分田"的地理环境，造就了其"多、小、散、优"的农业特点。丽水市深入践行"绿水青山就是金山银山"的发展理念，因地制宜制定了乡村振兴的推进路径，聚焦"绿色发展、科学赶超、生态惠民"，打造了覆盖丽水市全区域、全品类、全产业的地市级区域公用品牌——"丽水山耕"。"丽水山耕"作为国内首个覆盖全区域、全品类和全产业链的设区市农产品区域公用品牌，是全国首个注册成功的含有设区市名的集体商标，也是经国家认监委批准同意的国内首个采用第三方认证开展品牌建设管理的农产品区域公用品牌。在"丽水山耕"的引领下，通过激活生态价值、助推产业兴旺，丽水实现了区域农业产业的品牌化、生态化和可持续发展。

其二，加强品牌管理。对品牌进行保护是品牌生命力的重要保证，充分发挥好政府与市场的双重作用，推进中国农业品牌目录制度建设，建立农业品牌评价体系，强化农业品牌监督力度，有利于农业品牌长久发展。浙江探索出了由区域政府推动，区域农业部门创建品牌、农合联运营品牌的多方协同运营机制。农合联形成了一个经纬架构的组织体系：纬线从省、市到县、乡镇，经线

---

① 程国强：乡村振兴国家战略的新阶段与新机遇. 中国乡村发现［EB/OL］.https://www.zgxcfx.com/sannonglunjian/118573.html

从省级产业农合联、市级产业农合联到县、乡级产业农合联，由此形成协同、有序的结构化生态体系。在经纬架构的组织体系之上，构建起经纬架构的品牌生态结构，即区域农合联与多品类区域公用品牌、产业农合联与单一品类区域公用品牌的关系。[①]

其三，促进品牌营销。品牌宣传与推介是品牌建设的重要内容，也是将产品优势转化为市场优势的重要措施，因此要通过农博会等多种形式宣传特色优质农产品，强化市场宣传，提升品牌影响力。在实践中，一些地区通过打造网红品牌、定制农业等方式，做到精细化、少而精，从而达到农产品升级模式，实现农产品从传统的自产自销到产品定制、定向销售的转变，为农民增产增收拓宽道路。

（四）"标准化"建设：加强生产过程质量控制

标准化建设是新"三品一标"的实现手段和具体举措。推进农业标准化建设，要加强农产品标准实施力度，健全完善农产品质量标准体系、农业质量监测体系和农产品评价认证体系，通过制定和实施农业各个环节的技术要求和操作规范，进行生产过程和生产质量控制。标准化建设强调按照"有标采标、无标创标、全程贯标"的要求，建立现代农业全产业链标准体系，支持农民合作社、龙头企业等新型农业经营主体按标生产，拓展农产品加工业，建立重点区域先行示范区，打造一批示范典型。

甘肃省定西市安定区发挥地域优势，把马铃薯作为助推乡村振兴的优势主导产业，构建产加销相衔接、贸工农一体化的马铃薯全产业链发展体系，强化了马铃薯产业全过程品牌标准体系建设。同时，制定了甘肃省地方标准《马铃薯脱毒原原种离地苗床繁育技术规程》和精淀粉、全粉、变性淀粉标准化

[①] 胡晓云．中国区域公用品牌运营主体的浙江创新［J］．中国合作经济，2020，（11）：28-30.

生产操作规程85项；建成中国（定西）马铃薯大数据中心，提供集产品包装、分拣、集散、检测于一体的标准化配套服务，创建全国"马铃薯标准化示范区"。"定西马铃薯"被评为中国驰名商标，进入中国农业品牌目录，"定西马铃薯脱毒种薯"被认定为国家地理标志保护产品，并培育了"新大坪""福景堂""爱兰"等10多个知名商标。2020年，全区马铃薯种植面积100万亩以上，总产达到190万吨，总产值达到40亿元，马铃薯产业收入占到了全区农民人均可支配收入的1/3，成为名副其实的"小康薯"。[①]

（五）"三品一标"发展面临的挑战与路径选择

"三品一标"是我国重要的安全优质农产品公共品牌。经过多年发展，"三品一标"工作取得了明显成效，对提升农产品质量安全水平、促进农业提质增效和农民增收等发挥了重要作用。但同时，"三品一标"进一步发展面临着新挑战。其一，生产规模小，标准化程度低。一方面，"三品一标"农产品的生产规模较小、资金投入少、产量低，无法进行深加工，未能形成完整的产业链。另一方面，由于生产人员较为分散，相关农产品很难追溯到具体的生产源，且生产过程中大多采用的是过往的经验做法，对于现代农业知识和技术缺少了解和运用，标准化程度较低，产品质量难以保证。其二，现有农产品的品牌意识不强。受传统"产品只要质量好就不愁卖"的观念影响，许多农产品忽视了品牌维护的环节；且农户自身能力有限，对于农产品品牌运作缺乏长期、系统的规划，使得一些特色农产品在同质产品中缺乏竞争力。其三，区域发展不均衡。近年来，"三品一标"农产品呈现快速发展的趋势，但区域之间发展不平衡，尤其是在一些相对落后的地区发展较弱。其四，品牌宣传缺乏系统性。我国品牌农业起步较晚，对于特色农产品品牌的创立、维护以及提升处于

---

① 农业农村部发布全国乡村产业高质量发展"十大典型". 人民网［EB/OL］.http://finance.people.com.cn/nl/2021/0303/c1004-32041138-9.html.

起步阶段，尤其是品牌宣传和推广手段比较单一，新媒体营销宣传力度较弱，且缺乏专业的品牌策划与宣传团队，推广范围极为有限。

推动"三品一标"农产品发展，一方面需要在提升农产品质量安全水平上下功夫，强化生产管理，加大监管力度；另一方面需要在品牌建设上出实效，不仅要注重品牌培育，做强品牌，同时需要通过加大宣传，转变人民群众的消费观念，全面提升"三品一标"的品牌价值。一是注重品牌培育，加强"三品一标"品牌建设。"三品一标"是农产品品牌建设的重中之重，2015年全国农产品质量安全监管工作会议对"三品一标"工作提出了具体要求，强调发展"三品一标"一定要把品牌化和标准化较好结合起来，其中标准化旨在解决好农产品的安全问题，品牌化在于解决好农产品优质优价的问题，集中打造一批农产品知名品牌。二是强化生产与监管，稳步推进"三品一标"发展。一方面加快完善"三品一标"的标准，严把获证审查准入关，防范系统性风险隐患。另一方面，健全淘汰退出机制，严肃查处不合格产品，对冒用和超范围使用"三品一标"标志等行为严肃查处。从"三品一标"的认证准入和认证后监管两方面双管齐下，"产出来"和"管起来"两手硬，以保证产品质量、规范用标、查处假冒伪劣等为重点，推进"三品一标"发展的制度化和规范化，维护好品牌的公信力。三是推动改革创新，提升"三品一标"发展的多维效益。"三品一标"的发展需要坚持与时俱进，不断推动改革创新，既要适应发展新要求，加快发展"三品一标"产品，通过标准化生产，辐射带动提升农产品质量安全的整体水平，也要加强推广"三品一标"生产技术，借助信息化手段实现精细化管理，提高"三品一标"管理的效率和效果。四是多方协作，形成"三品一标"的营销合力。建立有影响力的农产品品牌，需要多方协作，形成品牌营销合力。由政府牵头，整合本区域内的优质农业资源，提升特色农产品品牌的构建、宣传及推广水平；由行业协会协调，加强政府、新型农业经营主体、经销商、农业科研院所等利益相关主体之间的联系；由新型农业经营主体主导，生产优质农产品，建立专门品牌宣传网站，利用新媒体营销优势，积极参与农产品品牌建设与推广工作；由农业科研院所及高等院校提供科技支撑，加强良种培育，推广现代农业种植技术，提供特色农产品品牌策划服务。通过各方通力合作，打造有竞争力和影响力的优质特色农产品品牌。

二、"一县一业"：培育县域发展的特色产业集群

产业发展是县域经济发展的重要引擎，对提高县域经济发展水平、增加劳动力就业、实现人民可持续增收具有重要意义。2019年1月3日，《中共中央国务院关于坚持农业农村优先发展做好"三农"工作的若干意见》指出，要加快发展乡村特色产业，因地制宜发展多样性特色农业，倡导"一县一业"。脱贫攻坚时期，产业扶贫作为扶贫开发工作的重要方式之一，旨在带动贫困农户增收致富、改变贫困地区落后的面貌。在全面实施乡村振兴战略阶段，要通过进一步将产业做大做好做强，推动我国农业从传统农业转向现代农业，推动农业高质量、高水平可持续发展。作为县域经济发展模式之一，"一县一业"有效拓宽了农民的就业渠道，提高了人民的幸福感和获得感，促进了县域整体能力的提升。

作为现代农业发展的模式之一，"一县一业"的核心是根据县域特色农业资源禀赋，以市场需求为导向，在产业政策引导下，汇集资金、土地、人才、技术、装备、信息和管理等要素，协同构建相应的农产品生产、加工、销售的产业链条，打造优势明显、品质上乘、特色显著、品牌影响力强、市场潜力大的特色产业名片，以期促进和发展本地经济。[①]

（一）突出"特色"产业，打造县域产业品牌

为提升县域经济发展质量，把资源优势转化为产业发展优势，进而转化

---

① 袁媛，董晓波，陈蕊，郝昆宁，广耀颖，杨增铭，陈良正. 云南省"一县一业"推动县域经济发展调研报告 [J]. 中国热带农业，2020，（01）：12–16.

为经济优势，需充分发掘县域资源的比较优势，依托资源优势打造县域产业品牌，将县域优势资源转化为发展生产力。产业振兴需要在考虑地区的自然资源优势、历史传统、基础设施等因素的基础上，选择具有发展潜力的产业项目，开发有独特优势的特色产品，打造"一县一业"的产业发展新格局。

在云南省巍山彝族回族自治县，彝族、回族群众有养牛及消费牛肉的传统习俗，群众养牛的经验丰富。早在1978年，巍山县就率先开展牛冻精品种改良工作，成为名副其实的云南省肉牛冻精改良第一大县。近年来，巍山县立足县情和产业格局，遵循市场导向、绿色引领、创新驱动，以建设"一县一业"肉牛主导产业为主攻方向，制定产业发展规划，加大肉牛产业巩固提升项目论证、储备和申报，扶持扩大养殖规模，构建完善的肉牛产业体系、生产体系和经营体系。乡村振兴阶段，巍山县按照省政府《关于创建"一县一业"示范县加快打造世界一流"绿色食品牌"的指导意见》，把肉牛产业作为龙头产业来抓，形成"政府主导、村党支部牵头、龙头企业带动、贫困户积极参与"的齐抓共建的产业发展新局面，依靠中央、省、州财政扶贫专项资金，沪滇援建资金，央企帮扶资金，借助市场大环境，"一县一业"肉牛特色产业得到长足发展，并成为富民强县的支柱产业。

（二）融合一二三产业，形成区域产业集群

推动多样化的一二三产业融合发展，丰富产业形态，鼓励多元产业发展，是实施乡村振兴战略，加快推进农业农村现代化的重要举措。通过构建现代产业发展体系，促进一二三产业有机融合，提高"一县一业"的创新力、核心竞争力以及全要素的生产效率。同时，在产业融合发展的基础上，通过延伸"一县一业"的产业链和价值链，不断提升产品的附加值，拓宽产业的增值空间，促进人们的收入增加，为实现产业振兴打下坚实基础。

广西上林县围绕"生态为本、绿色崛起、旅游兴县、共享小康"目标定位，加快发展实体经济，全面统筹推动三产融合发展。一是全面实施现代特色农业产业提升行动，重点构建山水牛、生态鸡、上林大米等农业产业链，推进现代农业示范区增点扩面提质升级，支持发展中药材产业示范园建设，深入推进农村土地、农村集体产权制度改革，加大对新型经营主体的培育力度，推动生态农业提档增效。二是围绕现代服务业，鼓励引导企业开展促销活动，培育消费热点，重点培植服务一批商贸企业，加快推进电子商务进农村综合示范项目建设。三是围绕"壮族老家，养生上林"的定位，充分利用"世界长寿乡"品牌，扎实推进旅游营销，努力把该县打造成宜居宜业宜游的康养之城，推进农旅、文旅、体旅"三旅融合"。①

（三）构建标准化生产与管理体系，促进产业结构调整升级

产业结构调整与升级是实现农业现代化发展的关键，"一县一业"发展的过程通常也涵盖了产业结构演变的过程。一方面，在"一县一业"的发展过程中，传统产业在"裂变"中孕育出了一批新兴产业，有效推动县域产业结构的优化升级。另一方面，通过发展"一县一业"，纵向上推动了农业产业链条向产前、产后延伸，提升了农产品的附加值，提升了相关产品的市场竞争力。

云南省昆明市晋宁区是云南温带花卉种植核心区，具有自然条件适宜、交通区位优越、花卉品种齐全、销售渠道畅通、社会服务完善、技术支撑有力的产业基础和比较优势。为推进创建"一县一业"示范县，晋宁区按照"大产业+新主体+新平台"工作思路，瞄准"世界一流、中国最优"的目标，以"一县一业"示范创建为抓手，扎实推进"抓绿色、创名牌、育龙头、占市场、建平台、解难题"六个方面的工作，在推进花卉产业的标准化生产、开展产地初加工、提高产品商品化率、提升组织化程度等方面加大工作力度，建立完善生

---

① 上林：全面统筹推动三产融合发展.新华网［EB/OL］.http://www.gx.xinhuanet.com/2020-05/19/C_1126003323.html.

产、加工、流通、销售全产业链的主导产业标准体系，加大推广实施力度，引导生产经营主体应用国家基地标准、技术规程、产品质量标准，对接国际组织及欧盟、美国、日本等国家和地区有关标准，以标准化建设提升主导产业专业化发展水平，全力推动晋宁区花卉产业快速可持续健康发展。2019年8月27日，晋宁区被云南省人民政府正式列为首批"一县一业"示范县，2020年5月，被列为全国优势特色产业集群云南花卉产业集群项目建设区。

（四）联接"强县"与"富民"，充分发挥县域产业的综合效益

2014年，习近平总书记在河南考察时提出了县域治理"三起来"的要求，即"把强县和富民统一起来，把改革和发展结合起来，把城镇和乡村贯通起来"。"强县"与"富民"则要求既要善于集中资源办大事、增强县域经济综合实力和竞争力，又要注重鼓励城乡居民创业增收和勤劳致富，持续提高城乡居民生活水平。[①]

近年来，河南省兰考县围绕"强县"和"富民"的目标，在深入研判经济形势和深耕地方特色资源、发展优势的基础上，摒弃盲目承接沿海地区产业转移的发展道路，确立了家居制造及木业加工、食品及农副产品深加工和战略性新兴产业3个主导产业。在城区的产业集聚区，主要以强县和吸引青壮年劳动力就业为目的，重点打造了以恒大家居联盟产业园为龙头的品牌家居和以正大、禾丰为龙头的食品加工2个产业集群，同时大力发展战略性新兴产业，相继引进格林美、富士康、光大等行业龙头企业，为增强县域综合实力打下坚实基础。在乡镇主要以带动40—60岁年龄人群就业为目的，按照"一乡一业"或"多乡连片一业"的原则，积极引进主导产业配套企业，建设6个乡镇产业园区，带动群众创业就业。在农村主要以带动年龄60岁以上人群和闲散劳动力就业为目

---

① 李庚香.提升县域治理能力和水平须把握好的战略要点——学习习近平总书记视察河南重要讲话精神的体会［J］.领导科学，2014，（28）：4–7.

的，积极培育龙头企业引领、畜牧规模养殖支撑、饲草种植配套的"三位一体"的畜牧产业，同时大力发展群创产业，吸纳贫困人口在家门口就业。在增强县域竞争力的同时，带动更多群众在产业链条中增收致富，持续推动县域治理在兰考落地开花。在"一县一业"发展中，将"强县"与"富民"统一起来，确定产业发展的定位，不仅有助于县域整体经济能力的提升，也提升了城乡居民的收入，满足了人民对美好生活的向往和期待。

（五）"一县一业"发展面临的挑战与路径选择

"一县一业"的发展不仅能提高县域经济发展能力，使得政府有足够的资金加强当地的公共服务建设，包括教育、医疗卫生、生态环境等公共领域和公共基础设施建设的投入，也拓宽了群众就业渠道，增加了就业岗位，进而使人们的钱袋子"鼓了起来"，提高了人民的幸福感和获得感。但同时，"一县一业"也存在一些亟待解决的难题，例如：特色不明显，比较优势发挥不足；生态环境的脆弱性与县域经济高速发展之间存在矛盾；县域产业发展存在趋同现象，且区域发展不均衡；产业发展的标准化建设和管理压力大等。

在乡村振兴阶段，为进一步推进"一县一业"发展，需要在巩固拓展脱贫攻坚时期产业发展成果的基础上，融合城乡视角，为产业的可持续发展提供新动能。一是要统筹考虑产业发展的特色化与差异化，发挥产业的比较优势。要充分发挥区域产业发展的特色优势，增强县域特色。针对目前产业发展过程中存在的生产盲目性和结构趋同性等问题，需要从各地实际出发，指导发展特色农业，例如生态特色、物种资源特色、地理区位特色等，以此实现差异化发展，以"差异"化解"差距"。二是统筹城乡发展，推动城乡一体化融合。习近平总书记指出，要把城镇与乡村贯通起来，"推进新型城镇化，一个重要方面就是要以城带乡、以乡促城，实现城乡一体化发展。要打破城乡分割的规划格局，建立城乡一体化、县域一盘棋的规划管理和实施体制。要推动城镇基础设施向农村延伸，城镇公共服务向农村覆盖，城镇现代文明向农村辐射，推动人才下乡、资金下乡、技术下乡，推动农村人口有序流动、产业有序集聚，形成城乡互动、良性循环的发展机制。"产业振兴是推动城乡协调融合发展的重要举措。发展"一县一业"，要通过产业联通、技术扶持等方式，打破城乡之间产业发展的壁垒，推动城乡产业结构的有效衔接，实现生产要素的合理流动和优化组合。三是以创新助力产业升级。产业发展的关键在于通过科技发展提升自主创新能力。一方面，通过引入科技创新，构建完善、优质、高效、绿色、安全的技术体系，建立产业发展的人才智库，培育产业科技创新的主体和人才队伍，并不断将科研创新成果转化为实践成果。另一方面，互联网的发展拓展了信息传播的渠道和方式，同时也拓展了"一县一业"的市场空间。要通过产业发展与互联网相结合，为农产品的销售和宣传推动等提供平台，使其突破地域限制。此外，要不断推广和应用新理念、新技术，推动资金、人才、技术等核心生产要素的优化配置，实现产业间的交叉融合，助推新产业、新业态的发展。

三、"一村一品"：助力乡村产业兴旺

作为农村经济社会发展模式之一，"一村一品"在发展乡村特色产业、促进农民致富增收、壮大村集体经济等方面发挥了独特而重要的作用。"一村一品"特色农业发展模式最早起源于日本大分县。1979年，平松守彦为改变家乡的落后经济面貌，根据大分县的特点，提出了开展"一村一品"运动，号召全县每个村镇至少生产出一种全日本乃至全世界名列第一的产品。所谓"一村一品"，即根据一定区域的资源禀赋和特点，以市场为导向，变资源优势为产业和品牌优势，使其逐步成为具有区域特色的产业链或产业集群，使优势不明显的村加快培育出主导产业，使拥有主导产业的村将产业规模做得更大、产业链条拉得更长、发展得更具特色，从而大幅度提升农村经济整体实力和综合竞

争力的农村经济发展模式。①不少学者指出，所谓"村"，并非指一个自然村或行政村，而是一个经济区域的概念，是以乡村为基础形成区域经济发展的格局；所谓"品"，就是在开发产品的基础上，更加注重品牌的培育和打造，提高产品的附加值和知名度，以增强农产品的竞争力。"一村一品"的实质在于通过农业标准化、规模化经营来振兴农村经济。

1983年，我国引入"一村一品"模式，陆续培育了一批地域特色鲜明、业态类型丰富的"一村一品"村镇，引领乡村特色产业发展。2006年，中央一号文件指出，"要充分挖掘农业内部增收潜力，按照国内外市场需求，积极发展品质优良、特色明显、附加值高的优势农产品，推进'一村一品'，实现增值增效"。随后，2007年与2010年农业部先后两次出台关于推进"一村一品"的指导意见，对"一村一品"的发展提出要求。2015年，《中共中央国务院关于打赢脱贫攻坚战的决定》发布，指出要发展特色产业脱贫，其中强调了要实施贫困村"一村一品"产业推进行动，扶持建设一批贫困人口参与度高的特色农业基地，对脱贫攻坚时期的产业扶贫进行了整体勾画。在乡村振兴战略实施阶段，2018年中央一号文件指出："实施产业兴村强县行动，推行标准化生产，培育农产品品牌，保护地理标志农产品，打造一村一品、一县一业发展新格局。"2020年7月，农业农村部印发《全国乡村产业发展规划（2020—2025年）》，对新时代"一村一品"提出了新要求。强调作为乡村产业承载者的村庄理应成为推进"一村一品"过程中的主体，在推进"一村一品"的过程中要充分激发本地居民和村庄社会主导的智慧，挖掘本地潜在资源，不能仅仅停留在制造产品的层面，还要广泛涵盖村庄社会的居民参与、人才再造、与环境的共生发展等。

脱贫攻坚阶段，贫困地区将"一村一品"作为产业扶贫的重要抓手，通过挖掘贫困地区的资源禀赋实现错位发展，成为贫困地区培育主体产业的重要内

---

① 张永凯，陈润羊. 新农村特色产业发展模式研究——基于日本大分县"一村一品"和四川丹棱县"一县四品"的分析［J］.资源开发与市场，2012，（10）：913-916.

容，也是提升贫困群众内生发展动力、培育新型农民的重要举措，是开展扶贫开发、帮助农民脱贫致富的重要途径和必然选择。各地在"一村一品"中的实践探索，是产业扶贫的发展模式之一，也是我国扶贫开发过程中形成的重要经验，为乡村振兴阶段的乡村产业发展提供了重要借鉴。

（一）尊重民意，选好村庄发展项目

每一个区域都具有特定的地理环境条件，并对区域发展产生深刻的影响。发展"一村一品"需要最大程度地挖掘村庄独特资源优势来培育主导产业，进而科学合理地分析研判，扬长避短，实现区域特色产业的错位发展。"一村一品"必须是在尊重民意的前提下定位。习近平总书记指出："贫困地区发展要靠内生动力，如果凭空救济出一个新村，简单改变村容村貌，内在活力不行，劳动力不能回流，没有经济上的持续来源，这个地方下一步发展还是有问题。一个地方必须有产业，有劳动力，内外结合才能发展。最后还是要能养活自己啊！""一村一品"能否发挥其本质作用，关键在于是否尊重农户的自主生产意愿。要充分发挥村庄和农民主体性，通过宣传以及示范效应，增强农户的信心，吸引和激励他们参与到"一村一品"中来，自愿、自发、积极共同参与打造。要充分尊重农民的生产经营自主权，采取典型引路、示范带动、政府引导的办法，调动和发挥农民发展"一村一品"的积极性。在"一村一品"的具体实践过程中，各地各村庄要根据本地的特色资源优势，通过"全民公决"、村民大会等方式，讨论确定本村庄的发展方向和项目选择，并且要让村民参与到产业项目的选择、产业生产管理甚至销售的全过程中，激发农民发展的内生动力。

（二）重视人才，为乡村产业发展提供智力保障

"一村一品"的发展离不开人才的支持，以"人"为中心的"一村一品"

主要体现为两个方面，一是提升农民的参与度，使其发挥主观能动性，同时通过完善利益联结机制，形成"一村一品"，达到互利共赢。二是培养农村实用人才，提高农民的整体素质。一方面，为适应市场竞争需要，要围绕主导产品和产业，通过集中培训和现场指导，对农民开展农业生产技能和相关知识培训，加快培育一大批有较强市场意识、有较高生产技能、有一定经营基础的农村实用人才，增强农民从事主导产品生产、加工、销售和自我发展的能力。另一方面，要加强技术推广，按照"科技人员直接到户，良种良法直接到田，技术要领直接到人"的原则，大力推进农业科技进村入户。福建晋江[①]在乡村振兴过程中，不断培育农村创业创新主体，壮大乡村人才队伍。一方面，完善"人才创业创新"政策体系，出台《晋江市农业农村创业创新三年行动方案》等政策措施，配套出台优秀人才认定标准、加快引进优秀创业团队和项目若干意见等优惠政策，实施青年人才"生根计划"，建设人才公寓，落实优秀人才10项生活保障。另一方面，实施"人才反哺农村"计划。开展为期3年的"百生百村"乡村志愿服务等活动，2018—2020年，每年选派百名大学生服务农村建设，逐步引导"双创"人才向农村集聚。实施青年设计师驻村计划，聘请10名设计师在省级乡村振兴试点村开展陪伴式服务。通过优越的政策吸引一批优秀人才回乡创业，为乡村振兴贡献力量。

（三）保护生态，实现农业产业的绿色发展

如何在保持传统特色、保护生态环境的前提下推进现代文明是一个极具挑战性又十分重要的课题。脱贫攻坚阶段，生态扶贫是习近平总书记生态文明思想、"两山"理论和精准扶贫思想相结合的最生动实践，是中国脱贫攻坚战中具有原创性、独特性的重大举措。保护生态对实现农业产业的绿色发展具有重

---

① 农业农村部发布全国乡村产业高质量发展"十大典型".人民网［EB/OL］.http://finance.people.com.cn/nl/2021/0303/c1004-32041138-4.html.

要借鉴意义。十八洞村自然风光秀丽，山林资源丰富，苗族文化保存完好，但这些资源长期开发利用不足。十八大以来，十八洞村就围绕发展乡村旅游这条主线，编制了《十八洞村旅游发展规划》，结合交通基础设施建设、农村"五改"、农村环境综合整治、申报特色民族村寨等项目，按照"农旅一体化"的思路整合资源，着力打造"旅游+"产业体系：成立农旅农民专业合作社，根据乡村旅游需要流转村民土地，统一规划开发；成立旅游开发公司，打包开发全村旅游资源、管理旅游产业；大力发展苗绣、黄桃、油茶、蜂蜜等民族工艺和绿色环保产业，为乡村旅游增色。十八洞村在产业发展中坚持"人与自然和谐相处、建设与原生态协调统一、建筑与民族特色完美结合"的原则，把"乡村建设得更像乡村"，同时又依托"绿水青山"发展特色产业，借助电子商务、采摘权转让等现代文明手段实现脱贫致富，有效处理好"传统"特色与"现代"文明的关系。

（四）发挥"互联网+"作用，拓展"一村一品"的市场空间

发挥"互联网+"在"一村一品"建设中的作用，让更多农户用上互联网，让农产品插上互联网的翅膀，走出乡村、走向全国，也是乡村振兴的有效手段之一。近年来，国家针对实施网络强国战略、"互联网+"行动计划、国家大数据战略等作了部署，推动了互联网和实体经济深度融合发展。辽宁省十家子村[①]以农民合作社为核心，通过种苗供给、田间管理和成熟采收一体化跟踪服务，打造高标准农产品生产基地，确保产品源头的健康。同时，十家子村利用亲情、乡情，吸引大学生返乡创业，以电子商务为突破点，探索"线上开网店+线下实体店"的创新模式，先后在辽宁朝阳、上海等地开设线下实体体验店，与淘宝等大型平台企业对接，搭建农产品网上销售渠道，形成了"线下体

---

① 农业农村部发布全国乡村产业高质量发展"十大典型". 人民网［EB/OL］.http://finance.people.com.cn/nl/2021/0303/c1004-32041138-4.html.

验、网上下单、云仓发货"的电商平台运营机制，打通了农产品进城入市的销售渠道，建立了农产品从生产源头到终端销售的全新产业链模式，为乡村产业发展插上了互联网的翅膀。而农户通过进入公司就业，真正成为卖农金、收租金、挣薪金、分红金、得财金的"五金"农民。

（五）"一村一品"发展面临的挑战与路径选择

在新的发展时期，"一村一品"作为乡村产业振兴的重要组成部分，已经成为乡村产业振兴的重要模式之一。通过培育主导产业，壮大优势产业，延伸产业链条，提高农业比较效益，切实增加农民收入，激发了乡村发展的内生动力。同时，发展"一村一品"关系到农村可持续发展，也是国家经济治理体系建设的题中应有之义。但是"一村一品"的发展也面临着一些问题：比如一些产业出现局部区域趋同现象，没有突出产业发展的地域性和特色性；参与者受教育程度低，缺乏相关知识，不能将知识较好地运用到产业发展中，同时，当前对农民的培训也是多着眼于生产、销售等技能方面，忽视了农业、农村传统的和地域性的文化的吸收、改进和传承，更忽略了培养领头人；此外，产品质量低、无法通过认证，以及销售渠道单一、产品滞销等各种问题，也阻碍了"一村一品"的发展。

为深入推进"一村一品"的可持续、高质量发展，需要从产业发展、农产品质量和人才队伍等多方面入手。一是着眼于保障粮食安全，树立"一村一品"的底线思维。粮食安全是世界性的重大课题，是国家安全的重要基石，保障粮食安全，确保主要农产品有效供给，事关国民经济发展和社会稳定的全局。在发展"一村一品"过程中，要立足于粮食安全的底线，不断优化品种结构，积极推进粮食产区的建设，不断提高粮食综合生产能力。二是关注人才培养，加大新型农民主体培育力度。结合各地实际，围绕地区的主导产业，针对农户等群体开展实用技术等方面的技能培训，不断提高农民的务农技能和科学文化素质，使农民成为推进"一村一品"的主力军。三是注重品牌发展，提升"一村一品"附加值。培育"一村一品"的发展品牌，需要引导乡村产业树立质量和品牌意识，鼓励具有鲜明地域特色的产品申报中国地理标志证明商标、国家地理标志保护产品等认证，加强特色农产品区域品牌建设。同时积极组织村镇参加农产品展示展销等活动，充分利用报刊、网络以及各类新媒体，宣传推介"一村一品"产品，提高农村地区的特色农产品知名度和市场竞争力。

四、农业产业标准化与品牌化的经验启示

为进一步推进农业产业的标准化与品牌化发展，实现乡村产业振兴，需要在"选出来、提起来、建起来、售出去、联起来、护起来"等环节综合发力，积极打造区域特色品牌，同时增强风险应对能力，推动农业产业的可持续发展，进而实现农户的增收致富。

（一）挖掘在地特色资源，将产业发展项目选出来

挖掘在地资源优势，确定区域农业产业发展的比较优势，因地制宜探索区域农业产业发展的有效路径，是培育可持续发展的农业产业的必由之路，是农业品牌化建设的应有之义。农业产业的可持续发展，首先要立足于资源禀赋和既有的产业发展潜力，突出区域农产品发展的差异化优势，以特色塑造品牌的独特性。因此，需要依据区域特色资源和发展实际，选好农业产业项目。例如各地区在农业产业发展实践中，根据自身发展的资源禀赋，大力推进"一村一品""一县一业"等，促进地域人文和生态资源优势转化为产业发展优势。

（二）以标准化推动农业产业发展，将农产品质量提起来

随着生活水平不断提高，人们对于农产品的质量要求也越来越高。消费者

将农产品质量作为衡量农产品价值的重要依据。对于农业产业发展而言，加强质量管理和控制，提高农产品质量是品牌建设的关键所在。因此，需要充分发挥标准化的基础保障、技术引领、信誉保证作用，以确保产品质量的稳定性。推进标准化建设的关键在于通过促进现代管理与先进农业技术有机结合，加快传统农业向现代农业的转变。①尤其是随着互联网和农业科学技术的发展进步，农业产业发展越来越依赖农业科技的创新及运用。因此，在农业产业发展中要把发展农业科技放在更加突出的位置，大力推进农业机械化、智能化，加大科技创新的力度，加强农业科技研发，强化先进实用技术成果的转化，将农业产前、产中、产后各环节纳入标准化生产，有助于解决农业产业发展过程中的关键性技术难题，实现农业产业的"质变"。

（三）打造区域公共品牌，将产业品牌建起来

品牌化建设是农业产业现代化的重要标志，也是提升区域农业产业发展核心竞争力的有效举措。"三品一标"等作为农业品牌建设的目标和手段，对于推动农业产业升级，带动提升农业市场的竞争力，提高农业产业发展的综合效益具有重要意义。一方面，要延长产业链，促进产业融合。发掘优质农产品的文化底蕴、民俗特色等，推动农产品加工、乡村休闲旅游、体验农业等新型业态的发展，有效促进一二三产业融合，形成多业态、多功能的农业产业发展体系，助推产业兴旺。另一方面，提升品牌的附加值，提升竞争力。发挥品牌附加值对农产品的市场溢价功能，对提高优质农产品的市场价值，促进农村经济发展和农民增收致富具有重要意义。

---

① 范小建.农业标准化是我国农业和农村经济工作的主攻方向［J］.农业质量标准，2005，（04）：4-8.

（四）拓展产业市场空间，将优质农产品售出去

"互联网+"的背景下，电商物流的发展等为乡村产业发展提供了契机，连接了传统农业产业与现代化市场之间的桥梁。一是要发挥"互联网+"的作用，拓展农产品的营销渠道。一方面，在加快推进快递物流进村的基础上，完善农村的物流配送体系，切实解决农产品"最后一公里"的难题。另一方面，为保障食品尤其是鲜活农产品的质量，减少在运输过程中的损耗，需要完善冷链物流的标准化体系建设，保障冷藏冷冻类食品在生产、贮藏、运输和消费各环节中始终处于规定的低温环境下。二是要组织商标品牌的强农行动，推动品牌宣传。通过利用全国绿色食品博览会和全国有机食品博览会等展销平台，宣传推广特色农产品、农业品牌，将优质的农产品推向市场。

（五）建立多元利益联结机制，将小农户与大市场联起来

农业产业发展的根本目的在于使农民共享发展成果。因此，农业产业的发展需要坚持以人为中心的发展理念，建立多种形式的利益联结机制，让农民更多分享产业链增值收益，打造利益共同体。一是需要通过探索农业产业的发展模式，引导龙头企业发展企业优势，在农户生产过程中，为其提供技术、统一收购等环节的服务，探索联合发展模式，从而实现农户与企业合作双赢。或通过动员成立专业的生产合作社，对农户的生产资料进行统一的安排，从而促进农业生产的组织化、规模化。二是要加大政府支持力度。农业产业的发展既是经济层面的工作，也是一项民生工作，需要政府这只"看不见的手"发挥好宏观调控和引导的作用，加强政策引导、公共服务和监管保护，加强对区域地理标志品牌的培育和保护，为品牌发展营造良好环境。

（六）提升风险应对能力，将农业发展护起来

除了自然灾害等因素对农业产业带来的损害之外，农业产业发展亦面临来自于交通、物流、市场等方面的风险，不仅可能使得农业产业链等遭到破坏；同时由于农户及其家庭抵御风险能力差，各方面风险均会影响到农民增收致富，严重者则会打击农民参与农业产业生产的积极性。为提升其风险应对能力，既需要从农户发展的内生动力入手，提升抗风险能力，又需要建立健全农业产业的风险防范机制，为农业产业发展提供有效保障。具体而言：一是提升农户发展能力，培育新型经营主体。不断壮大农民技术人才队伍，保证和促进农村经济协调和可持续发展。同时，通过加强产业发展的技能培训等方式，提升农户的整体素质，增强农民的自我发展能力。二是做好风险应对，提升抗风险能力。以2020年初暴发的新冠肺炎疫情为例，疫情不仅对农产品的销售造成巨大的影响，导致大量农产品滞销等问题频繁发生，还导致乡村的景区、民宿等旅游业相关市场主体遭遇停业等。鉴于此，需要通过建立健全风险预警和风险防控机制，做好风险防控与应对，为农业产业发展提供保障。

第四章

农业产业的市场化探索

党的十八大以来，我国坚持农业农村优先发展总方针，以实施乡村振兴战略为总抓手，紧紧抓住"产业兴旺"这个牛鼻子，持续深化农业供给侧结构性改革，农业生产跃上新台阶。但不可忽视的是，农业农村农民问题仍为当前经济发展的重中之重。在承上启下的2021年，开年的中央一号文件以"全面推进乡村振兴，加快农业农村现代化"为主旨，把农业现代化建设提上新高度，并强调"构建现代乡村产业体系"，而乡村产业体系建设关键在于农业产业的市场化发展。

农业产业的市场化既是中央政策的要求，也是实现中国式现代化的必经之路。1978年改革开放以来，农村引入了市场机制，农业资源配置方式成功地由以政府分配为主向以市场配置为主转化，有效提高了农业生产效率和质量。经过四十多年的改革与发展，我国在流通体系建设、市场主体培育、农业品牌创建、市场调控机制完善等方面取得了举世瞩目的成绩，尤其是农村电商发展领先于世界。我们在欣喜的同时，还必须清醒地认识到，相较于西方发达国家，中国农业产业的整体市场化发展水平仍然较低，在诸如组织保障、政策措施、基础条件及发展理念等方面仍有短板，有待继续完善和发展。

值得指出的是，我国农业产业的市场化既有类似于其他国家之处，又有自己的特色。实践证明，全面推进中国特色农业产业市场化需要借鉴国际经验，也需要自主创新。①回顾历史，关照现实，才能更好地面向未来。那么不禁要问，中国农业产业在市场化方面进行了哪些探索？当前农业市场化的典型案例及其发展方向又是什么？基于此，本章拟采用案例分析法，以链接城乡市场的订单农业和农村电商为切入点，基于实地调研经验系统展现它们是如何发展的、产生了什么效果，遇到什么问题，以此来剖析农业产业市场化的影响，指出不同的模式给农民收入、农业产业发展带来的发展空间和机会，最后在实践案例分析的基础上，为进一步推动农村产业的市场化提供政策参考。

一、订单农业的模式与实践

党的十九大报告提出"构建现代农业产业体系、生产体系、经营体系，完善农业支持保护制度，发展多种形式适度规模经营，培育新型农业经营主体"。伴随着经济的快速发展，近年来农业现代化持续推进，其中，以"先找市场、再抓生产、产销挂钩及以销定产"为特征的订单农业的经营模式，在"工业反哺农业，城市支持农村"方针的指导下，在全国多地"开花"，并在互联网的加持下提高了整个农业经济的发展速度和效率。

（一）订单农业总体情况

1.订单农业的概念

Contract farming有多种译法，如合同农业、合约农业、契约农业、协约农业、订单农业等。我国工商行政管理总局在2006年第66号文件中有过对订单农业的描述："订单农业亦称为合同农业或契约农业，是指农民与企业或中介组织在农业生产之前签订具有法律效力的产销合同，明确双方相应的权利与义务关系，农民根据合同组织生产，企业或中介组织按合同收购农产品的农业经营

---

① 中国农业产业发展报告 2018［J］.经济研究参考，2018，（64）：2.

形式"①。Roy（1963）所给出的定义也较有代表性。在他看来，订单农业是指农户和其他企业之间的契约安排，可以是口头的，也可以是书面的。它规定了农产品的生产数量、质量、价格、交易时间以及各方在农产品生产过程中的责任与义务。②订单农业实质就是通过订单的形式把市场需求反映出来，引导农户按照市场需求进行生产。③

2.订单农业的优劣势

自20世纪以来，订单农业在世界各国得到了广泛应用。与传统农业"只管种而不管收"不同的是，发展订单农业，使小生产与大市场有效对接，并以确定方式把合同双方的利益较紧密地联系起来，有利于引导农民走向市场和改善农产品质量。Glover（1987）认为订单农业是一种综合了大农场和小农户生产优势的制度安排，如果能认真计划和执行，订单农业能为农户和公司带来双赢。④它可使加工厂或公司以较低的成本获得稳定持久的原料供应，确保市场需求和农业生产之间的更好的联结。⑤郭红东（2005）的实证研究表明，通过参与订单农业，企业可以保证农产品的质量、获得稳定的原料供应、使农产品价格趋于稳定并能得到政府的扶持；农户可以提高其生产农产品的质量、降低销售成本、稳定农产品的销售价格。⑥

然而，订单农业在积极发挥其优势的同时，也暴露出了一些问题。由于

① 周游.订单农业信用风险评价与控制研究［D］.郑州：郑州大学，2012.

② RoyEP.ContractFarming, USA［J］.Contractfarming, USA, 1963.

③ 国务院研究室农村司课题组.关于订单农业发展的形式、作用及建议［J］.农业经济问题，2001，（3）：43-46.

④ Glover.D.Increasing the Benefits to Smallholders from Contract Fanning：Problems for Farmers' Organizations and Policy Makers［J］.WorldDevelopment, 1987, （4）：441-448.

⑤ Arun Pandit, N K Pandey, Rajesh K Rana, Barsati Lal.An Empirical Study of Gains from Potato Contract Farming［J］.Indian Journal of Agricultural Economics, 2009, （3）：497-508.

⑥ 郭红东.农业龙头企业与农户订单安排及履约机制研究——基于企业与农户行为的分析［D］.杭州：浙江大学，2005.

订单农业存在剥削，因而受到许多学者的质疑。[①]比如，在大公司和小农户之间，显然大公司掌握谈判主动权，农户经常会遇到诸如质量标准操纵、技术支持少、欺骗与故意违约等问题。此外，如果合同双方不能完全履行合同，[②]那么订单农业的优势就荡然无存。

3.订单约定的内容

订单农业中订单约定内容的完整性是关系到订单农业履约的重要因素。一份完整的订单应包括五个方面的主要内容：①订单的主体，主要是指承载着订单权利和责任的订单买方与卖方，中国订单农业的主体有农户、涉农公司、政府、农业协会以及各种中介组织等。②订单标的物，主要是指订单的买方要求卖方按照一定标准生产出符合买方要求的农产品。③保障条款，主要是指标的物的质量与数量的规定、违约的处罚、出现争议时的解决机制以及双方互惠性的投入。④价格条款，目前价格条款主要有三种：随行就市、保底收购、固定价格。⑤其他条款，主要包括订单的有效期限、货款的支付方式、交货方式等。[③]如果农业订单合同约定不规范，比如合同内容不具体、相关政策法规不配套、部分程序不健全、诉讼程序复杂、诉讼成本高等，这势必会增加签约双方违约的可能性。[④]

4.影响订单农业有效运行的潜在因素

一是履约风险。订单农业的履约率已成为订单农业是否成功的重要标志。订单农业的买卖双方如果缺乏契约和长期合作意识，那么在各自利益最大化的驱动下可能会出现某一方放弃订单的行为。如果订单农业履约率较低或者根本

① SinghS.Contracting Out Solutions：Political Economy of Contract Farming in the Indian Punjab［J］.WorldDevelopment，2002，（9）：1621-1638.
② 米晋川.对"公司＋农户"的再认识［J］.经济问题探索，2003，（4）：116-118.
③ 黄建辉."公司＋农户"型订单农业供应链融资中的政府补贴机制研究［D］.广州：华南理工大学，2017.
④ 刘凤芹，李金宁.私人执行资本与合约自我履行机制——以农产品合约为例［J］.财经问题研究，2018，（06）：11-19.

不能兑现，不但不能发挥订单农业的应有作用，反而会造成农产品销售难的问题，必将损害合作方与农户的利益，不利于农户的增收和我国农业的健康发展。

二是自然风险。由于订单农业自身的特性，农产品在生产过程中不可避免地会受到不利天气、气候、季节性的影响以及其他不可控自然因素的限制，这会使农业订单契约的买卖双方均将承担较大的风险，以至于会使买卖双方违约。国际通行的做法是通过气候保险等方式进行规避，近年来运用气候衍生品（气候期权）管理自然风险的做法得到了快速发展[1]。在中国，气候保险在农业生产过程中的功能尚未得到充分体现。

三是价格波动。农产品订单价格直接决定农业生产和订单农业模式下供应主体的经济利益，是农业订单的核心。[2]市场经济条件下，农产品价格不可避免会波动起伏，而订单的买卖双方在签订订单契约时，仅仅是依据当时局部市场状况对订单价格做出决定，同时又由于受到自身决策能力的影响，使得订单价格出现偏差，导致所签订的订单价格并不一定是最合理的价格。如果订单价格过低，则会降低农户的生产积极性；相反，如果订单价格过高，则会增加购买方的风险。在订单到期之日无论哪种情况出现，买卖双方均有可能因市场条件的变化蒙受损失，这就会增大追求自身利润最大化的订单买卖双方毁约的可能性。

四是供需变化。农产品的产出不仅依赖农户的精心照料与经营，而且还受到不确定性环境因素的影响，这使得订单农业模式下农产品供应链上游的农户所生产的农产品的产量具有不确定性。同时，农产品需求也会出现变化。农产品产量与需求的不确定性会增加收购方与农户所承担的风险，从而增加订单农

---

① 孟一坤. 天气衍生品研究综述［J］. 金融评论，2015，（04）：110–123,126.
② 孙乐，陈盛伟. 农产品价格（指数）保险设计要点及产品创新方向［J］. 山东农业大学学报（社会科学版），2018，（02）：104–107.

业中收购方与农户违约的可能性以及农产品供应链管理的难度[①]。

（二）中国订单农业的主要模式

国务院研究室农村司课题组（2001）的调查研究表明我国的订单农业大致有5种形式，分别是粮食主产区与销区签订的粮食购销合同、农户与农业公司签订的农产品购销合同、农户与科研生产单位签订的合同、农户与专业市场签订的合同、农户与中介流通组织签订的合同。按照订单价格的不同，郭红东（2002）将农业订单分为保证价格合同（价格固定）、市场保护价合同（订单价格就高不就低，生产经营风险完全由公司承担）、市场保护价加优惠服务、市场保护价加返利型四种形式。具体组织经营模式有：

一是"公司+农户"模式。"公司+农户"模式是以农产品加工、运销为主的企业重点围绕一种或几种产品的生产、加工、销售与农户有机联合的形式。龙头企业作为农户与市场之间的桥梁，可以获得稳定的原材料供应（保证产量、价格和质量），降低了交易成本；对于农户来说，减小了盲目生产的风险，降低了交易成本（市场信息、生产信息、销售信息），得到稳定的销售渠道，获得技术支持，提高生产效率。但该模式中企业与农户是不同的利益主体，各自追求自身的利益最大化，关系较分散，导致可能存在违约率高、利益分配不公、市场风险承担主体不明确等问题。

二是"公司+合作社+农户"模式。该模式中，公司不再直接面对分散的农户，而是面对有组织的农户——新型的农民专业合作经济组织，公司根据自己的销售订货情况，向合作组织提出原料需求计划，合作经济组织与公司签订供货合同。同样，在这种模式下，农民也不再与公司接触，而是与合作组织签订订单。

三是"公司+基地+农户"模式。"公司+基地+农户"生产经营模式是以一

---

① 赵璨.我国农产品市场风险关键问题探究［J］.中国市场，2017，（21）：169，173.

个技术先进、资金雄厚的农业公司为龙头，利用基地的作用把分散的农户集中起来，最终以合约的形式把农户与公司结合起来。农民负责生产，公司负责加工和销售，而基地充当两者的"中介"。在实际运行过程中，公司利用自身靠近市场信息的优势提前对农产品价格进行预测，通过与基地签订合约的形式确定该年度生产数量、品种及主要品质和技术指标。公司不仅与基地签订合约，也与农户签订合约。公司与基地以经济合同的形式确定双方的权利义务关系，同时为了保护农户的利益，公司在合约中会指明一个最低收购价。这个最低收购价有可能低于当年农产品实际价格，也可能高于当年农产品实际价格。约定最低收购价，目的是当市场价格突然下降幅度很大时，保护农户不至于受到很大的损失，这对农户的利益起到了很大的保护作用，因此也被称为最低保护价。在生产过程中，基地会根据实际情况对农户实行技术培训、物资采购、生产期间的管理或标准化的生产规程。待农产品收获之后，由基地根据公司与农户签订的合约，进行检验、收购，最后由公司进行最终加工和销售。

四是"经纪人+农户"模式。农户通过与经销公司、经纪人、客商签订合同，依托流通组织发展订单农业。农村经纪人作为长期活跃在农业市场中的中介人，其通过互联网提供中介性质的服务，对促进农村市场流通、传递市场供需信息起着重要作用。

五是"电商+农户"模式。"电商+农户"型合作机制为消费者提供即时化消费供给。电商企业利用农产品商务信息管理系统来对众多的农产品订单进行分类管理，从中找出同时间段、同方向的物流订单和运输性能要求相同或相似的订单，将此类订单整合采用集中运输的方式，从而降低农产品物流运输成本，提升农产品市场价格竞争能力。

表 4-1 几种订单农业模式的比较

结构	主要参与者	一般特征
公司＋农户	农产品加工和销售企业、生产初级农产品的农户	企业直接与农户对接 合作关系较松散
公司＋合作社＋农户	农产品加工和销售企业、农民专业合作社、生产初级农产品的农户	合作社作为企业与农户之间的中介 生产和销售关系较稳定
公司＋基地＋农户	农产品加工和销售企业、农产品规模化生产基地、生产初级农产品的农户	基地将分散的农业资源进行整合 呈现规模化、集约化的特点
经纪人＋农户	农产品市场经纪人、生产初级农产品的农户	经纪人对于农产品市场信息的获取能力与敏感性较高 有利于农户拓展销售渠道并增强议价能力
电商＋农户	从事农产品网上流通的电子商务平台、生产初级农产品的农户	减少农产品中间流通环节 更适应互联网时代市场需求

订单农业合作模式的选择主要基于以下因素：参与订单农业各主体的意愿、市场需求、农产品生产和销售的客观条件、订单生产相对于小农生产的优势以及经济条件和社会需求。需要注意的是，不论订单农业合作模式如何分类，核心都是契约关系的缔结以及如何缔结，降低交易成本是最重要的参考因素。

（三）订单农业典型案例分析

广西灵山现有县级以上农业产业化重点龙头企业48家，企业销售收入31亿元，订单收购额13亿元，带动订单农户10.6万户，户均收入12664元。主要订单模式为"公司+农户""公司+合作社+农户""公司+经纪人+农户"3种。订单农业主要集中在糖料蔗、粮食、茶叶、木材、水果、奶水牛等产业，其中糖料蔗、奶水牛产业对农业产值的贡献较大。

一项2018年8月开展的灵山县新型经营主体调查结果显示，在所调研的25家农业企业中，签订订单合同的企业有22家，占比为88%。其中，作为发包方的企业有8家，发包对象为农户和合作社，发包量占总经营量的比重平均为65.75%，订单模式持续时间平均为8年；作为承包方的农业企业有14家，占比63.7%，承包方主要对接对象为其他企业、批发市场和大型超市，承包量占总经营量的比重平均为70%，订单模式持续时间平均为8年。在参与订单合同的企业中，95.5%的企业有继续参与的意愿。

表4-2 灵山县农业企业订单发展情况

农业企业类型	比例	主要合作对象	订单量占经营量比重（平均值）	订单模式平均持续时间（年）
发包方	36.3%	农户、合作社	65.75%	8年
承包方	63.7%	其他企业、批发市场、大型超市	70%	8年
继续进行订单农业的意愿	95.5%			

资料来源：2018年8月广西灵山县农业企业经营主体调研资料

一般而言，农业企业法人有一定的资本积累、知识积累和专业技能积累。参与订单农业的企业在带动小农户方面成效显著，平均带动农户1465户，户均增收17228元。

根据灵山县农业发展现状以及订单农业研究的需要，现选择6家公司或合作社进行典型案例调研。

1.优质稻

广西灵山县瑞隆农作物种植专业合作社（案例A）成立于2015年，理事会成员5人，社员农户400户，主要种植稻米。订单农产品主要为绿色有机原生稻米，种植面积800亩，主要面向中高端市场销售。订单方式是"合作社+农户"，合作社在生产前期为农户提供种子、有机肥等生产资料，不收取费用，但在收购阶段将费用扣除。在种植生产期，如插秧、施肥、收割环节，合作社都会统一组织实施，并派技术员巡查，指导农户生产。收购价格为保底价+市场价，如市场价高于保底价，则按保底价+高出价格的50%收购，如市场价低于保底价，则按保底价收购。若农户不按约定的流程或技术标准安排生产，合作社有权拒收稻米，农户需按市场价赔偿合作社在产前提供的生产资料；若农户消极生产，合作社一般会取消与其续签。目前，此种订单模式已经持续了3年，稻米年生产量为48万斤。

广西灵山县万穗米业有限责任公司（案例B）位于灵山县灵城镇十里工业园区，是一家以稻谷精深加工为主的生产经营厂家。厂区占地5779㎡，现有员工30人，其中管理人员、技术及检验人员9人，生产工人21人。公司成立于2005年5月，以当地种植的稻谷为主要原料，生产加工大米，品种包括：优质晚稻米、百香粘米等30多个品种。目前公司日产大米5吨/时，生产线年加工能力15000吨。注册商标名称为"贡穗"大米，年销售量达13000吨。为实现品牌提档升级，公司于2015年租地建立优质水稻生产基地，并积极申请富硒大米认证。2008年该公司被认定为第三批灵山县农业产业化重点龙头企业，2009年通过无公害农产品认证，2010年被认定为钦州市农业产业化重点龙头企业。2015—2017年总资产达1301万元，其中固定资产728万元，2016年销售收入8463万元，净利润102万元，销售利润率1.2%。公司于2017年尝试与农户签订关于稻谷收购的合同，因实践中出现诸多问题，仅试行一年就停止续签，目前公司主要稻谷来源由基地生产和零散收购两部分构成。

2.蔬菜

广西灵山县金升农产品有限公司（案例C）是钦州市重点龙头企业，是一家集蔬菜培植、收购、研发、深加工、销售于一体的企业。公司成立于2014

年，2018年步入生产正轨。厂房占地面积20多亩，总投资4500万元，年加工绿色叶菜类8000吨，共有30名车间加工工人。公司依托独有资源条件发展蔬菜加工制品多年，已开发灵山梅菜、酸菜、大头菜、香笋为代表的四大系列产品。公司目前的经营模式是"企业+农户"，2017年开始与农户和合作社签订蔬菜购销合同，与当地一家果蔬专业合作社所签合同涉及社员农户30多户；另有直接与公司签约的农户30多户。双方在自愿的基础上协商签订合同，对收购蔬菜的品种、价格等进行约定。2018年该公司以购销合同方式收购的蔬菜占总购买量的比重为40%，市场采购占比60%。

3.水果

广西帮财番石榴专业合作社（案例D）创建于2015年，并注册"帮良"商标，主要提供生产销售服务，包括组织采购和订购社员所需的生产资料，开展技术交流与培训，组织收购、销售成员农产品。番石榴是当地新品种，良田村现种植番石榴1050亩，运作方式是"合作社+农户"。合作社与农户签订番石榴的生产与收购合同，并且合同长期有效，除非农户自愿要求退出合作社，一旦退出即表示放弃订单合同。在果品标准上，合同对于果的重量、色泽、大小等均做了具体的规定，并禁止社员使用"帮良"商标销售不合格果品。在收购方式上，社员除了对游客开放自采销售外，其余一律由合作社（含授权收购点）统一收购，不得向任何形式的第三方收购者销售果品。在违约惩罚上，若合作社违约，农户可以无条件退出合作社；若农户违约，比如违反生产技术标准，销售不合格果品或者使用非本社包装箱、包装袋，则没收农户会费（200元），取消社员资格。但在实际操作过程中，即使是农户违约，合作社也只是采用说情讲理的人性化管理方式劝说农户，并未没收会费，而农户碍于人情面子，也不会屡次违约。目前，该合作社社员覆盖了两个行政村，共有400户社员。合作社的收益主要来源于果品销售利润及售卖包装、化肥农药的利润，且每年拿出10%的利润给社员分红。

广西顶呱呱食品有限公司（案例E）是一家私营独资企业，坐落在灵山县十里工业园。公司于2010年3月注册成立，注册资本5751.53万元。该公司主营业务包括：亚热带特色水果果脯、酵素以及果汁等食品的综合深加工、销售。该公司的水果原料供应方主要有三类，分别是合作社、贸易商、散户。订单农业的模式为"企业+合作社（贸易商）"，对于大额订单，公司通过纸质合同的方式与部分合作社、经销商签订订单。合同内容包括果品质量，供货方式和时间，违约事项和支付方式。除正式合同外，还与个别合作社采取口头方式约定订单。

广西灵山县天御电子商务有限公司（案例F）于2017年8月注册成立，注册资本500万元，经营范围包括：网上贸易代理，网上商务咨询服务，国内广告设计、制作、发布、代理等。"巧妇九妹"是该公司旗下自媒体品牌账号，目前在"今日头条"（网络平台）的粉丝达到200多万，总播放量已超过2亿。公司从2017年开始以"巧妇九妹"品牌进军农业电商行业，利用粉丝经济，当年为合作农户销售皇帝柑、沃柑、蜂蜜等农副产品超过300余万斤。目前公司与灵山县富明果蔬种植专业合作社签订产销合同，由合作社组织农户进行沃柑等农产品生产，公司通过合作社收购农产品。订单作物主要是水果，农户通过与合作社达成书面或口头合同供应果品。

（四）发展订单农业的问题与对策

1.订单农业发展过程中存在的主要问题

订单农业作为销售订单生产的重要手段之一，在稳定农产品价格、保障农民合理收入、抵御市场价格风险方面发挥了一定的作用。然而，在实际运作过程中，由于部分商人与农民契约意识淡薄，恶意违约，损害对方利益，导致订单农业发展面临多重风险。[①]实践证明,农业问题不仅仅是一个简单的信息交流问题,实际上,农业关系到一切生产和消费。没有合理的社会分工,没有差异化的发展,没有配套的生产单位,总有很大的风险。[②]

一般来说,农业订单风险大致有两种,一种是"天灾",即受自然影响的,另一种是"人祸",即受人为影响的,也就是人为的违约,即诚信问题。相较于因自然灾害而导致无法履约,订单农业在诚信上的问题反而更为频发。具体来说,一是减产价高农民违约不卖,二是当市场产品过剩价低买方不收。

另外,在合同方面,订单农业合同同样饱受批评。事实上,订单农业的合同设计往往偏向于企业或大农户,某种意义上是制约了小农的议价能力。更为遗憾的是,大多数小农由于缺少文化教育,难以理解专业的法律术语。合同协议通常是口头或非正式性质的,并无约束力,有时企业为降低风险,甚至根本没有给农户书面合同,即使是书面合同,也只赋予购买者权利和农民义务,往往不能为农户提供法律保护。

值得注意的是,订单农业中随着风险偏好的提高,兼职农民更喜欢选择直接进入市场交易,而家庭农场和合作社更喜欢订单农业模式;换言之,专业化的农户参与订单农业的可能性大大高于小农。另据研究表明,规模至200—300亩是显性契约与隐性契约的临界点。基于此,政府应引导农户建立和加入合作社,一方面提高议价履约能力,另一方面可以带动小农户,促使分散的小农户团结起来形成规模效益。另外,为尽可能地降低风险,有必要对现行的订单农业模式进行运作方式和机制创新,确保诚信,并使之良性循环。这样可以在一定程度上规避农业生产中的"大起大落"情况,即"一哄而起"与"一哄而散"的现象,避免发生如前几年"蒜你狠""姜你军"与"向前葱"等极端情

---

① Guo H, Jolly R W, Zhu J.Contract Farming in China:Supply Chain or Ball and Chain [C] //15th Annual WorldFood & Agribusiness Symposium,IAMA,Chicago.2005.

② 刘建徽,张应良.订单农业模式中主体纵向协作选择行为分析[J].农业技术经济,2017,(11):104-114.

况。以水果大省云南为例，"褚橙"（冰糖橙的一个品牌）火了之后，在主产区云南省新平县，冰糖橙的种植面积达到7.3万亩。由于农户种植技术水平普遍不高，导致品质参差不齐，产量剧增后开始出现销售难，2020年更是出现了1.4万吨冰糖橙滞销问题。

综上所述，订单农业的内核是期货交易，这是一种相对有效，面向市场的生产和销售模式，既可以避免盲目生产，又保证农民的收入。[①]但是，订单农业的最大风险是农民和买方都可能存在违反合同风险。因此，发展订单农业必须提升合同履约约束力。

2.发展订单农业的对策建议

一是农村社会信任体系仍需完善。订单农业有效运行的现实基础是公司、合作社与农户要有良好的信任基础。然而，调研结果显示农户并不愿意与公司签订期限较长的合同，这说明，双方对未来市场缺少应有的信心，双方之间的相互信任还需要较长时间进行培育。在双方合作初期，基层政府包括村委会可以成为企业和农户之间的"桥梁"，应该考虑以适当的方式介入以推动农村社会信任体系的建立。

二是对龙头企业的支持范围应持续拓宽。调研发现广西农业龙头企业对订单农业的推广和示范作用非常明显，通过龙头企业带动合作社、农户等主体参与订单生产，是扩大订单农业发展规模的有效途径。因此，加大对农业龙头企业的支持力度并着力开发农产品的深加工项目，是发展农业订单的基础性动力。

三是增强农户自组织能力。小农户面对大公司时，一般是缺乏市场力量和谈判力量的。即使在企业与农户之间嵌入第三方，也未必能保证农户的利益。若要促进订单农业发展，必须考虑农户自身组织化程度的提高，需要有可以与

---

① Wang H H, Wang Y, Delgado M S.The Transition to Modern Agriculture: Contract Farming in Developing Economies [J].American Journal of Agricultural Economics, 2014, (5): 1257-1271.

企业在同一平台上进行谈判的组织，否则农户利益很难保障，双方的合作也难以稳定和持久。因此，有必要加大对农村合作组织的培育和扶持力度。

四是继续推进农村土地流转。土地规模是限制农户参与订单的一个客观因素，耕地面积较大的农户更倾向于参加订单农业。因此，推进农村土地流转有助于推动农产品订单的进一步发展。政府有必要在土地"三权分置"的基础上，进一步促进农村土地的合理流转，扩大务农家庭的土地经营规模。

五是继续加强品牌、信息以及农产品物流体系建设。政府可以在农产品品牌建设、信息服务以及市场环境建设层面继续发挥支持作用。首先，帮助龙头企业实现农产品绿色、无公害认证以及地理标志产品认证等。其次，利用政府信息平台提供诸如农产品跨区域的产销信息对接；再次，加强农产品物流体系建设。此外，为推动国家的订单农业发展，可以建立区域性农产品市场体系，通过投资、合作等方式共享市场利益，实现共赢。

二、农村电商的模式与实践

农产品电商作为一种新型业态，是以互联网、大数据、区块链等先进技术为支撑，有效连接农产品供需端，由产业链利益相关者参与驱动产品或服务创新[1]。随着电商打通了农村这最后一环，商品的地域局限被打破，村民的消费观念和消费结构也发生了改变。

电商进入农村，不仅弥补了农村流通的不足，也促进了农村消费的升级，还刺激了农村的创新和创业，更促进了农民的收入增长。[2]大数据监测显示，2020年全国农村网上零售额达1.79万亿元，同比增长8.9%。值得指出的是，2020年由于疫情影响，视频直播电商快速发展，仅在2020年第一季度，视频

---

[1] 魏延安.农村电商——互联网＋三农案例与模式［M］.北京：电子工业出版社，2015.
[2] 宋乐，倪向丽.电商消费扶贫助力农产品走出困境［J］.人民论坛，2020，（29）：88-89.

直播就超过400万场，更是有超一百个县市一把手主动直播带货，为当地产品"代言"。

（一）农村电商的主要模式

2018年，政府工作报告中提到大力实施乡村振兴战略，明确指出"发展'互联网+农业'，多渠道增加农民收入"。经过多年的发展，农村电商呈现多样化趋势，可归纳总结为"农产品上行拉动""电商平台驱动""产业转型推动""电商扶贫促动""园区孵化联动"与"公共服务带动"六大发展模式。本文选取几个具有代表性的县域作为案例，分析各自特点及其可复制可借鉴的经验，具体如下。

一是农产品上行拉动模式：该模式一般依托当地农产品产业优势，推动农产品电商化、标准化、品牌化及可追溯化体系建设，涌现出一批特色农产品电商品牌。该模式盛行于中西部农业大县。如陕西省武功县是传统农业县，农产品"买难卖难"问题一直困扰着农村经济的发展。为破解这一难题，武功县政府积极发展电子商务，探索"买西北、卖全国"的模式，2019年被"全球百大优质原产地·天猫直供"确定为猕猴桃原产地，全县电商销售额超过40亿元，目前"武功猕猴桃"品牌评估价值超过10亿元。同样作为农业大县的吉林省通榆县，农产品丰富，但受限于人才、物流等种种因素。通榆政府根据自身情况，积极"引进外援"，与杭州常春藤实业有限公司开展系统性合作，为通榆农产品量身打造"三千禾"品牌，通过与网上超市"1号店"签订原产地直销战略合作协议，通过"1号店"等优质电商渠道销售到全国各地。

二是电商平台驱动模式：该模式一般是立足当地特色产业，打造一批特色行业垂直或区域性电商平台。如山东博兴县作为全国草柳编工艺品出口基地，将传统艺术与实体经营和电子商务销售平台对接，让草柳编、老粗布等特色富民产业插上互联网翅膀，实现了农民在淘宝网上二次创业。2020年仅1—10月份，博兴县电商网络零售额高达34.16亿元，同比增长12.7%。江苏睢宁县目前形成了"东部电商家具、西南部小饰品、西北部特色农产品、中部传统店铺与网店结合"的线上线下"四大电商特色片区"，打造了"一条产业带、两个县级园及六个镇级电商集聚区"的发展格局，走出了一条信息化带动新型工业化、城镇化，振兴乡村的电商发展之路。

三是产业转型推动模式：该模式一般是当地政府依托传统优势产业，积极推动中小企业"+互联网"，实现产业转型升级，同时，该模式应用与发展需具备一定产业发展基础要求。如在河北清河，"电商"成了最具特色的商业群体，清河也成为了全国最大的羊绒制品网络销售基地。2020年直播成为电商销售新模式，全县电商企业超过5万家，年销售113亿元。浙江海宁作为全国有名的皮草城，在政府的积极引导下，依托纺织、皮革服装产业链优势，积极构建线上线下一体化营销体系，2020年实现网络零售总额463亿元。

四是电商扶贫促动模式：该模式一般是把电商作为扶贫切入点，落实政策支持点，因类因户施策，帮助创业就业。如甘肃成县主动顺应"互联网+"发展大势，以核桃为单品突破，打通整条电商产业链，再逐次推动其他农产品电商。依托电商，成县顺势开展电商扶贫，电子商务全产业链吸收贫困户8500余人就业。值得指出的是，该模式在脱贫攻坚中被广泛运用，并取得了良好效果。据报道，2020年，商务部会同有关部门推动电商扶贫，实现了对国家级贫困县的全覆盖，当年全国贫困县网络零售额达到2392亿元，同比增长33%，带动贫困地区500万农民就业增收。

五是园区孵化联动模式：该模式一般是政府通过开发建设电商产业园、创业孵化园，引导电商集聚发展，同时推进供给侧"去库存"工作。该模式一般盛行于东部沿海发达地区，需具备较好的工业基础。如浙江临安市有电子商务产业园、龙岗坚果炒货食品园（城）及多个农产品基地（村）。其特点是线上线下相互配合齐头并进，形成"一带一馆+微临安"格局：阿里巴巴临安市坚果炒货产业带（"天猫"平台）成为中国坚果炒货网上批发第一平台，"淘宝·特色中国—临安馆"为临安"电商换市"添了新筹码，更有集旅游、传媒、娱乐、生活、服务于一体的具有临安本土情怀的微信平台——微临安。

六是公共服务带动模式：该模式需要发挥政府在电商发展中的引导作用，积极出台扶持政策，营造良好的发展环境。如丽水的梧桐工程就是全力打造区域电商服务中心，帮助电商企业做好配套服务，让电商企业顺利孵化成长壮大，这是丽水农村电商的最大特点。依靠较强的产能和供应链保障优势，扎根本土，培育龙泉青瓷、庆元竹木家具、云和木制玩具、松阳茶叶、缙云轻工小家电等产业，2020年累计实现零售额21.1亿元，同比增长34.4%。浙江桐庐充分发挥物流方面有村级单位物流全通的先天优势，借助良好的社会环境以及政府部门的政策支持，2020年跨境电商出口逆势增长，实现同比增长15.94%。

（二）农村电商的效果凸显

一是有助于提升农产品价值。随着农产品消费转型升级，电商对驱动农产品品牌价值创造和助力农产品品牌成长的作用日趋明显。"村＋电商"的发展模式使中国传统农村经济和社会结构发生了深刻的变化，从而形成了具有中国特色的"淘宝村"。这让农村消费者足不出户就能够享受跟在城里一样的便利，购买优质优价的商品。国家电子商务进农村综合示范县的农民更是可以通过附近的服务网点实现缴费、获得求职信息、收发快递以及购买原来不容易送达农村的商品等服务。通过电商平台，村民们可以买到更丰富、更便宜、质量更好的商品，不可否认，这大大提高了村民的生活质量。

二是为乡村留住人才。电商能够让贫困及偏远地区的农民及创业者得到培训、帮扶及平台对接，让优秀的人才能够留在农村，依托电子商务进行创业，借助互联网平台，许多农户生产的农产品可以顺利在网上销售，可以说互联网进村，农村电商才得以发展，让农民创业变得更加实实在在。因此，为培育新的农产品淘宝村，需要挖掘村庄产业价值、整合村域文化和经济资源，并加大政府支持力度，鼓励新生代农民工和新型职业农民返乡创业，例如拼多多通过聘请技术专家给新农人指导相关工作，并提供多次外出培训机会，以期将新农人打造成为既懂得雪莲果生产，又懂得电商销售、合作社经营、管理的复合型人才。

三是有利于增加农民收入。农产品电商改变了农产品的销售方式，并衍生出产地直销、直播带货等新业态，不少农民直接将田间、大棚变成直播间，甚至不少当地领导干部变身"直播带货主播"进行线上销售[①]。电商不仅拓展了市场空间，同时还降低了农产品运输成本，还可以把农产品销往全国各地乃至世界各地。电商通过产品信息的流通，可以实现优质优价，助力当地农业经济发展，促进农民增收。另外，不少地方借助阿里巴巴和拼多多等网络平台，农民点对点与消费者联系，二者谈好价钱就可以直接发货给消费者，减少对收购商、批发商等人的需求，省下运输费、进场费、摊位费等费用，这样既可以让农户得到满意的价钱，消费者也能买得实惠。

四是有利于促进农村产业转型升级。农村电子商务直接帮助农民将产品与消费者联系起来，使农民意识到产品质量和品牌在激烈的市场竞争中的重要性，从而推动行业转型升级。具体而言，一方面，农村电子商务拓宽了农产品的销售渠道，扩大了销售市场半径，为此，许多地区不得不加强物流和冷链建设，以确保高质量的新鲜农产品进入城市。另一方面，农产品通过在线上直接面对城市消费者，加强了农村与城市间的联系，既可以优化农产品种植结构，也可以促进互联网进入乡村，还有助于打破城乡二元结构[②]。

五是有助于贫困户脱贫。电商扶贫是脱贫攻坚的重要举措之一，且电商扶贫农产品销售额屡创新高。2020年，我国电商进农村综合示范项目已实现832

---

① 昝梦莹，王征兵. 农产品电商直播：电商扶贫新模式［J］. 农业经济问题，2020，（11）：77–86.

② CuiM，PanS L，Newell S，etal.Strategy，Resource or Chestration and E-commerce Enabled Social Innovation in Rural China［J］.The Journal of Strategic Information Systems，2017，（1）：3–21.

个国家级贫困县全覆盖，服务贫困人口超千万人次，村级电商站点快速增加，覆盖率达到了70%。在引进帮扶资源方面，仅是电商扶贫公益频道就对接了全国646个贫困县，帮助273家农村电商产品获得了"三品一标"（即无公害农产品、绿色食品、有机农产品和农产品地理标志）。此外，面对新冠疫情冲击，电商扶贫还为农民就地创业就业作出了巨大的贡献。据商务部统计，2020年农村电商实现了771万农民就业，并带动了超600万贫困人口实现增收。与此同时，电商扶贫销售再创新高，2019年国家级贫困县实现网络零售额2392亿元，2020年更是达到3014.5亿元，同比增长26.0%。习近平总书记于2020年6月在陕西考察期间评价农村电商"不仅可以帮助群众脱贫，而且还能助推乡村振兴，大有可为"。据报道，2020年河南省电子商务扶贫成效显著。全年新认定"升级版"电商进农村综合示范县13个，累计认定综合示范县95个（国家级60个、省级35个），建成县级电商公共服务中心121个、农村电商服务站点近2.4万个，实现对53个国定和省定贫困县全覆盖，争取中央和省财政支持资金18.91亿元。通过电商促进农产品上行316.6亿元，带动群众就业创业7.8万人。

六是为县域经济发展提供新动能。农村经济发展的资源禀赋不如城市，经济支撑以农业为主，缺乏聚群效应，工业化进程较慢，还面临着人才流失困境，尤其是中西部落后地区的县域经济发展动力严重不足，很多县域财政入不敷出，主要依赖财政转移支付，没有自生能力。哪怕是招商引资，也面临着辛苦招来却留不住的困境，且容易对土地和环境造成巨大的压力。相对而言，农村电商能够因地制宜把本地资源优势最大化地发挥出来，把产品市场扩大到全国乃至全球，同时能够带动相应的配套基础设施建设（如生产、加工、储藏及物流等），这既增加了就业，提高了农民收入，还激活了乡村消费，给县域经济注入新活力。[①]

---

① 张文潇.农村电商与城乡市场体系良性发展研究——以古木县为例［J］.广西民族大学学报（哲学社会科学版），2020，（1）：92–99.

（三）农村电商面临的主要挑战

电子商务为农村发展提供了广阔的空间，并为群众带来了好处，但是发展方面仍然存在许多不足。实际上，农产品线上销售仍然面临许多挑战。

首先，难以规模化建立成现代化企业。一方面，农村电商大都是依靠淘宝或拼多多等平台而建立的个体户，其特征是小、散、乱，无法规模化、企业化统一经营，且因缺乏融资渠道而进一步加剧内部竞争，从而削弱了利润。另一方面，小农户有别于企业，品牌意识不强。且农产品难以标准化生产与销售，难以形成品牌。目前，电商对于农户而言，更多的是仅仅作为拓展销售渠道的手段之一，农户往往为了增加销量选择低价销售和粗包装，从而阻碍了品牌建设。

其次，网上销售农产品质量参差不齐，缺乏标准与监管。就显性隐患而言，鉴于消费者缺乏农产品知识，农户利用信息差异，存在售假卖假、以次充好、缺斤少两的情况，而网络又存在监督难且维权成本过高的问题，很多消费者只能吃哑巴亏。就隐性隐患来说，一些农户为了高产，过度使用化肥与农药，致使农产品存在农药残留，甚至还有一些电商为了农产品样式美观，在销售时使用添加剂，导致存在食品安全隐患。

再次，物流配送成本高，甚至存在不支持配送地区。一方面，村域电商的最后一公里受制于物流成本难以扩展，快递公司建设网点以市场为导向，导致快递网点多建在乡镇一级，无形中增加了村域收发快递的成本。此外，如果快递量不够大，个体就无法与快递公司达成较为低廉的运费。另一方面，尽管近年来国家加大了对农村基础设施的建设力度，但仍然存在部分偏远农村地区基础设施不够完善，物流难以快速到达村域；另外，农产品的保鲜度有一定的时效性，不少农产品运输、保存需要冷链系统，但目前村域对冷链仓库建设不足，导致农产品产业发展受限。

最后，乡村人才匮乏制约着农村电商的发展。相对于城市，农村地区普遍贫困、收入较低，导致不少农村的青壮年已外出务工，留守在农村的多为老人。他们受教育程度偏低，对电商等新事物缺乏认识，且接受程度不高，对网络平台的操作不是很熟练；即使是愿意接受新事物，学习培训成本也较高。另外不可忽视的是，农村电商不是简单地把农产品放上网络平台即可，发展好农村电商需要一定的技巧，这其中包括经营、包装及营销等技巧。更何况农村电商面对的是全国甚至全球市场，尤其是发展特色农产品的品牌建设，这些需要人才下乡并留在乡村。

（四）发展农村电商的对策建议

电商在农村地区迅速布局，整合了农村的信息要素、人才要素、资本要素和技术要素，为催化"云农业"的发展和促进农业向大规模生产转变带来了新的机遇[1]。

一是提升"云农业"发展，推动农业规模化生产。云计算是一种信息技术范例，用户可以通过它借助互联网访问可配置系统资源的共享池。这种资源共享可实现连贯性和规模经济，其功能类似于公用事业，服务提供商可以在不花太多管理精力的情况下迅速将其分配给用户。如拼多多提出以"农地云拼"的概念改变小农经济一家一户的"小、散、乱"状态，形成了以电商为纽带的土地、人力、资本、信息、技术和数据等资源优化配置模式。在这一模式的推动下，拼多多2019年实现农产品成交额1364亿元，占平台年度成交总额的13%，远高于3%的行业平均水平，成为全国最大的农产品销售电商平台。农业同样可以将大量信息上传到云中，从而提供足够的存储、速度和计算能力来分析收集的数据，并将其打包成对农民有用的形式。事实上，农村地区的人们无法将自

---

[1] Leong C，Pan S L，Newell S，etal.The Emergence of Self-Organizing E-Commerce Ecosystems in Remote Villages of China：A Taleof Digital Empowerment for Rural Development［J］.MISQ.，2016，40（2）：475-484.

己的农产品直接出售给市场。在零售和生产端之间出现了许多中间人，最终导致了对农民的剥削。通过云计算的农业管理信息系统，农民可以将其农产品直接出售给最终用户/零售商。基于网页或者APP的农业管理信息系统可以在农业部门中使用，可以将天气、价格、肥料、农作物播种等的最新公告实时分享给农民，推动农业结合云计算实现农业现代化。

二是推动农业智能化、信用化发展。继2019年《数字乡村发展战略纲要》提出"实施数字乡村战略"之后，2021年中央一号文件提出"实施数字乡村建设发展工程"。强调推动农村千兆光网、第五代移动通信（5G）、移动物联网与城市同步规划建设；并完善电信普遍服务补偿机制，支持农村及偏远地区信息通信基础设施建设。未来随着我国数字化农业战略与工程的深入实施，云计算、微电子、物联网、区块链等技术联合农村电商的大数据资源将广泛应用于我国农业全产业链管理，我国的农业发展将向智能化、信用化迈进。

一方面，要加强电商大数据和区块链等技术运用，促进农业信用体系建设。电商平台积累了海量的买卖双方的数据，深挖大数据信息价值，可以为买家和卖家提供多项信用服务。另外，区块链被视为"一种开放式、分布式账本，可以有效地验证，且永久地记录两方之间的交易"。区块链是一种变革性的信息通信技术，具有彻底改变农业数据使用方式的潜力。大数据与区块链技术等结合运用能使农业脱离小散乱的经营状态，推动农业信用体系的构建。如在农村电商中，大数据可以识别何为高质量消费者与销售者，提升造假售假农产品的风险，并降低交易成本，还有利于农产品溯源体系建设，提升农产品及食品的安全性。

另一方面，要加强电商大数据和人工智能等技术的融合，推动农业智能化发展。随着生产种植的智能化的提升以及流通链路的数字化建设的逐步完善，农业可以充分利用电商大数据，根据生产现场的服务节点，如环境控制、劳动力、成长阶段等，实现数据采集、提醒和预警、科学调度、精益管理和智能分析等功能，为农业生产提供便利准确的种植与育种可视化管理及实时分析和智能决策，促进农业生产管理科学化、智能化。例如，拼多多与中国农业大学联合举办首届"多多农研科技大赛"，发起了一次人工智能与农人的对战。比赛中，有4支AI队伍和4支顶尖农人队伍在平均海拔2000米以上的云南昆明比拼种草莓。该比赛的目的并不在分出胜负，而是致力于在通过农事经验和人工智能的结合，体验"AI+农业"的魅力之时，探索出本地化的科学种植解决方案。

三、农村产业市场化的政策启示

农业现代化的关键在于产业化，而农村产业化的关键在于数字化。目前，农村产业数字化的方向主要是发展电商，其中在农村电商的基础上发展订单农业，又被称为农村"新电商"。现阶段，商务部正在大力推动"数商兴农"行动，旨在激活信息要素，发展农村数字商务。由此可说明，政府希冀以乡村数字化新电商推动乡村现代化，助力乡村振兴，农民富裕。

（一）完善农村产业化的配套建设

一是提供资金支持与普惠金融服务。支持和鼓励农村数字化，发展农村电商的过程中，应多方式帮助农民获得融资，包括以奖代补、贷款贴息，结合先建后补、购买服务、直接补助等支持方式，通过财政资金引导，带动社会资本共同参与农村电子商务工作，以提高质量和生产率，减少对来自中间商的高息融资的依赖。例如，阿里网商银行制定了蚂蚁金服谷雨计划，通过分析在线交易平台的数据向农民提供便捷贷款，并更准确地评估风险。

二是提升快递物流发展水平。一方面，政府积极引导社会资本加强物流配送、农产品分拣加工、冷链物流等农村电商基础设施建设，打造智慧供应链体系，加快农村数字化建设与服务在乡村地区的应用。另一方面，通过中央与地方政策促进创新，发挥好市场"无形手"资源配置与"有形手"监管引导的作用，使其在资源补短板、促融合等方面相得益彰，强化物流基础设施建设，提升流通效率和便民服务水平。比如农村电商与第三方物流服务合作，以支持订单履行，促进农村诚信体系构建。

三是提升农产品可电商化水平。充分利用政策优势，推动电商平台与地方政府、农产品企业在产销对接、品牌创建推介等方面深入合作，持续资助可电商化的农产品"三品一标"认证，打造农产品电商优质品牌，发展订单农业，助力产业升级。同时积极鼓励各地落实农产品"三品一标"认证工作要求，组织做好产品推荐、企业培训等工作；并积极开展农产品品牌推介洽谈活动，建设地方优质品牌，持续推动农产品上行，带动农村产业高质量发展；促进农产品品牌建设与地方民俗、旅游等资源创新融合，丰富乡村业态。

（二）加强电商对农村产业的渗透

《2020全国县域数字农业农村电子商务发展报告》显示，2019年全国县域农产品网络零售额高达2693.1亿元，同比增长达28.5%。由此可见，农村电商日益成为农业现代化的重要推手，能够为乡村振兴战略提供新动能。

一是加强政策对农村电商发展的支持。在过去的十年中，政府制定了一系列支持农村电商发展的计划和补贴政策，在建设农村数字经济和基础设施方面发挥了关键作用。在政策方面，2020年中央一号文件提出扩大电子商务进农村覆盖面，促进农村发展。其实，早在2015年，在《中共中央国务院关于打赢脱贫攻坚战的决定》中已明确提出加大"互联网+扶贫"力度。实施"电商扶贫"工程以来，国务院先后出台《关于大力发展电子商务加快培育经济新动力的意见》与《关于促进农村电子商务加快发展的指导意见》，积极发展农村电子商务，强化互联网与农业农村融合发展。另外，自2014年起，中央财政已经连续多年采取"以奖代补、贷款贴息"等方式对开展电子商务进农村综合示范进行补贴，支持县乡村三级物流配送体系、农村电商公共服务体系、农村现代流通服务体系与农村电子商务培训体系建设，推动全国农村电子商务发展。截至2020年底，累计支持7批共1446个示范县，累计支持资金超300亿元人民币。在基础设施建设方面，中国农村地区基本实现了"四通"，即通路、通电、通自来水、通宽带网，其中4G网络渗透率达到了75%，并且农村地区的智能手机普及率达到70%。此外，国家还通过完善城乡融合发展机制，构建农村现代流通体系，并深化数字农业发展规划，做好"互联网+农产品"出村进城的引导，同时加大金融财政政策对电子商务的支持力度。

二是进一步引导电商平台及资本对农产品上行的补贴力度。电商平台主动从供给侧布局农村市场，通过投入营销资源推动农产品上行；并联合政府开展专项扶贫行动，加大资金投入，支持地方物流设施、农业生产基础设施建设，加大对新农人培训支持力度等，缓解了农村地方政府资金困难，有效推动了农村电子商务发展以及农民增收。例如"起家于农业、立命于农业"的拼多多电商平台，平台数据披露，2019年实现农（副）产品成交额1364亿元，平台农产品年活跃买家数达2.4亿，复购率超过70%，还有拼多多从2019年起未来5年计划投资500亿元支持农村农业"新基建"，建设100个"多多农园"，力图打造超100万家年销百万销售额的农村网店。尽管2020年遭遇新冠疫情，拼多多第一时间设立"农货抗疫专区"帮助农产品销售，该区覆盖400个农产区，囊括230多个贫困县的农产品，并补贴5亿元，全力保障特殊时期农户收入。另外，国内另一大电商平台阿里巴巴则充分利用其数字化优势提出"亩产一千美金"的计划。2020年阿里巴巴推出"爱心助农"计划，设立10亿元"爱心助农基金"，淘宝、天猫、菜鸟、聚划算、乡村事业部、数字农业事业部等20多个涉农业务全团压上，合力打通线上线下农产品销售的全域网络，加速农产品数字化，并帮助农产品商家免费开通淘宝直播。

三是加大社会资本向农业农村市场的渗透力度。自2014年中央"一号文件"首次提出"加强农产品电子商务平台"建设以来，不仅电商巨头纷纷布局农村市场，随着农村网络销售额和农产品网络销售额快速增长，农村电商作为未被充分开发的互联网经济受到了各路资本的青睐。仅2014年农业电商即获得14.6亿元的投资额，2015年融资额达到近年最高值87.77亿元人民币，2016—2018年农业电商继续成为电商领域的投资焦点。电商大数据显示，2019年农村电商领域共有19家平台获得融资，融资总额超5.55亿元，而2020年中国农业B2B电商领域共有11家平台获得融资，行业融资总额超7.6亿人民币。随着国家政策大力支持以及各路资本的持续涌入，我国农业电商整体实力将进一步提高，将发挥整合作用推动农业向现代化迈进。

（三）提升中国农业产业智能化水平

改革开放以来，中国农业生产取得了举世瞩目的成就，但不可忽视的是，农业生产过程中存在以牺牲自然资源为代价的现象，这就要求中国转变农业生产方式。中国转变农业生产方式主要依靠科技创新，尽管中国农业科技进步效率2020年达到60%以上，但科技创新仍有很大空间，如农业机械化与自动化领域。

一是提升农业现场解决方案，包括工程装备、环境操作、智能移动设备乃至大数据支持下的现场解决方案等。一方面是农业机械化使大量农民摆脱了高强度的体力劳动，从而促进了工业化和城市化的快速发展，同时降低了农业生产的劳动力成本。这类创新可以有效缓解我国劳动力成本持续增长的状况，并有助于解决"谁来种地"的问题。另一方面是可以实现更高的复种指数和精细化管理，对生产实施实时监控。如使用实时数据和传感器，无人机或卫星，以确保在需要的时间和地点准确地部署营养、肥料和水。尽管目前有各种各样的精密农业硬件和数字技术可帮助收集农场和田间水平的数据，且数据收集的速度逐渐加快，但是在分析和使用数据来解决问题方面仍然存在挑战。

二是加强农业自动化水平的提升。农业智能化水平是衡量一国农业发展水平的重要指标，未来农业可以利用物联网技术等实现智能农事分析、可视化农场、智能生产管理与产量和质量预测等（表3），全面实现农业自动化与现代化。

表 4-3 AI 驱动的农业技术

功能	措施
智能农事分析	农业生产过程中结构化和非结构化数据融合、提炼、萃取形成农业大数据中心，在云上对数据进行清洗、核算和挖掘分析，形成结果来指导生产。
可视化农场	以地图化的方式直观地管理农场，以手机端应用为田间工程师提供便利，以双向沟通途径为控制中心和田间工程师搭起桥梁。
智能生产管理	通过大数据分析预测生成智能化的农事生产操作手册，帮助农企、农户实现精细化生产管理，从而实现增产增收增值。
产量和质量预测	通过精准的产量和质量预测，有效合理安排人力、农机、加工容量和物料，提升效率，减少开支。

事实上，早在2018年，中国政府就启动了一项旨在测试农业产业创新能力的计划。在该计划试点期间，政府和一些私人公司测试自动化农业技术的效率。例如，使用AI驱动的农业技术对自动化重型机械和大数据驱动的农药处理计划进行测试。该试验的目的是依靠信任的自动化系统，使依靠农业获得收入的人们能够更加可持续地发展农业并从中获利。该计划在2019年开始全面实施，并取得较好效果。据新华社报道，在黑龙江省北部，人们可以看到无人驾驶飞机在农田上方飞行，而无人驾驶机器正在下方种植一排排幼苗，一个人可以管理整个农业生产过程，而在以前这需要许多有经验的农民。许多年轻人选择离开农村去大城市寻找工业或服务性工作，因此自动化可以解决劳动力短缺问题并保持农业高产。值得注意的是，尽管农民对硬件和技术或农艺服务的使

用可能会使公司访问多个生产者的农场和田间数据，但该公司无权自动合并或分析该数据，即数据为个体农民专有。因此，对于公司而言，在与生产者的协议中应明确解决数据所有权和使用权问题，包括明确阐明公司创建和使用汇总数据用于未来开发和创新目的的权利，这对农业自动化发展至关重要。

第五章

乡村功能的拓展与乡村产业新业态

发展乡村产业新业态是积极拓展乡村功能，有效盘活农村闲置资源资产，深入推进农村一二三产业融合发展，发展新型农村集体经济的重要举措，也是加快农业农村现代化，全面推进乡村振兴的重要抓手。

近年来，随着科技水平进步和产业融合发展，催生了一批诸如乡村旅游、康养、农业物联网、农产品众筹等农业产业新业态，其中，乡村旅游与康养产业作为乡村产业新业态的重要组成部分，在推进一二三产业融合发展中发挥了重要作用，呈现出"井喷式"的发展态势。党的十九大报告指出，中国经济已由高速增长阶段转向高质量发展阶段。为了顺应时代发展趋势，国家高度重视乡村产业新业态的发展，密集出台了一系列保障乡村产业新业态发展的配套政策，有效推动了乡村产业新业态的高质量发展。目前，乡村旅游与康养产业已经成为乡村产业新业态的发展趋向，并呈现出较强的发展潜力，因此本章重点围绕乡村旅游与康养产业展开论述。

相比于西方发达国家，我国乡村旅游与康养产业尚处于初步发展阶段，仍然存在着较多突出短板与亟待解决的问题。乡村旅游与康养产业如何更进一步发展及推广是值得考虑的重要命题。我国乡村产业新业态有何新的发展趋势？存在着哪些制约进一步发展的突出问题？又存在着何种适合我国国情的典型发展模式？

基于此，本章对农村产业新业态的概念内涵、制度设计、发展情况、实践意义、取得的成效展开深入的分析。结合典型案例，以乡村旅游和康养产业为重点，通过对典型案例的深入研究，总结归纳出乡村旅游和康养产业的若干典型发展模式。随后进一步分析乡村振兴与乡村产业新业态的耦合关系，探究发展乡村旅游与康养产业存在的突出问题，并给出针对性的对策建议。

一、乡村产业新业态的内涵及价值

（一）乡村产业新业态的内涵

"十三五"期间，我国提出乡村振兴战略，其中产业兴旺是乡村振兴的重点，是解决农村一切问题的重要前提。因此，各地以农业农村现代化为总目标，按照"产业兴旺、生态宜居、乡风文明、治理有效、生活富裕"的总要求，以农业供给侧结构性改革为主线，依托农业农村资源，以农民为主体，以农业科技创新、农业农村人才队伍建设、农村创新条件建设、农业体制机制创新为农业农村发展的着力点，以一二三产业融合发展为路径，发掘农业多种功能，开发乡村多重价值，延长产业链、提升价值链、打造供应链，不断创造出多种多样的新产业、新业态。另外，人们对消费结构升级的需求、市场供给结构的优化扩大了市场空间；党中央、国务院及地方的政策措施使乡村产业新业态成为"政策高地""投资洼地"；互联网等现代信息技术、各领域管理制度及商业模式创新合力推动了农村传统产业"裂变"，推动了乡村产业的转型升级和创新发展；新理念和新技术加快融合渗透、重新配置，各要素交叉融合促进了农村一二三产业融合发展。2021年中央一号文件指出，全面推进乡村产业、人才、文化、生态、组织振兴，鼓励开发专属金融产品支持新型农业经营主体和农村新产业新业态，开发休闲农业和乡村旅游精品线路，推动一二三产业融合发展。本书第一章依据农业新业态的产生路径，将我国现有农业新业态划分为服务型、创新型、社会化型、内部融合型与综合型五大类型，而本章节所指的乡村产业新业态主要是乡村产业从业者通过线上线下、虚拟实体有机结合等多种途径，实施休闲农业和乡村旅游精品工程，发掘乡村新功能新价值，催生新产业新业态，实现"农业+"多业态发展。它主要有传统农业新业态、农业产业延伸新业态和农村民俗文化新业态三种类型。

1.传统农业新业态

农业+林牧渔，催生了种养结合的循环型立体型农业产业发展。2019年，农林牧渔专业及辅助性活动产值6500亿元，各类涉农电商超过3万家，农村网络销售额1.7万亿元，其中农产品网络销售额4000亿元[①]。另外，农业产业化龙头企业9万家（其中，国家重点龙头企业1542家），农民合作社220万家，家庭农场87万家，带动1.25亿农户进入大市场。[②]农业经济快速发展的同时，农业生产结构逐步优化，实现了由单一以种植业为主的传统农业向农、林、牧、渔业全面发展的现代农业转变，种植业产值占农林牧渔业产值的比重逐渐下降，林、牧、渔业比重不断上升。从"农户"到"公司＋农户"再到"公司＋基地＋农户"再到"公司＋合作组织或集体经济组织＋农户"的农业产业化形式不断演进，组织形式的发展导致农产品市场供应日益丰富，为人们生活水平的提高提供了坚实的物质基础。农业产业化组织模式的出现和发展，各种资本在农业领域投资的不断增长，促进了农业产业化的发展。

2.农业产业延伸新业态

农业+加工流通，催生了中央厨房、直供直销、会员农业等延伸型农业，并带动了就业。发展农产品加工流通业，是深入推进农业供给侧结构性改革，不断满足城乡居民消费升级需求的有效途径。2019年，农产品加工业营业收入超过22万亿元，规模以上农产品加工企业8.1万家，吸纳3000多万人就业，各类

---

① 张琳，贺浩浩，杨毅.农业文化遗产与乡村旅游产业耦合协调发展研究——以我国西南地区13地为例［J］.资源开发与市场，2021，（07）：891-896.

② 张斯雯，郑小松，赵喆."互联网＋精准扶贫"模式下乡村生态旅游平台的创新研究［J］.农业经济，2021（06）：140-141.

返乡入乡创新创业人员累计超过850万人，创办农村产业融合项目的占到80%，在乡创业人员超过3100万①。但国内农产品加工流通还存在缺乏龙头企业及知名商标、仓储物流体系不完善、缺乏政策支持、联农带农成效不凸显等问题。

农业+信息产业，催生了数字农业等智慧型农业。未来乡村新型服务业类型将更加丰富，但是中国的种植业现状，生产端和销售端的种植业信息化则存在着很多场景式真命题和伪命题。在蔬菜种植业领域应用物联网的初衷是降低成本，推广物联网行业应用及提升产地数字化。但是"依靠补贴弥补差价""作秀造势"等问题依然存在，且农业物联网的精准性有待考究，多重因素的综合影响使得整个农业物联网市场已可见天花板。遥感和无人机技术对水稻、小麦等粮食作物的估产能起到很好的效果，但部分平原在大城市周边，土地成本高，且对于蔬菜种植来说，遥感和无人机又变成了鸡肋。大数据技术能和任何行业发生价值关系，从而变革或者促进该行业的价值，但是在蔬菜种植业并不能看到现有价值。

3.农村民俗文化新业态

农业+文化/教育/旅游/康养等产业，催生了创意农业、民宿服务、康养农业等体验型农业。我国目前已建设了一批产值超10亿元的特色产业镇（乡）和超1亿元的特色产业村，发掘了一批乡土特色工艺，休闲农业营业收入逐年上升。我国乡村已有5000年的文化历史，乡村产业的发展条件得天独厚，丰富的农业资源可用来发展现代乡村产业。依托农业经济、文化教育功能，不仅能开发一批有价值、有吸引力和生命力的旅游农业产品，帮助农村失业者就业创业，促进产业发展，还能依托历史悠久的农耕文化，形成传统耕种及红色文化的教育基地，通过深度挖掘乡村文化形成教育熏陶的产业基地。通过发展"农业+"乡村文化，不仅实现了对传统文化的传承与保护，也提升了乡村旅游的文化内

---

① 姚旻，赵爱梅，宁志中.中国乡村旅游政策：基本特征、热点演变与"十四五"展望［J］.中国农村经济，2021，（05）：2-17.

涵，依托农业的生态功能为乡村新业态发展提供了基本条件，保证了乡村旅游的可持续发展。2020年为贯彻落实中央一号文件以及《关于实施中华优秀传统文化传承发展工程的意见》等有关文件精神，农业农村部办公厅、教育部办公厅举办了中国农民丰收节，并出台了通知及指导意见，从而充分发挥农事节庆教育价值，为青少年农耕文化教育提供实践课堂。农耕文化是中华优秀传统文化的根基，应时、取宜、守则、和谐等理念深入人心，艰苦奋斗、勤俭持家、重义守信等品质融入血脉，滋养着中华民族的精神家园。依托"农民丰收节"等主题教育活动，吸引群众到特色农村感受"农耕""红色"等文化，感知民俗、追寻历史、体验农事、崇尚自然，对于树立文化自信、厚植爱国情怀、提升品格修养、培养奋斗精神等具有重要意义。2021年中央一号文件也明确指出要办好"中国农民丰收节"。未来乡村休闲旅游业将持续优化升级，深度发掘农业的功能性和乡村的多重价值，丰富业态类型并提升服务水平。

（二）乡村产业新业态的价值

1.促进一二三主产业的融合发展

随着城镇化快速发展，乡村的田园风光、良好生态、农家美食、民俗文化已经成为稀缺资源，对城里人越来越有吸引力。相比工业产品的规模化、程式化，农村双创产品大多"小、特、专、精"，恰好顺应了居民日益旺盛的个性化消费需求。乡村新型服务业是适应农村生产生活方式变化应运而生的产业，业态类型丰富，经营方式灵活，发展空间广阔，可以兼容各种体量的投资规模、各种模式的消费场景、各种资源组合的产业融合，因此，发展乡村新型服务业是"以城市元素解决乡村振兴问题"的有效途径。乡村新型服务业的落地，就是社会资本与农民建立紧密利益联结机制，整合城乡多种生产要素，充分反映和体现市场规律，开拓创新沃土的过程。第三产业特别是农村服务业的发展，促进了农村一二三产业的融合发展。乡村是就业的蓄水池，具有巨大的包容性，乡村创业门槛低，风险也低。这些都是乡村的价值所在，也是农村双创的独特优势。

2.拓展农业多功能性、加快城乡统筹进程

当前，乡村产业发展面临难得机遇及挑战。乡村振兴战略等政策驱动下，更多的资源要素向农村聚集，"新基建"改善农村信息网络等基础设施，城乡融合发展进程加快，乡村产业发展环境优化；城乡居民的消费需求呈现个性化、多样化、高品质化特点，休闲观光、健康养生消费渐成趋势，乡村产业发展的市场空间巨大；5G、云计算、物联网、区块链等与农业交互联动，新产业新业态新模式不断涌现，引领乡村产业转型升级。乡村产业环境优化、市场空间增大、产业转型升级等因素不仅促进了"三农"发展，提升了农业产业的经济水平及农民的收入，缩小了城乡居民收入的差距，使得更多农民进城，城市居民进村，加快了城乡统筹。

3.全面推进乡村振兴、加快农业农村现代化

当前，我国已经全面建成小康社会，开启全面建设社会主义现代化国家新征程。新征程中，农村仍是重点和难点，发展乡村产业意义重大。发展乡村产业是乡村全面振兴的重要根基，是巩固提升全面小康成果的重要支撑，是推进农业农村现代化的重要引擎。发展乡村产业，让更多的农民就地就近就业，把产业链增值收益更多地留给农民，全面小康社会和脱贫攻坚成果的巩固才有基础、提升才有空间。农业农村现代化不仅是技术装备提升和组织方式创新，更体现在构建完备的现代农业产业体系、生产体系、经营体系。发展乡村产业，应将现代工业标准理念和服务业人本理念引入农业农村，推进农业规模化、标准化、集约化，纵向延长产业链条，横向拓展产业形态，从而助力农业强、农村美、农民富。

4.拓展乡村功能、因地制宜发展乡村特色产业

发展乡村产业新业态，有利于拓展乡村生态环境保护、乡土文化传承等功能，因地制宜发展特色产业。乡村旅游是以旅游度假为宗旨，以村庄野外为空间，以人文无干扰、生态无破坏、游居和田野行为特色的村野旅游形式，是未来旅游的一种趋势。乡村旅游给乡村带来了人气，也带来了新的思想和产业。乡村类型多，自然风光独特，地域文化丰富，旅游在传承历史文化、生态环境保护等方面有大作用。"农旅融合"发展就是要挖掘农耕文化的根脉，开发田园风光的气质，修葺村落民宅风貌，发展生态农业的底气，以独特的文化内涵促进旅游提档升级。中国传统村落具有悠久的历史，蕴含着丰富的历史文化价值，代表着中华优秀传统文化的精髓，是国家民族文化脉络的根源。"农业+"乡村的模式下，不仅能充分挖掘传统村落历史变迁、历史文化、艺术审美、经济结构等价值，还能实现对传统文化的传承与保护，也提升了乡村旅游的文化内涵。

二、我国乡村产业新业态发展情况

近年来，我国农村各地以产业融合发展为路径，充分依托乡村资源，发掘农业新功能新价值，逐步构建多主体参与、多业态打造、多要素集聚、多利益联结、多模式创新的"五多协同"发展格局，农村新产业新业态蓬勃发展。乡村特色产业快速发展，形成了一批特色鲜明的小宗类、多样化乡土产业，建成了一批产值超10亿元的特色产业镇（乡）和超1亿元的特色产业村。创响"乡字号""土字号"乡土特色品牌约10万个，认定"一村一品"示范村镇3274个，推介880个乡村特色产品和220个能工巧匠。[①]实施休闲农业和乡村旅游精品工程，建成了一批休闲观光、乡村民宿、健康养生等园区景点，2019年接待游客

---

① 李莉，陈雪钧.康养旅游产业创新发展的动力因素研究——基于共享经济视角［J］.技术经济与管理研究，2021，（04）：36-40.

32亿人次，比2015年增加10亿人次、增幅45.5%，营业收入超过8500亿元，比2015年增长93.2%，基本上翻一番。[①]乡村新型服务业加快发展，2019年，农林牧渔业专业及辅助性活动产值6500亿元，各类涉农电商超过3万家，农村网络销售额1.7万元，其中农产品网络销售额3975亿元。

（一）多主体融合发展

发展新产业、新业态，重点发展类型多样、功能互补的融合主体。"十三五"期间，引领示范好、服务能力强、利益联结紧的融合主体大量涌现，形成龙头企业引领、新型经营主体为主、农民广泛参与的"雁阵"格局。截至2020年6月，县级以上产业化龙头企业达到9万家，其中国家重点龙头企业1542家，年销售收入超过1亿元的突破8000家，超过100亿元的达到72家；全国家庭农场名录系统填报数量超过100万家，依法登记的农民合作社达到218.7万家。各类融合主体通过构建分工协作、优势互补、联系紧密的利益共同体，实现抱团发展，促进特色种养、特色食品、特色手工等乡村特色产业发展，成为乡村产业发展的驱动力量。

（二）多业态打造融合

跨界配置农业与工业、商贸、文旅、物流、信息等现代产业要素，推进产业深度融合，"农业+"融合业态更加多元、丰富。以加工流通带动业态融合，支持各地发展中央厨房、直供直销、会员农业等业态。以功能拓展带动业态融合，重点发展农业与文化、旅游、教育、康养等现代产业高位嫁接、交叉重组、渗透融合，积极发展创意农业、亲子体验、教育农园、功能农业等业态。

---

① 李坤.基于麦肯锡7S模型对乡村旅游产业发展框架建设研究［J］.国土与自然资源研究，2021，（03）：92–94.

以信息技术带动业态融合，促进互联网、物联网、区块链、人工智能、5G、生物技术等新一代信息技术与农业融合，发展智慧农业、认养农业、可视农业等业态。

（三）多要素集聚融合

激活农业农村资源要素，吸引资金、人才、技术等要素向乡村集聚，创造优势融合条件。"十三五"期间，中央安排财政资金230多亿元，建设优势特色产业集群50个、国家现代农业产业园151个、农业产业强镇811个、农村产业融合发展示范园258个，带动省、市、县建立各类农业产业园1000多个，推动原料生产、精深加工、体验展示、物流销售有机衔接，打造乡村产业发展高地。吸引农民工、中高等院校毕业生、退役军人、科技人员等多类型人才到乡村创新创业，截至2019年，各类返乡入乡创新创业人员累计达850万，有80%开展创办农村产业融合项目，"田秀才""土专家""乡创客"等本土创新创业人员达3100多万，平均年龄45岁左右，中专以上学历的占到40%[①]。2020年，返乡入乡创新创业人员达到1010万人。产业融合由种养向纵向延伸、横向拓展，覆盖的技术范围更广，创办的实体87%在乡镇以下，80%以上发展产业融合项目，返乡入乡人员50%以上利用信息技术创新创业，技术层次不断提升。

（四）多利益联结融合

将增加农民收入作为发展农村新产业新业态的重要目标，创新利益联结机制，带动农户参与乡村产业发展。推广利益分红型模式，通过"订单收购+分红""保底收益+按股分红""土地租金+务工工资+返利分红"等方式，促

---

① 苏红键.构建新型工农城乡关系的基础与方略［J］.中国特色社会主义研究,2021,（02）：46-55.

进农民持续增收。采用股份合作型模式，形成了分工明确、优势互补、风险共担、利益共享的农业产业化联合体。企业的资金、设备、技术与农户的土地经营权、劳动力等要素结合在一起，实现资源变资产、资金变股金、农民变股东。通过建立多种形式的利益联结机制，让农民更多分享产业链条增值收益。

（五）多模式创新融合

发展农村产业多种融合模式，推进政策集成、要素集聚、功能集合和企业集中。农业"内向"融合，推动种植业与农牧渔业内部交叉重组，催生"林下养鸡""稻田养鱼（虾、蟹）""稻鸭共生"等业态，稻渔综合种养超过3000万亩，形成以绿色循环为特征的融合类型。产业"顺向"融合，将全产业链、全价值链等现代产业运营方式引入农业，推动农业与加工流通融合，催生主食工厂化、中央厨房、农商直供、直供直销、个人定制等业态，形成以产业链条延伸为特征的融合类型。功能"横向"融合，促进农业与文化教育、旅游餐饮等产业融合，让农业有文化说头、休闲玩头、景观看头，实现空气变人气、田园变公园、农产品变商品，形成拓展农业功能、以休闲体验为特征的融合类型。新技术"逆向"融合，促进农业与信息产业融合，利用互联网催生智慧农业、直播农业、农村电子商务等，形成以信息化为引领的融合类型。与城镇"万向"融合，在农业产业园、加工产业园、物流配送园和特色村镇等中引入社区和城镇元素，促进乡村（镇）融合，催生出特色小镇、美丽乡村、产城园区等融合类型。

目前，农村新产业新业态的发展仍存在产业链条短、融合层次较浅、要素活力不足等问题，下一步农业农村部将从"五动、五新"入手，进一步明晰农村新产业新业态发展路径。一是延伸链条带动，拓展发展新空间。以延长产业链、打造供应链、提升价值链为主线，拓宽乡村特色产业、乡村休闲旅游业、乡村新型服务业等产业的发展空间。二是融合发展促动，形成发展新模式。进一步培育多元融合主体，发展多类型融合业态，建立健全融合机制，促进农村一二三产业融合发展。三是集聚发展推动，打造发展新高地。推进政策集成、要素集聚、企业集中、功能集合，支持发展一批"一村一品"、农产品加工园、农业产业强镇、现代农业产业园、优势特色产业集群，构建乡村产业"圈"状发展格局。四是培育主体拉动，构建发展"新雁阵"。以深入推进农业产业发展为主线，重点培育乡村企业，壮大农业产业化龙头企业队伍，形成国家、省、市、县级梯队。五是创新创业驱动，培育发展新动能。培育返乡创业、入乡创业、在乡创业三支创业大军，形成以创新带创业、以创业带就业、以就业促增收的格局。

三、乡村资源活化：乡村旅游产业发展

（一）乡村旅游的概念与内涵

随着中国新农村建设和城乡一体化融合发展，休闲农业和乡村旅游市场迅速增长。乡村旅游是以农业文化景观、农业生态环境、农事生产活动以及传统的民族习俗为资源，融观赏、考察、学习、参与、娱乐、购物、度假于一体的旅游活动，实际上是一种"农家乐"的形式。乡村旅游作为旅游业的一个分支，既融合三产，又紧密连结农业生产、农产品加工业、农村服务业，是一种新型的产业形态和消费业态。乡村旅游的灵魂为特色鲜明的乡村民俗文化，其经营主体为农民，是想让城市居民"住农家屋、吃农家饭、干农家活、享农家乐"，满足都市人享受田园风光、感受淳朴民俗的愿望。乡村旅游适应城市居民日益增长的周边短途休闲度假消费需求，呈现出超出一般旅游业态的蓬勃活力，在提高城乡居民生活质量、促进贫困地区脱贫攻坚等方面发挥了越来越重要的作用。乡村旅游的发展模式主要有城市依托型、景区依托型、历史文化依托型、交通依托型、产业经济依托型、民俗依托型、创意主导型、科技依托

型等。

（二）乡村旅游的价值体现

中国现代乡村旅游在旅游产业发展中的经济功能、社会功能、文化功能、生态环境以及旅游扶贫的政治功能不断被认识和提升。

随着大量资金进入乡村旅游市场，乡村旅游市场不断发展壮大，乡村休闲度假产品不断丰富，乡村旅游促进了产业融合发展，促进了农民收入的增加。2019年，全国乡村旅游总人次为30.9亿次，乡村旅游总收入1.81万亿元。2020年第二季度，乡村旅游环比增长达148.8%；7月至8月，乡村旅游总人数、总收入均已恢复往年同期的九成多，从业人员数量基本达到2019年同期水平。[①]

一是有利于改善乡村产业结构。自古以来，在中国的广大乡村，农业都占据主导产业地位，但随着乡村旅游的出现和发展，乡村产业结构得到了调整和改善。通过充分挖掘乡村现有的可利用资源，发展附加利润值高的乡村旅游，在减少农民劳动力付出的同时，还延长了乡村农业生产链，改善了乡村传统的单一产业形式，带动了乡村运输业、食宿行业和其他服务行业的共同发展，进一步优化了乡村产业结构的布局。[②]乡村旅游作为连接城市和乡村的纽带，促进了社会资源和文明成果在城乡之间的共享以及财富重新分配的实现，并带动了地区间经济发展差异和城乡差别逐步缩小，推动欠发达、开发不足的乡村地区经济、社会、环境和文化的可持续发展。

二是有助于提高农民收入。长期以来，种植农作物、外出务工等方式是传统农民家庭收入的主要来源，导致乡村居民收入来源单一。随着乡村旅游不断发展，服务岗位逐渐增多，在一定程度上解决了农民的就地就业问题，大大提

---

① 叶立谦，何琳，肖凡，张中坚.基于培育新型农业经营主体的农村金融机构发展SWOT分析［J］.粮食科技与经济，2021，（01）：50-53.

② 周功梅，宋瑞，刘倩倩.国内外康养旅游研究评述与展望［J］.资源开发与市场，2021，（01）：119-128.

高了乡村居民就业率。乡村居民的收入来源也随着就业岗位的增多而增加，且劳动附加利润也不断提高，对于农户的非农收入增加、农民脱贫和可持续生计发展等多个方面均具有明显的积极意义。

三是促进了乡村文化的传承。乡村文化是民族文化、历史文化的沉淀，有着重要的历史价值和文化价值。随着乡村的现代化发展，乡村文化的传承遭遇了极大的冲击，导致乡村文化的未来传承充满了未知与危机[1]。但随着乡村旅游业的发展，大部分被遗忘的乡村文化被重新发掘利用，赋予新时代的新内涵并得以传承。同时，乡村旅游的发展也增强了人们对乡村文化的认同感和爱护观念，使人们充分认识到传统文化的珍贵性，从而促进优秀乡村文化的继承和发展。

（三）乡村旅游的政策沿革

1989年，"中国农民旅游业协会"更名为"中国乡村旅游协会"，这是中国乡村旅游兴起的重要标志性事件。乡村旅游经历了由全国涌动到普遍壮大再到当前新时代下集约提升的演进过程。乡村旅游因具有提高城乡居民生活质量、推进经济社会发展、促进贫困地区脱贫攻坚的综合功能，故成为推动乡村振兴的重要抓手。中国特色社会主义制度背景下，中国乡村旅游的健康发展依赖于科学合理的政策引导和制度安排。近年来，中央与地方协同联动，频频出台促进乡村旅游发展的政策举措，如《全国乡村旅游扶贫工程行动方案》《促进乡村旅游发展提质升级行动方案》及《关于促进乡村旅游可持续发展的指导意见》等，充分释放了国家大力并长期支持乡村旅游高质量健康发展的政策信号。乡村旅游相关政策如表5-1所示。

---

[1] 孙世芳,辛贤,刘溟,吕之望,秦悦,蔡海龙,马铃.2019中国农业经济发展报告及展望[N].经济日报,2020-06-19（012）.

表 5-1 乡村旅游产业的政策沿革

时间	文件名称	发布单位	主要内容
2014年8月	《关于促进旅游业改革发展的若干意见》	国务院办公厅	大力发展乡村旅游，加强规划引导，提高组织化程度，规范乡村旅游开发建设，保持传统乡村风貌，加强乡村旅游精准扶贫，扎实推进乡村旅游富民工程，带动贫困地区脱贫致富。
2015年8月	《关于进一步促进旅游投资和消费的若干意见》	国务院办公厅	实施乡村旅游提升计划，大力推进乡村旅游扶贫；到 2020 年，全国每年通过乡村旅游带动 200 万农村贫困人口脱贫致富；扶持 6000 个旅游扶贫重点村开展乡村旅游，实现每个重点村乡村旅游年经营收入达到 100 万元。
2016年1月	《关于落实发展新理念加快农业现代化实现全面小康目标的若干意见》	中共中央国务院	积极开发农业多种功能，挖掘乡村生态休闲、旅游观光、文化教育价值。
2016年9月	《关于大力发展休闲农业的指导意见》	农业部	鼓励开发休闲农庄、乡村酒店、特色民宿、户外运动等乡村休闲度假产品，探索农业主题公园、农业嘉年华、特色小镇、渔人码头等模式。
2016年12月	《"十三五"旅游业发展规划》	国务院	"十三五"期间，我国旅游业将呈现消费大众化、需求品质化、竞争国际化、发展全域化和产业现代化的五大发展趋势，并实现旅游经济稳步增长、综合效益显著提升、人民群众更加满意、国际影响力大幅提升的四大目标。

续表

2017年2月	《中共中央、国务院关于深入推进农业供给侧结构性改革加快培育农业农村发展新动能的若干意见》	中共中央国务院	充分发挥乡村各类物质与非物质资源富集的独特优势，利用"旅游＋""生态＋"等模式，推进农业、林业与旅游、教育、文化、康养等产业深度融合。丰富乡村旅游业态和产品，打造各类主题乡村旅游目的地和精品线路，发展富有乡村特色的民宿和养生养老基地。鼓励农村集体经济组织创办乡村旅游合作社，或与社会资本联办乡村旅游企业。
2017年5月	《关于推动落实休闲农业和乡村旅游发展政策的通知》	农业部	促进引导休闲农业和乡村旅游持续健康发展，加快培育农业农村经济发展新动能，壮大新产业新业态新模式，推进农村一二三产业融合发展。
2017年12月	《关于积极开发农业多种功能大力促进休闲农业发展的通知》	农业部	鼓励利用"四荒地"发展休闲农业，其建设用地指标给予倾斜。在实行最严格的耕地保护制度的前提下，对农民就业增收带动作用大、发展前景好的休闲农业项目用地，各地要将其列入土地利用总体规划和年度计划优先安排。支持农民发展农家乐，闲置宅基地整理结余的建设用地可用于休闲农业。

续表

2018年2月	《关于实施乡村振兴战略的意见》	中共中央国务院	将乡村旅游作为构建农村一二三产业融合发展体系、培育乡村发展新动能的重要方面，提出"实施休闲农业和乡村旅游精品工程，建设一批设施完备、功能多样的休闲观光园区、森林人家、康养基地、乡村民宿、特色小镇"、"发展乡村共享经济、创意农业、特色文化产业"。
2018年10月	《促进乡村旅游发展提质升级行动方案（2018年—2020年）》	国家发展改革委	鼓励引导社会资本参与乡村旅游发展建设，加大对乡村旅游发展的配套政策支持。
2019年2月	《中共中央国务院关于坚持农业农村优先发展做好"三农"工作的若干意见》	中共中央国务院	发展壮大乡村产业，拓宽农民增收渠道。充分发挥乡村资源、生态和文化优势，发展适应城乡居民需要的休闲旅游、餐饮民宿、文化体验、健康养生、养老服务等产业。加强乡村旅游基础设施建设，改善卫生、交通、信息、邮政等公共服务设施。
2020年2月	《2020年乡村产业工作要点》	农业农村部	积极发展乡村休闲旅游，重点体现在建设休闲农业重点县、培育休闲旅游精品、推介休闲旅游精品景点线路三方面。
2020年7月	《全国乡村产业发展规划（2020—2025年）》	农业农村部	到2025年，乡村产业体系健全完备，乡村产业质量效益明显提升，乡村就业结构更加优化，产业融合发展水平显著提高，农民增收渠道持续拓宽，乡村产业发展内生动力持续增强。

来源：根据政策整理。

（四）典型案例与主要发展模式分析

近年来，我国乡村旅游发展无论在其发展模式、发展特色，还是在发展规划、发展成果等方面，都取得了瞩目成就，为今后乡村旅游发展提供了宝贵的经验。就当前看，我国乡村旅游主要有以下四种发展模式。

1.统筹规划引领型

一方面，乡村旅游的资源约束性较强，且发展乡村旅游的地方经济多落后贫困。另一方面，一些地方政府响应中央振兴农村的号召，"一头热"地发展乡村旅游，缺乏统筹、合理规划，甚至没有一个完整、详细的总体规划来指导。乡村旅游的总体形象、发展战略以及发展布局、发展目标均不明确，这样很容易导致乡村旅游发展与初衷出现偏差。但在浙江宁波乡村旅游发展中，以当地政府为主导的旅游开发模式结合地方实际，成效明显。

宁波松兰山滨海旅游度假区是国家4A级旅游区、省级旅游度假区，位于浙江省宁波市象山县，总面积约31.22平方公里。度假区山海交融，岬湾众多，沙滩连绵，每立方厘米负氧离子含量高达14700个，被誉称"天然氧吧"。度假区现有各类酒店及农家乐20余家，拥有度假酒店、海鲜美食、婚恋摄影、汽车露营、温泉养生、海上运动、旅游演艺等业态产品。是华东地区陆岸仅有的一处以大海为主题，集休闲、娱乐、运动、避暑、度假、会议等为一体的综合性滨海旅游度假胜地，被誉为"东方不老岛"上的一颗明珠。根据国家海洋法的相关规定，海滨和滩涂资源归国家所有，政府依法对其实行管理。因此象山县政府负责对松兰山旅游开发进行总体规划、负责基础设施建设（包括公路、绿化、水电、环保等）以及有关旅游开发政策制定。与此相适应的是，根据国务院《风景名胜区管理暂行条例》的规定，政府在松兰山成立旅游管理部门，负责松兰山的整体开发行为，进入松兰山海滨旅游区的门票由松兰山的政府管理部门出售。

当地政府的主导作用促进了松兰山地区的乡村振兴，一是推动了松兰山的旅游开发。以前的松兰山地区是荒凉的滩涂，交通条件不佳，除了有一些本县旅游者自发地前往休闲游玩外，很少有外地旅游者光顾。政府在前期的工作中投入了大量资金，提升了松兰山的市场条件，吸引了大批外来投资者，推动了松兰山旅游开发的启动工作。二是对旅游区制定完整的规划，并根据规划进行开发。旅游规划主要确定旅游区范围，整合旅游资源，对旅游项目进行策划，规划旅游各要素，以及提出旅游市场运作的对策等。政府的旅游规划是松兰山旅游开发有效进行的必要保障。三是负责松兰山旅游区各种配套基础设施的建设。一个新的旅游区开发，首先要解决的问题，就是完善旅游区的基础设施建设。这些建设包括给排水、通电、通邮、通气及环保设施，特别是道路的建设。由于基础设施建设的投入较大，收益却很小，很少有投资者愿意在旅游区的基础设施上面投入。因此，基础设施建设只能由政府承担，进而吸引投资者进行旅游项目的投资开发。四是制定旅游开发的政策，调整旅游开发的各方利益。松兰山旅游区的开发涉及多方面的利益，因此，制定相关政策调动各方的积极性，使得各方利益能够得到相应的满足，才能保证旅游开发的顺利进行，进而促进本地区的经济发展。

2.传统文化内涵型

乡土气息是乡村旅游的特质，也应该是发展乡村旅游的重点打造对象。加强乡村旅游的文化内涵挖掘，有利于改变中国乡村旅游产品结构雷同、档次低的状况。乡村旅游要注重乡村民俗、民族风情和乡土文化项目的开发和设计，避免"大众化""同质化"[①]。应充分、多角度且长期挖掘当地文化、民俗的内涵，使乡村旅游产品具有较高的文化品位和较高的艺术格调。古村古镇旅游是当前国内旅游开发的一个热点，也是乡村旅游体系中一个比较独特的类型，

---

① 吴黎围，熊正贤.区块链视域下康养休闲特色小镇同质化问题及破解——以云贵川地区为例［J］.湖北民族大学学报（哲学社会科学版），2020，（03）：64-72.

以其深厚的文化底蕴、淳朴的民风和古香古色的建筑遗迹等特点受到游客的喜爱。

流坑古村，位于江西省抚州市乐安县牛田镇东南部乌江之畔，占地面积3.61平方千米，是一个董氏单姓聚族而居的血缘村落，始建于五代南唐升元年间（937年至943年）。流坑古村是一座江右民系聚居的古村，现存各类建筑遗址260处，其中明代19处，重要文物321件，包括高坪别墅、武当阁、环中公祠、状元楼、翰林楼、"理学名家"宅、文馆、三官殿等建筑，数目众多的匾额楹联和家藏文物。2001年6月，流坑村古建筑群被国务院列为全国第五批重点文物保护单位。2014年12月，入选"古色江西——江西十大文化古镇（村）"名单。2016年，流坑占村景区被江西省旅游景区质量等级评定委员会评定为国家4A级旅游景区。2018年，获2018年度"全国生态文化村"称号。2021年3月，入选江西省非遗传承小镇（建设）名单。

流坑村在1985年未被"发现"前只是一个默默无闻的江西普通农村。自被"发现"以来，众多专家学者纷至沓来，随着各种媒体的报道，流坑村已成为江西古村落的代表。1993年，江西省文化厅还专门成立课题组对流坑村的历史文化进行调研。1995年，《千古一村——流坑村历史文化的调查》一书出版，在全国引起很大反响，《光明日报》《中国图书商报》刊发书评加以介绍。由于学者们的不断宣传和介绍，流坑村知名度在不断提高。其名声开始越出学术界，成为全国瞩目的古村落，一些普通游客纷纷慕名而来。随着游客增加，当地政府开始主动对流坑村进行旅游开发。1995年，江西省交通厅出资30万元改造了流坑村到乐安县城的公路，大大地方便了外地游客的进入。1997年，流坑村开始向普通游客出售门票，当年游客达到5000余人。1998年，乐安县成立了流坑村古文化保护利用工作委员会，下设办公室，简称"工委办"，和其后成立的流坑村文物管理局一套人马，合署办公。"工委办"无行政管理权，主要负责流坑村文物保护、修缮工作，指导流坑村旅游开发经营，培训旅游从业人员，规划、开发旅游景点，做好各项申报、宣传工作；流坑村委会则负责组织旅游接待，开发旅游商品，管理导游，出售门票等工作。这样的管理模式显然是因为流坑村不仅是旅游目的地，还是国家文物保护单位。因此，在流坑村的旅游开发过程中，始终坚持旅游与文物保护齐头并进的方式。1998年，乐安县政府制定了《流坑村文物保护管理条例》，并委托北京和江西省属高校编制了《江西省乐安县流坑村古村落保护规划》和《江西省乐安县流坑村古村落旅游区发展规划》。2002年，流坑村争取到国债资金1184万元，同时，抚州市政府也投入130万元用于流坑村基础设施建设。由于各级政府重视，流坑村的基础设施已有极大的改善，卫生环境也大为好转，流坑村的旅游接待步上了正轨。

3.注重自然特色型

乡村旅游要突出农村天然、纯朴、绿色、清新的环境氛围，强调天然、闲情和野趣，努力展现乡村旅游的魅力。要保持本色，突出田园特色，避免城市化倾向。因而对乡村旅游开发要加强科学引导和专业指导，强化经营的特色和差异性。

天河生态风景区位于《徐霞客游记》开篇地——浙江省宁海县境内，规划总面积约160平方公里，核心景区30多平方公里；距宁波114公里，宁海县城29公里；距沿海大通道甬台温高速公路岔路出口9公里，交通十分便捷，是一处以自然山水风光为依托，以青山绿水、奇峰怪石、溪流飞瀑、原始森林和现代游乐为特色的生态风景区。天河风景区拥有6曲溪、18雄峰、28水洞、72瀑布，以"峰险、谷幽、水绝、石奇、根玄、雾幻"著称，以其"原始、神秘、野性、雄奇"征服所有慕名来访的中外游客。

天河风景区是以白溪水库为核心开发出来的，白溪水库由宁波市所属的白溪水库建设发展有限公司负责管理，因此旅游开发也是由水库管理部门主导。在水库的集水范围内，包括整个水库的水面，都由水库公司管理，而水库的山林由宁海县当地的各村落所有。天河风景区是以水为核心，但水资源的开发离不开山林的保护。为了做好白溪水库水土保持和水质保护工作，探索水资源统一管理的模式，使天河生态风景区得到规模化、统一有序的开发，带动一方经济，水库建设公司与水库周边的村庄达成了《关于大松溪峡谷生态保护和旅游开发的合作协议》。

4.风景区分管型

风景区管委会模式是中国旅游开发的一种最普遍的开发模式。风景区管委会是指具有政府职能，对旅游风景区进行统一管理的机构。风景区管委会模式一般在欠发达地区应用，政府包办一切的模式在旅游开发中效率比较高，旅游开发也比较容易启动。这种开发模式有较强的计划经济体制痕迹，一切均由政府解决，政府承担的风险较大。另外，还需要解决诸如村民安置等问题。这种模式类似国有企业运营模式，不适合乡村本地运作。设立的风景区管理委员会模式适用于以风景名胜以及文物古迹作为主体旅游资源进行的旅游开发。建立风景区管理委员会，是根据1985年国务院发布的《风景名胜区管理暂行条例》第5条的规定，风景名胜区应该依法设立人民政府，全面负责风景名胜区的保护、利用、规划和建设。风景名胜区没有设立人民政府的，应当设立管理机构，在所属人民政府领导下，主持风景名胜区的管理工作。设在风景名胜区内的所有单位，除各自业务受上级主管部门领导外，都必须服从管理机构对风景名胜区的统一规划和管理。由于风景资源与文物古迹是国家所有的、不可再生的资源，因此按国家的管理条例规定，对这种类型的旅游资源进行开发，应该由政府主导，按照政府管理模式进行管理。因此，风景区管委会不仅具有旅游开发和管理的责任，而且具有对所辖区域行使行政管理的权力。风景资源往往不是集中在一起的，甚至一些资源还跨越了行政区划，因此，建立专门的管理机构有利于对风景资源的统一管理，提高开发效率。

江西的龙虎山采取比较典型的风景区管理委员会模式。龙虎山原名云锦山，位于江西省鹰潭市西南郊20千米处，是一处道教兼山水风景旅游胜地。龙虎山的旅游开发历史比较悠久，20世纪80年代，即开始进入大规模的旅游开发，但当时的旅游开发还带有自发的特点。随着到龙虎山旅游的人数增加，旅游收入给当地带来的收益日益重要，龙虎山开始了有组织、有规划、有领导的旅游开发。1993年5月，鹰潭市成立了龙虎山风景旅游区管理局，1999年更名为龙虎山风景旅游区管理委员会。龙虎山风景旅游区管理局（委员会）是一个县级行政机构，不仅负责龙虎山的整体旅游开发与管理，而且具有行政管理职能，还负有多方面的责任。龙虎山风景区管理局于2000年5月26日成立了龙虎山旅游有限责任公司，负责龙虎山的旅游开发工作。龙虎山旅游有限责任公司是经龙虎山风景旅游区党委、管委会授权，专营龙虎山景区、仙水岩景区、泸溪河所有水上游览项目等的旅游接待单位，经营范围涉及景点开发、园林管理、游客接待、船艇等水上旅游项目、宾馆、旅行社等旅游业领域，所管辖的区域为龙虎山风景旅游区的精华。

由于旅游自然资源和人文资源是不可再生资源，采用管委会的方式进行管理有其存在的必要性，它能够在进行旅游开发的同时，对资源进行必要的保护，在一定程度上减缓旅游开发对资源造成的破坏。假如完全由旅游企业进行开发，企业以追求经济利益为主要目的，又不拥有资源的所有权，很容易导致出现竭泽而渔式的开发，从而给旅游资源带来不可挽回的损失。因此，采用风景区管理委员会模式开发乡村旅游，可以最大程度上保护乡村资源，实现乡村资源的可持续发展，为乡村振兴奠定基础。

四、空间潜力挖掘：康养产业发展

（一）康养产业的概念与内涵

随着中国老龄化进程的加速，养老资源匮乏已经成为一个非常严峻的社会问题。生活水平的不断提高则使得大家对于健康的渴望越来越强烈。康养旅游是指通过养颜健体、营养膳食、修心养性、关爱环境等各种手段，使人在身体、心智和精神上都达到自然和谐的优良状态的各种旅游活动的总和。[①]"康养"是一个更具包容性的概念，涵盖范围广，与之对应的"康养行为"含义也十分宽泛：它既可以是一种持续性、系统性的健康的生活行为活动，又可以是诸如休闲、疗养、康复、减脂等具有短暂性、针对性、单一性的健康和医疗行为。延伸到更大范围，从生命的角度出发，康养要兼顾生命的三个维度：一是生命长度，即寿命；二是生命丰度，即精神层面的丰富度；三是生命自由度，即国际上用以描述生命质量高低的指标体系。可见，康养的核心功能在于尽量提高生命的长度、丰度和自由度。从开发类型上来看，有基于生命丰度的文化养生、医学结合型，主要目的是养身、养心、养神；基于生命长度的长寿资源、养老综合型，可细分为妇孕婴幼康养，青少年康养及中老年康养；基于生命自由度、身心健康型，大致包括个体健康状况、健康状态的保养，亚健康状态的疗养，临床状态的医养；基于关联产业属性的生态养生型，包括康养农业、康养制造业、康养服务业；基于资源类型的度假产业、体育文化型，包括森林康养、气候康养、海洋康养、温泉康养、中医药康养，还存在基于海拔高度的高原康养、山地康养、丘陵康养、平原康养等[②]。

（二）康养产业的发展现状

康养产业或者称为康养旅游，在国际上一般被称为医疗健康旅游。世界上有超过100个国家和地区开展健康旅游，2017年全球健康旅游产业规模约6785亿美元，占世界旅游收入的16%。2016、2017年知名开发商如万达、融创、中冶置业投入到康养、文旅地产等项目。《大健康十大投资热点市场规模预测》显示我国大健康产业的规模近3万亿元，居全球第一位。2019年，"养生"一词在互联网上可谓风头正劲，在以往的康养项目中，"医"方面的产业资源比

① 汪汇源.我国康养产业现状及海南康养产业对策研究［J］.农业科研经济管理，2020，（01）：45-48.
② 农村经济：发展减缓 总体平稳［J］.四川省情，2020，（01）：7-8.

"养"方面的产业资源更受青睐和重视。此番疫情过后，一些优质的疗养产业资源特别是针对心脑血管疾病、慢性呼吸系统疾病等慢性非传染性疾病的疗养资源，将更加受到欢迎，"以养为主"的康养产业项目将逐渐增多。随着中国人口老龄化加速以及人们对美好生活环境关注度提高，康养的需求在不断提升。国际著名经济学家保罗·皮尔泽在《财富第五波》中称"健康产业"是继农业、工业、商业、IT业之后的"全球财富第五波"。

各国争相打造健康养生度假旅游目的地，我国康养产业也在近年内急速升温，成为一个高速发展的朝阳产业。《中国康养产业发展报告（2017）》指出我国康养产业发展潜力巨大，到2030年将达到22万亿元产业规模。2019年8月，社会科学文献出版社出版的《康养蓝皮书》发布了《中国康养产业发展报告（2018）》，评选出全国康养10强市（地级）和全国康养50强县（市）。2019年12月，首届中国康养大会在北京召开，标准排名城市研究院、中国康养产业联盟通过构建生态环境指数、医疗水平指数、民生幸福指数、产业融合指数、康养政策指数等五大类评价指标，对中国大陆333个地级行政区进行打分排序，得出"2019中国康养城市排行榜"，评选得出"中国康养50强"。康养产业的巨大发展潜力使得地方政府对其重视程度不断提高，许多地方积极挖掘自身康养资源，努力将康养产业发展为当地新的经济增长点。社会资本对康养产业的投资也在持续增加。

（三）我国康养产业的政策沿革

2016年10月25日，国务院印发《"健康中国2030"规划纲要》，指出到2030年，健康产业规模显著扩大，成为国民经济支柱性产业。2017年10月18日，习近平总书记在党的十九大报告中指出，实施"健康中国战略"，要"完善国民健康政策，为人民群众提供全方位全周期的健康服务"。康养产业相关政策如表5-2所示。

表 5-2 康养产业的政策沿革

时间	文件名称	发布单位	主要内容
2016年1月	《国家康养旅游示范基地标准》	国家旅游局	不仅准确概括了"康养旅游"的定义，并且要求康养旅游示范基地应包括康养旅游核心区和康养旅游依托区。通过丰富康养旅游内容，打造一批产业要素齐全、产业链条完备、公共服务完善的综合性康养旅游目的地，推动康养旅游示范基地建设。
2016年10月	《"健康中国2030"规划纲要》	国务院	积极促进健康与养老、旅游、互联网、健身休闲、食品产业融合，催生健康新产业、新业态、新模式。
2017年2月	《中共中央国务院关于深入推进农业供给侧结构性改革加快培育农业农村发展新动能的若干意见》	中共中央国务院	大力发展乡村休闲旅游产业，充分发挥乡村各类物质与非物质资源富集的独特优势，利用"旅游+""生态+"等模式，推进农业、林业与旅游、教育、文化、康养等产业深度融合。
2018年1月	《中共中央国务院关于实施乡村振兴战略的意见》	中共中央国务院	实施休闲农业和乡村旅游精品工程，建设一批设施完备、功能多样的休闲观光园区、森林人家、康养基地、乡村民宿、特色小镇；加快发展森林草原旅游、河湖湿地观光、冰雪海上运动、野生动物驯养观赏等产业，积极开发观光农业、游憩休闲、健康养生、生态教育等服务。

来源：根据政策整理。

（四）典型案例与主要发展模式分析

在我国大健康产业蓬勃发展的背景下，区域康养产业方兴未艾，各地对康养产业发展模式的探索也在不懈地进行中。近几年的区域康养产业发展实践证明，区域康养产业的发展模式有其内在规律，很多商业化的康养发展模式并没有取得预期的效果，主要原因可能是当地缺乏公共性康养产业的基础性支撑。康养产业本身是一个兼具公共性的产业，如果不顾其公共性而热衷于投机式的商业化运作，这样的发展模式是不可持续的。对于区域康养产业而言，一定体量的区域公共性康养产业是区域康养产业的核心部分，是区域康养产业长远发展的驱动器。如果公共性康养产业这个基础没有夯实，那么该区域康养产业的发展无异于空中楼阁，而且可能成为资本假借康养概念进行投机的捷径。目前，我国康养产业发展模式主要有以下四种。

1.多元化开发模式

康养度假不等于度假地产，它包括医疗产品、休憩娱乐产品、颐养教育产品、品质服务、品牌供应等。另外，商业模式下平台资源的整合、市场要求对于康养产业的运营十分重要，但是若过分依赖于商业模式的运营，忽略市场数据支撑，那么整合的资源可能与市场需求不一致，失去根本支撑。并且康养度假还存在土地当量大、投资额高、回收期长、产业链不成熟等特点。因此，政府牵头出台政策，市场引导，专业人才团队运营，成为当前主要发展模式之一。以国际医疗旅游服务、低碳生态社区和国际组织聚集地等为特点建立的"国家级医疗旅游开发园区"——博鳌乐城国际医疗旅游先行区即为成功案例。

2013年2月28日，国务院正式批复海南设立博鳌乐城国际医疗旅游先行区，并给予9项支持政策，园区试点发展特许医疗、健康管理、照护康复、医美抗衰等国际医疗旅游相关产业，旨在聚集国际国内高端医疗旅游服务和国际前沿医药科技成果，创建国际化医疗技术服务产业聚集区，被李克强总理誉为"博鳌亚洲论坛第二乐章"。项目位于琼海市嘉积镇城区与博鳌亚洲论坛核心区之间的万泉河两岸，规划面积约20平方公里，生态环境优美，气候宜人，壮美清澈的万泉河流经，形成了"水–岛–林–田"独特的景观资源，是休闲旅游的极佳场所。先行区距离博鳌机场约7.3公里，距离博鳌动车站约3.7公里，周边有省道、国道、高速公路等区域性交通设施，有琼海市的嘉积城区、博鳌特别规划区、中原镇区环绕，提供城市服务支撑。

项目特色，一是完善的医疗产业链。园区包括世界顶级医院、国际组织基地、高端购物中心、特色体验居住区四大功能区以及由5个医疗养生组团构成的健康长廊。旨在建设以医疗服务业为重点的新兴产业园区，吸引国际高端医疗、研发机构进入，发展旅游性医疗和康复性医疗等。二是医疗旅游导向。以健康检查、慢病治疗康复、中医养生保健、整形美容、先进医疗技术研发和孵化为重点，瞄准了潜在的巨大的医疗旅游市场。三是大项目大资产注入。九大中央优惠政策支持，先行区管委会对接项目92个，正式受理项目58个，通过医疗技术评估项目36个，已开工项目20个，20个开工项目总用地面积1713亩，总投资198亿元，已累计完成投资约24.8亿元。

园区落地项目增加近2000个就业岗位，为本地村民提供大量的就地就业机会。2017年以来，先行区接待就医人员约2万人次，接待客商、游客已达1.8万人次。产业带动效应初显，带动博鳌机场包机客流、博鳌地区会展业和周边餐饮服务业蓬勃发展。博鳌乐城国际医疗旅游先行区充分依托和融合乡村资源和产业，又高度符合国家发展战略，正在成为本地区乡村的重要产业驱动，将给乡村振兴带来新的动力和希望。

2.特色植入模式

康养产业，简单地说是健康和养老产业的统称。康养不等于养老。养老是指对老年人生活的一种社会保障，传统养老包含赡养、照顾、颐养。而康养是指通过运动、健身、休闲、度假、养老、养生、医疗等多种功能的实现，使人在身体、心灵、生活、社会适应等方面都处于一种良好的健康状态。[①]因此，除了养老产业之外，还可以发展老年健身中心、老年文娱社区、康复中心、养生指导中心、森林度假区等产品。每一个康养项目都是一个全新的作品，没有个性的康养项目则会失去竞争力。

乌镇雅园位于浙江桐乡乌镇，总面积约为60万平方米，核心区占地面积约1500亩，其中1000亩配套、500亩住宅。划分养生居住区、颐乐学院、度假酒店区、休闲商业区、雅达国际康复医院、养老示范区六大功能板块。2013年7月首次开盘，项目有单层别墅、多层公寓、小高层公寓等产品类型，主力户型以56平方米、72平方米、90平方米和128平方米为主，首次开盘共推售139套，10天内售罄。前期2000多套养老公寓和别墅产品已经全面售罄，售价还上涨了50%。

乌镇雅园的主要特色项目，一是"学院式养老"——颐乐学院。建筑面积3.5万平方米，以"颐、乐、学"为核心理念，以"老年大学"为组织方式，把园区内老年人的日常生活、学习、娱乐都调动起来，设置营养、社科、艺术、体育等72门课程，82项活动内容。二是雅达国际康复医院。占地13万平方米，床位350个，酒店式高端康复医院，德国专业医疗团队运营，为神经系统病患、亚健康人群提供康复治疗、老年全科门诊、专业体检服务。乌镇雅园的盈利模式是"产权出售+服务提供"。出售70年产权居住物业，服务包括基础性物业服务、健康管理服务、颐乐学院课程费用及相关内部设施使用费用等。从现状来看，该项目主要依靠销售人文养生居住产品来实现资金回笼。乌镇雅园康养小镇作为健康产业助力乡村振兴的重要载体，具有盘活用地、导入产业的作用。康养小镇激活了乡村，促进了农业转型升级和产业融合，改善了农村基础设施和生活环境，增加了农民再就业，提高了农民收入。在乡村振兴推进过程中，

---

① 智慧养老 健康生活［J］.中外企业文化，2019，（05）：70-71.

康养产业既是健康中国的重要元素，又是提升乡村振兴的重要抓手。

3.市场运营模式

当前市场运营模式的主打是医疗美容产品的康养产业，将"医疗"作为核心驱动。康养不等于医养。医养产业包括医疗产品、保健用品、营养食品、医疗器械、保健器具、休闲健身、健康管理、健康咨询等多个与人类健康紧密相关的生产和服务领域。医养是健康服务产业下面一个重要的板块，而健康服务产业又是康养产业中的一个重要产业类型。康养产业涵盖范围广泛，包括养老、养生、医疗、文化、体育、旅游等诸多业态，医养只是其中一种业态。

4.农村集体养老模式

目前国家政策正在向农村和养老两个方向持续倾斜。当前农村养老方式主要是以互助养老为形式的政府、村民、社会自治养老，包括互助幸福院、互助养老合作社、互助照料中心等，资金来源有政府资金补贴、村集体公有投入、社会慈善募捐等。

福建泉州永春县积极构建以居家为基础、社区为依托、机构为补充、医养相结合的城乡养老服务体系，打造"15分钟养老服务圈"。至2020年，农村养老服务设施覆盖率达到70%以上。项目特色，一是县、镇、村多级养老服务网络和运营。建设农村区域性养老服务中心，通过承包、委托、合资合作等公建民营方式，将乡镇敬老院打包或分期分区打包交由专业化养老服务组织或企业连锁化运营。截至2018年10月，全县拥有各类养老床位数2757张，每千名老年人拥有养老床位数32.1张，敬老院床位使用率35.2%，入住老人275人。二是高中低端养老服务供给。政府托底，重点保障经济困难老年人、孤寡老年人、计划生育特殊家庭老年人和做出特殊贡献老年人等的养老需求，加强公办保障性养老机构、经济型养老机构和老年康复护理机构建设，增加社会化养老服务供给，保障中、低端养老市场供应。三是护理型养老服务和一体化医养结合项目。推动护理型养老院建设，加强老年护理院、老年康复疗养院、综合医院、老年专科医院等养老机构和医疗机构协作，打造集养老照护、健康服务、生活扶助、心理慰藉、文体娱乐为一体的医养结合项目。

农村集体养老模式将是未来康养产业的重要布局，将农村养老纳入到乡村振兴战略中通盘考虑谋划是重中之重。近年来，我国逐步放开养老服务市场，实行政府兜底养老，加大了医疗设施供给和医疗养老服务保障。推动了自上而下的政府推广机制向自下而上的"自发机制"转变，充分调动了乡村村民自身力量，挖掘创新了居家养老、互助养老、以地养老、"妇老乡亲"养老等养老服务供给方式。同时，关注老年人家庭，引导青年就业、落实义务教育，可以有效阻断贫困代际转移。

五、乡村产业新业态发展的问题与对策

（一）乡村产业新业态发展过程中存在的主要问题

1.同质化现象严重

文化与旅游融合之后的乡村旅游产品开发和服务不断升级，成为乡村振兴的新动力。地方政府通过对政策、土地、资金、人才等方面支持和规划引导，保障了乡村旅游发展的科学性、合理性和可持续性。乡村旅游产业有关联度高、涉及面广、需要多部门协同合作等特点，然而部分地区在创新乡村旅游模式时存在同质化现象。比如很多网红民宿等建筑建设、风景园林、美食街小饭摊等集群追求西方化的"完全的现代化"发展，不仅不注重传承保护乡村的传统文化和原始风貌，也缺乏长期完整的发展规划。同时，在经营方式上缺乏创新，没有专业的专家团队指导，也没有相应的营销推广策略与技巧，建设后造成环境资源破坏及社会资金的浪费。有的乡村旅游项目与当地地域特色结合不紧密，过于注重量的增长，不注重质的提高，未统筹考虑城市、农村二元统一发展，单纯建设"农家乐"，同质化现象严重，对游客的吸引力有限。

2.乡村文化衰落

随着工业化和城市化的不断发展，传统的乡村文化和秀美的乡村田园风光正日益成为稀缺性资源。在中国，近些年乡村地区和乡村生活方式正经历着外部冲击，传统农业和乡村文化已逐渐在快速城市化和现代化的大背景下消失或正在经历着同化。乡村人口的减少和老龄化现象的加重直接导致了农村的空心化，城镇空间扩展的结果是大量村庄被拆迁、合并或消失，不少地方已经以地方性的民族语言、节庆习俗和民俗活动等文化形式的消失与灭绝印证了当前乡村文化衰落的这一趋势。更值得注意的是，乡村旅游在带来地方经济发展之喜的同时，也给地方带来了各方面之忧。乡村旅游发展给乡村旅游地文化带来的文化商品化、文化同质化等一系列状况已经凸显。很多乡村旅游地在经历了早期的快速发展之后，就直接出现了旅游收入断崖式下跌和游客量显著下滑的现象，迅速进入衰退期。有研究者称这一现象为乡村旅游发展的"围城效应"。乡村性是乡村旅游发展的根本和基础，但乡村旅游发展过程中出现的乡村景观城市化、主客关系的商业化或仆主化以及乡村旅游经营的飞地化导致了传统乡村旅游地乡村性的消失。

3.利益相关者利益失衡

乡村产业新业态发展过程中，因利益协调失灵而导致失败的案例屡见报端。陕西省安康市平利县龙头村有村民550户，2012年在政府主导下建立秦楚农耕文化园、观光茶园发展乡村旅游。为满足龙头村9平方公里核心景区的土地建设需要，90%的农户将土地以每亩750元的价格进行流转。之后当地居民失去了维持生计的土地，同时并未从乡村旅游发展中获益，青壮劳动力纷纷外出打工，龙头村逐渐成为空心村，乡村旅游发展失败。广西巴马县乡村养生旅游开发过程中，外来资本获益良多，当地居民被安置到异地居住，各方利益不能均衡，乡村失去了本真，乡村旅游开发失败。安徽省宣城市绩溪县境内徽杭古道风景区，旅游企业通过出售门票获益，导致农家乐客流减少，农村居民并未获得相应补偿，出现堵门事件。

乡村旅游发展过程中，各方利益相关者具有不同的利益诉求，冲突不断，矛盾日益突出。乡村旅游发展失败的原因纷繁复杂，但诸多乡村旅游失败的共性问题是尚未建立合理的利益协调机制，迫切需要增加针对乡村旅游利益相关者利益协调机制的理论与实证研究。

（二）乡村产业新业态发展的对策探析

1.凝练品牌，防止同质化

乡村产业新业态发展过程中，旅游部门、农业部门应相互配合，打造乡村产业新业态目的地品牌形象。农业部门提供各地农业特色、乡村特色等资源给旅游部门，旅游部门根据旅游业特点，确定各地乡村旅游品牌，在营销手段上给予乡村旅游经营者一定的指导和帮助，提高营销的覆盖面，吸引更多游客。这样不但可以减少景区之间的过度竞争和低层次竞争，而且可以分散游客客流，提高游客的愉悦性，促进不同地域乡村旅游业的发展。同时，还要统筹资源，发挥制度与政策的合力，规范行业发展，尽快解决用地、合法性资质等问题，并加快完善旅游扶贫产业链，发挥农民主体作用，提升乡村旅游扶贫成效。

2.合理开发乡村产业，注意文化及生态环境的保护

乡村产业新业态的开发，并不意味着"胡子眉毛一把抓"，要均衡使用力量推动乡村方方面面的振兴。乡村发展实践中要将自上向下推动和自下向上推动有机结合，充分挖掘农村各类非物质文化遗产资源，保护传统工艺，促进乡村特色文化产业发展。在乡村产业发展中，要围绕旅游产业制定发展蓝图，积极争取项目扶持产业，完善旅游基础设施，美化村内环境，打造良好旅游品牌。还要注重文化挖掘及适当开放，结合当代及当地情况，实施重点文化惠民项目，进行农业文化遗产保护项目建设，完善基层综合性文化服务设施。

3.积极构建利益联结机制，保证乡村及农民利益的增收

乡村产业发展要积极构建利益联结机制，引导农业企业与小农户建立契约型、分红型、股权型等合作方式，把利益分配重点向产业链上游倾斜，促进农民持续增收。开展土地经营权入股从事农业产业化经营试点，产业发展中要将农民特别是贫困家庭劳动力安排到产业组织和产业链中，带动农民积极参与融合发展，实现稳定增收。在支农资金分配、涉农企业扶持等方面，向有利于农民分享增值收益的融合主体倾斜，确保农民更好地分享产业链增值的收益。

第六章

乡村产业发展和小农户的有效衔接

从政策层面来看，党的十九大明确提出了乡村振兴的重要战略，指出了发展多种形式的适度规模经营，实现小农户和现代农业发展有机衔接。我国国情、农情决定了在相当一段时期普通农户仍是农业生产的基本面，要保护好小农户利益，健全利益联结机制，让小农户通过多种途径和方式进入规模经营、现代生产，分享农业现代化成果。由此可见，政策设计中，一方面，要承认小农户在未来很长时间内仍然会继续存在，并作为乡村振兴中的核心主体角色的事实；另一方面，需要通过各类农业生产经营组织与小农户建立紧密的利益联结，促进小农户增收致富。

就现实层面而言，当前，小农户在乡村产业发展中居于主体地位，发挥着重要的参与作用。乡村产业发展的主要目标在于解决"小农户"与"大市场"之间的现有矛盾点，以农业产业为渠道，以组织为载体，将生产经营的利润充分留在乡村，留给农户。然而，无法否认的一点是，我国小农户也具有生产经营规模小、人口规模庞大、应对风险能力薄弱等基本特征，对于迈向农业现代化的步伐构成了严重的制约。结合这些显著特征，在乡村产业振兴的进程中，亟需探索提升小农户组织化水平的路径，建立乡村产业发展与小农户的有机联结机制，从而将小农户的发展与乡村产业发展进行有效的衔接。

一、小农户在乡村产业发展中的地位与作用

（一）小农户的内涵及其特征

1.小农户的界定

在经营规模上，小农户是一种量的规定性。世界银行将土地经营规模在30亩以下的农户界定为"小农户"。叶敬忠等在区分"小农"和"小农户"概念时提出，"小农户"是对"小农"概念"量的规定性"的独立反映，具体关注的是"小农"生产经营边界的问题，而生产边界的上限是由家庭劳动力利用的最大化程度所决定的，下限是由维持家庭基本生存需要所决定的。同时，他认为，小农包含着生产关系和生产力双重属性，而小农户则代表其生产力的一方面，直接表现为小农户的经营规模。[①]孙新华等按照小农户的经营规模和家庭内部的兼业情况来界定小农户范畴，小农户可以划分为四种类型：自给型纯农户、经营型纯农户、自给型兼业户和经营型兼业户，其中他们之所以将经营型纯农户（是指纯粹务农而不兼业，但经营规模较大，农产品主要用于销售的小农户）称为小农户，是因为其土地经营规模一般在20—50亩的数值不等，没有达到政府所区分的家庭农场的规模，因此仍在小农户的规模范围内。[②]

在经营组织形式上，小农户是以家庭为单位，其生产的产品主要满足于家庭的生活和消费。王新志等认为小农户的内涵可以界定为：以家庭经营为基础，以家庭成员为主要劳动力，从事农业小规模经营，集生产与消费一体的农业微观经济组织。[③]张军以等认为，小农户是指以家庭为基本经营单位，土地经营规模较小，主要依靠家庭自有劳动力进行组织生产，农业相关收入在家庭

---

① 叶敬忠，张明皓."小农户"与"小农"之辩——基于"小农户"的生产力振兴和"小农"的生产关系振兴 [J].南京农业大学学报（社会科学版），2019，（01）：1–12，163.
② 孙新华，曾红，周娟.乡村振兴背景下我国小农户的命运与出路 [J].农村经济，2019，（09）：33–41.
③ 王新志，杜志雄.小农户与家庭农场：内涵特征、属性差异及演化逻辑 [J].理论学刊，2020，（05）：93–101.

收入中占有相当大的比例，农业是其家庭生计重要组成部分的一类微观农业经营主体。[①]

由此可见，学术界对于小农户的解释存在一定差异，但都较为明确的是，一方面，小农户的"小"体现在其土地经营规模上。另一方面，小农户的劳动力来源于家庭内部，其农业收入占据家庭收入的一部分，用以维持家庭生存和生活所需。当前，小农户已经并非自给自足的小农户，他们面临着"小生产和大市场"的矛盾，劳动力和生产资料如化肥、农药等以及他们劳动产出的价格深受农业市场的影响，所生产的农产品不仅仅用于满足家庭消费，同时亦是为了迎合市场的需求，通过产品销售来增加家庭的部分收入。

2.小农户的特征

在我国，当前小农户的发展在经营规模、人口规模以及应对风险方面呈现出"小""多""弱"等基本特征，其具体表现在：首先，小农户经营规模小。随着20世纪70年代末实行的家庭联产承包责任制把耕地按人口平均分配到农户家庭以来，小农户在我国农业领域的主体地位就开始确立[②]。"人均一亩三分、户均不过十亩"是我国小农户的经营规模基本现状。从土地流转实施现状来看，孔祥智、穆娜娜认为土地流转型规模经营主要指土地租赁，在中国农业的发展已经进入了瓶颈期，在相当长的时期内，中国农村土地经营以小规模为主的状况不可能得到明显改变。[③]但经营规模过小且土地零碎的确不利于农业规模效益的形成，也不利于农产品质量标准的应用和实施。[④]

其次，小农户的人口规模庞大。根据有关统计，2016年底我国经营规模在

① 张军以，王腊春.乡村振兴视域下的小农户振兴解析[J].人文地理，2020，（06）：66-75.

② 孟秋菊，徐晓宗.小农户衔接现代农业发展的内涵研究[J].重庆社会科学，2021，（01）：23-37.

③ 孔祥智，穆娜娜.实现小农户与现代农业发展的有机衔接[J].农村经济，2018，（02）：1-7.

④ 阮文彪.小农户和现代农业发展有机衔接——经验证据、突出矛盾与路径选择[J].中国农村观察，2019，（01）：15-32.

50亩以下的农户有近2.6亿户，占农户总数的97%左右，经营的耕地面积占全国耕地总面积的82%左右，户均耕地面积5亩左右。并且据初步测算，到2030年经营规模在50亩以下的小农户为1.7亿户，约占全国耕地总面积的70%；到2050年仍将有1亿户左右，约占全国耕地总面积的50%[①]。足以可见，小农户群体的人口数量较多。

再次，小农户应对农业风险的能力相对薄弱。小农户在农业生产中存在着天然的弱势。这是由于在农业生产过程中易受到气候和自然灾害的影响。自然风险是影响农作物产量和农业生产稳定性的关键因素。小农户生产经营中面临的主要自然风险有旱灾、洪涝灾、风雹灾等。根据国家统计局有关数据统计，2016年我国旱灾成灾面积6131千公顷，洪涝灾成灾面积4338千公顷，风雹灾成灾面积1424千公顷。小农户抗灾防灾能力较弱，短期内难以依靠自身能力恢复农业生产。

同时，小农户在市场竞争中处于弱势地位。小农户家庭分散经营、比较收益较低，一家一户的小规模经营很难与大市场对接。以玉米种植小农户为例，农资价格上涨，导致小农户种植玉米生产成本上涨，给玉米生产带来较大经营风险[②]。近年来，随着肥料等农业生产物资价格的抬高，小农户的生产成本也在不断增加，不断挤压着他们生产农产品的利润空间。并且，小农户获取资金的渠道单一，获取市场信息具有严重滞后性，使得他们难以有效生产出满足市场需求的农产品，农产品销售成为问题，从而增加小农户的生计风险。

---

① 屈冬玉.以信息化加快推进小农现代化［J］.智慧中国，2019，（07）：28-31.

② 余晓洋，郭庆海.小农户嵌入现代农业：必要性、困境和路径选择［J］.农业经济与管理，2019，（04）：10-17.

（二）小农户在乡村产业发展中的主体地位

1.国家政策对于小农户主体地位的战略定位

我国对小农户的政策支持在不断地完善，小农户的主体地位也在不断被强化。从表6-1中的中央政策文件要求来看，从十九大报告提出将"小农户和现代农业有机衔接"，到2021年中央一号文件提出将先进适用的品种、投入品、技术、装备导入小农户，国家对于小农户的政策支持具有一致性、连贯性与针对性，不断地从丰富农村产业形态、培育农业产业化联合体、拓展乡村产业链以及完善多种经营主体与小农户的利益联结机制等多方面来保障和巩固小农户在我国农业生产经营中的主体地位。一方面通过发展乡村产业将小农户带入现代农业发展的轨道，另一方面也要尽可能地保障小农户享受到乡村产业发展的各项成果。

表 6-1 关于促进小农户发展的中央政策文件

文件名称	文件内容
中共中央十九大报告（2017 年 10 月 28 日）	构建现代农业产业体系、生产体系、经营体系，完善农业支持保护制度，发展多种形式适度规模经营，培育新型农业经营主体，健全农业社会化服务体系，实现小农户和现代农业发展有机衔接。
2018 年中央一号文件（2018 年 1 月 2 日）	促进小农户和现代农业发展有机衔接。统筹兼顾培育新型农业经营主体和扶持小农户，采取有针对性的措施，把小农生产引入现代农业发展轨道。扶持小农户发展生态农业、设施农业、体验农业、定制农业，提高产品档次和附加值，拓展增收空间。

续表

2019 年中央一号文件 （2019 年 1 月 3 日）	发展壮大乡村产业，拓宽农民增收渠道。创新发展具有民族和地域特色的乡村手工业，大力挖掘农村能工巧匠，培育一批家庭工场、手工作坊、乡村车间。落实扶持小农户和现代农业发展有机衔接的政策，完善"农户＋合作社""农户＋公司"利益联结机制。
2020 年中央一号文件 （2020 年 1 月 2 日）	发展富民乡村产业。重点培育家庭农场、农民合作社等新型农业经营主体，培育农业产业化联合体，通过订单农业、入股分红、托管服务等方式，将小农户融入农业产业链。
2021 年中央一号文件 （2021 年 1 月 4 日）	推进现代农业经营体系建设。发展壮大农业专业化社会化服务组织，将先进适用的品种、投入品、技术、装备导入小农户。

2.坚持小农户主体地位的意义

小农户成为乡村振兴的主体不仅是由于其自身特点适应了我国的历史发展和基本国情，还在于其在促进产业发展、确保粮食安全、维护乡风文明以及保证社会稳定方面的意义重大。

首先，小农户的发展有助于促进乡村产业振兴。乡村产业振兴的核心目标是解决乡村小农户"小生产"和"大市场"间的矛盾，将利润留在农村，留给农民，实现小农户生计、农村社会经济与城市社会经济的深度融合。而要实现这个目标，需要发挥小农户的优势和作用，融入乡村产业发展，将小农户生产的文化和物质产品转化为城镇居民所认可的产品，通过城乡之间的资源互通和良性循环，推动乡村产业发展。一方面，小农户为乡村产业提供人力、土地及生产资料等资源要素和一定消费市场，是乡村产业振兴的重要主体。当前，乡村中的一二三产业不断融合，休闲农业、制造业、休闲旅游业在国家的支持下蓬勃发展，小农户半耕半工的生计模式，可以为其提供丰富的劳动力和农产品，并且，小农户收入的提高也会为乡村产业的发展提供一定的消费市场，从而不断促进乡村产业的壮大和发展。另一方面，随着城镇化的发展，城镇居民的收入不断提高，其对农产品的需求越来越多样化和个性化，规模化和标准化的大型农业企业无法满足这种市场需求，而小农户个性化的手工劳作可以做到。这不仅能够填补市场空白，而且能够促使小农户根据市场需求来调整生产结构，进而促进乡村产业结构的不断优化重组和升级。

其次，小农户的发展有利于保障粮食安全。小农户是粮食生产的参与者，他们的生产条件、生产过程以及生产行为与粮食安全息息相关。从粮食生产的数量来说，小农户对于生产粮食不像粮食公司一样仅仅追求利润的获得而根据市场价格的需求来调节粮食产量和生产结构，他们会根据家庭的需要保持稳定的粮食产量。出于对饥饿的预防，使得他们种植粮食的数量不仅要能吃够这一年，甚至还要留足下一年，多余的再拿到市场上销售。在粮食生产中，小农户对土地有着深厚的感情，特别是中老年农户，发挥其勤劳的精神品格，遵循自然规律，重视对耕地的保护，尽其所能不使耕地抛荒，从而保障粮食生产的土地资源。从粮食生产的安全来说，小农户坚持循环利用的思想，将有机肥和化肥相结合种植作物，并且有的农户还发挥其智慧，利用以虫治虫等乡土技术，减少农药的使用。小农户种植和生产农产品，在满足市场需求的同时也是为了满足家庭需求，因此较为重视农产品的质量和安全。

再次，小农户的发展有利于传承和发扬乡村文明。我国是传统的农业大国，有着深厚的农耕文明。小农户不仅是农业经济的基本单元，也是传统农耕文明的重要载体。小农户在日常生产生活中凝练出生活化、趣味化的乡规民约、村土文化[1]。农村婚丧嫁娶以及重大节日等风俗活动，不仅能吸引外出务工的劳动力回流，也能使得城镇化发展过程中不断产生社会分化的农民产生凝聚力和向心力，同时也能够满足城镇居民对"乡愁"的寄托，是一种联系不同

---

[1] 蒋永穆，刘虔. 新时代乡村振兴战略下的小农户发展 [J]. 求索，2018，（02）：59-65.

地区、不同阶层的精神纽带，并且为乡村产业赋予一种文化价值和文化底蕴。小农户身上继承着华夏农民两千多年来形成的吃苦耐劳、勤劳节俭以及朴实善良的道德和品格。这种道德和品格需要通过他们来弘扬和传承下去，并且可以转化为乡村产业发展的价值引领与精神动力。

最后，小农户的发展有利于维护社会稳定。乡村振兴是相对于农村衰落而言的，农村衰落主要表现为农村居住人口过度减少而导致所谓"空心化"现象，同时伴以居住人口和农业从业人口"老龄化"的现象①。乡村振兴的关键在于产业振兴，通过乡村产业振兴，吸引更多人才、资金回流农村，才能促进人才振兴、文化振兴、组织振兴等其他方面。小农户是乡村中的基本单元，在我国体量庞大，代表着我国农村地区大多数群众的利益。他们的生活、生产和就业都需要农业产业作为支撑。通过乡村产业振兴，促进小农户实现本地直接就业，不仅能提高其收入，而且使其留在农村，从而有效缓解留守儿童、空巢老人等各类长期困扰农村的社会问题。长久以来，小农生产社会保障功能的发挥为我国社会问题的解决做出了重大贡献，小农户用土地保障代替现代社会保障，尤其是小农生产对富余劳动人口的容纳能力在解决我国当前就业难问题、缓解人口压力方面的作用更为明显②。小农户即使进城务工，进入的行业也一般为工资低而且耗费体力的行业，到最后大都会因年龄、精力等问题只能回到乡村度过余生。小农户生产经营模式的存在，可以为他们从城市中退守到乡村提供一条后路，满足其生活和就业的需要。

（三）小农户在乡村产业发展中的参与作用

小农户作为我国农业经营中的主体力量，同时也是农业生产经营的基本

---

① 张强，张怀超，刘占芳. 乡村振兴：从衰落走向复兴的战略选择［J］. 经济与管理，2018，（01）：6–11.

② 姜安印，陈卫强. 小农户存在的价值审视与定位［J］. 农业经济问题，2019，（07）：73–83.

组织单元。由前文分析可以看出，国家对小农户的重视和支持反映了小农户在我国农业现代化中具有不可替代的作用和意义，这是由长期以来的历史经验和我国的基本国情所决定的。同时，小农户经济是中国农村经济社会长期发展的"活水源头"，具有自我激励、自我适应与自我转化的重要功能，蕴涵着不断自我创新与采用同时代先进技术的内在动力①。小农户在历史进程中长期存在，根本原因在于其自身蕴含着生产力的合理性，且能随着时代的进步而不断演变。

在自有生产要素上，小农户具有土地、劳动力等自有优势生产要素，能够为乡村产业发展提供原动力。一方面，小农户拥有土地资源，发展小规模经营具有"船小好掉头"的优势。从地理条件上来说，小农户较小的经营规模与我国的基本国情，特别是与我国人多地少的自然资源禀赋相适应。在我国大多数地区，特别是在西南部等偏远山区，地形崎岖，并不适用于大规模机械化生产，只能采用小农户的生产模式。即使是农业企业，也需要通过订单或者合同的方式来完成生产环节。另一方面，小农户拥有劳动力资源。"人多地少"的局面使得农村存在富余的劳动力，不仅能满足农业生产的需要，还可以为乡村产业发展提供一批熟悉农村，愿意留在农村的劳动力，并且通过他们的辛勤劳动所得为乡村产业发展提供更广阔的消费市场。

在农业经营形式上，小农户以家庭为经营单位，具有减少家庭内部交易成本和监督成本的组织优势。小农经济的优势主要体现在生产领域，由于管理精细且无需外部监督，因而交易成本较低。小农户以家庭为单位进行农业生产经营活动，家庭成员是其劳动力来源，因此可以极大减少来自劳动协商和劳动分工所带来的交易成本、监督成本。同时，小农户的劳动产品主要用于满足家庭生活和消费，因此，小农户对其从事农业劳动有着自然而然的生产积极性与内生动力。

---

① 陈文胜 . 论乡村振兴与产业扶贫 [J] . 农村经济，2019，（09）：1-8.

在农业耕作方式上，小农户采取精耕细作的形式。精耕细作是我国传统农业的精华，萌芽于夏商周时期，形成于秦汉时期，成熟于明清时期。精耕细作的形成与发展，一方面是基于"人多地少"的资源禀赋限制，另一方面基于农民为了维持家庭的生计不计成本投入劳动，正如恰亚诺夫所说，小农户可以在劳动边际产出低于工资的情况下继续投入劳动[①]。农业产业与工业行业有所不同，它的劳动对象是有生命的动植物，难以像工业一般采取标准化和定量化的生产模式，而是需要在生产中展开精耕细作般的照料。农业是人类经济再生产和自然再生产相互交织的过程，而农业生产过程由于气候、土壤等自然因素以及人力、机械等人文因素而充满着不确定性。我国长久以来形成的精耕细作的传统耕作方式，不仅降低了这种不确定性，而且还显著提高了土地的单位面积产量，进而才能在人多地少的国情下供给整个国家运行所需要的粮食。

通过本节分析可以看到，一方面，小农户在乡村产业发展中具备其自身的参与优势，值得在乡村振兴中予以重视。而另一方面，鉴于我国长期较为紧张的人地关系，将大量农村劳动力用于耕作小块土地易出现内卷化，造成低效率。所以在农业现代化的进程中，需要推动适度规模化的经营方式革新，促进分散的农户逐步走向联合或者参与合作，通过组织来作为小农户与乡村产业衔接的载体。

二、小农户参与乡村产业发展的组织形式

（一）小农户与新型农业经营主体

现代农业经营体系的主要构成包括普通农户、家庭农场、农民专业合作社以及农业企业等各类生产经营组织。其中小农户属于在市场经济中处于相对弱势地位的一类群体，单打独斗难以应对纷繁复杂的市场。不得不承认，小农

---

① 恰亚诺夫. 农民经济组织［M］. 北京：中央编译出版社，1996.

户的发展状况是判定其与现代农业衔接程度的重要标准，只有通过现代农业发展中的新型农业经营主体与小农户联结，借助主体之间的优势互补，才能形成资源要素交易与农产品交易的完整衔接结构①。连接即是赋能，无论小农户是依靠产品还是要素，在与现代产业、市场加强联系后，其发展空间都会大大增加②。如此一来，有助于形成高质量发展的农业现代化格局，使得小农户充分享受乡村产业振兴的红利。当前，小农户与各类新型农业经营主体之间通过农业生产要素形成了多种经济合作组织。下面具体分析当前几种主要的组织形式下小农户的参与途径和利益联结机制，以及在不同利益联结形式下可能面临的风险或困难。

1.小农户与家庭农场

20世纪70年代末，家庭联产承包责任制依据土地肥沃程度以及距离居住地远近程度进行土地均分的方式，是造成土地小规模分散经营这一现状的根本原因③。随着土地流转市场的不断健全完善，农地渐渐改变以往的细碎化局面，呈现出相对集中的变化趋势，为小农户的其他工作选择或者自我组织化创造了有利条件。一方面，小农户将土地流转给专业大户或者家庭农场，从农业中解放出来，获得土地流转费从事其他的行业工作；另一方面，小农户通过土地流转扩大经营规模实现横向一体化发展，部分小农户成为专业大户，并组建成为家庭农场。

如以下调研案例1中，HY在农业生产中将土地流转、新型技术应用、先进生产工具使用等手段相结合，由兼业型小农户逐步转型为家庭农场，通过家庭农场经营获得一家三口主要的收入来源。家庭农场能够将家庭经营的优势和土

---

① 蒋永穆，戴中亮.小农户与现代农业：衔接机理与政策选择［J］.求索，2019，（04）：88-96.

② 何宇鹏，武舜臣.连接就是赋能：小农户与现代农业衔接的实践与思考［J］.中国农村经济，2019，（06）：28-37.

③ 田红宇，冯晓阳.土地细碎化与水稻生产技术效率［J］.华南农业大学学报（社会科学版），2019，（04）：68-79.

地适度规模经营的优势进行有机结合，产生良好的经济效益。

 案例1

家庭农场的形成与发展

HY 家中有 3 口人，夫妻俩和一个 26 岁的儿子，起初以家庭承包地生产为主，主要经营小麦与大豆等粮食作物；同时在外地打工，农忙时候再回家，属于典型的兼业型小农。2012 年，HY 开始流转土地，成为皖北地区较早一批专业大户之一，流转规模在 100 亩左右，以较为传统的人工种植收割方式生产。2013 年，在地方政府的大力支持以及与农业社会化服务组织的联合中，收入得到增加，夫妻俩与儿子全部投身到农业生产经营当中，开始扩大规模到 360 亩，并于 2013 年申请了"家庭农场"称号。通过家庭农场的经营性收入，自行购置了旋耕机、拖拉机、收割机等农机具。目前一家人从事农业，基本上能够满足生活支出所需，其儿子也会在农闲时于周边干点其他的工作补充收入。

家庭农场是新型农业经营主体中的基础组织模式，也是未来小农户参与乡村产业发展仍然保持家庭经营传统的基本衔接形式。在以家庭为单位的经营组织中，小农户的衔接程度高，既能保障农户的生产与就业稳定，也能够充分地彰显农业的多功能性。家庭农场与小农户之间的利益联结侧重于以土地承包经营权流转为核心的契约关系。在地块适度集中后，对于本地特色产业发展也会产生规模经济的正向效应。例如，在以下案例2中，巴州区大和乡鑫瑞家庭林场通过流转周边两个乡镇三个村庄的闲置土地（以林地为主），从事林下经济开发，促进了乡村特色种养殖产业的发展。

 案例2

家庭农场通过适度规模经营促进乡村特色产业发展

刘场主是方坝村人，之前是本村的村医。随着农村人口大量外出务工，村医的业务量逐渐减少，他开始寻找新的营生。在经过多方考量后，他最终决定选择以家庭为基础进行农业经营。于2014年开始组建鑫瑞家庭林场，2016年进行工商注册，2016年进行过一次工商变更。农场流转土地涉及2个乡镇3个村庄的681亩土地，其中闲置土地200余亩。自2015年开始养殖土鸡35000余只，养牛34头，养羊250只。在荒山种植红杨树、竹柳等速生用材林。同时种植3万株青花椒，成为当地特色种植产品。林场年均纯收益达到20余万元。

当前，在这一衔接组织中，主要面临的风险在于：一是市场风险。受农业市场机制不健全等因素的影响，农产品价格波动较大，市场供求信息本身就无法完全平衡。加上小规模经营的家庭农场以"生产导向"为主，难以预判市场的具体运行状况，抵抗市场风险的能力往往就会比较弱。一旦出现农业市场频繁变动，家庭农场以自身实力就难以独自应对。二是经营风险。由于农村人力资本的发展能力受限，尤其以农户为主体的家庭农场在组织经营管理能力方面尚有所不足，雇工管理与农产品经营中容易出现一些管理不善的情况，影响其可持续发展。

2.小农户与农民专业合作社

《中华人民共和国农民专业合作社法》于2016年颁布，2017年进行修订。自从该法实施以后，农民专业合作社的发展有了坚实的法律保障。农民专业合作社已经成为引导小农户发展生产和增加收入，构建新型农业经营体系，从而促进农业现代化的重要组织载体。作为农民的联合体组织，农民专业合作社吸纳的目标群体以广大小农户为主。在农民合作社这一组织形态中，当前可能与小农户形成的利益联结形式愈来愈丰富。如案例3中，农民合作社一般会通过盘活农村的土地、资产、资金、劳动力等现有资源，应用土地入股①、资金入股等不同类型的入股分红方式与多种经营模式同小农户建立起利益联结机制。

---

① "股"是指集体成员在集体资产中的具体分配份额。

案例 3

农民合作社与小农户建立多种形式的利益联结机制

开心种养殖专业合作社于 2014 年成立，流转的土地覆盖了 3 个村庄，共计 5700 亩，其中林地有 3316 亩，耕地有 2384 亩。主要经营范围包括核桃、中药材、辣椒、魔芋种植以及鸡、牛、羊养殖等。合作社目前共有社员 106 户。

在入股分红方式方面，合作社现在有三种入股方式。其一是以土地入股，将合作社的股份划分成 100 股，农户流转的 5700 亩土地占合作社总资产的 10%，即合作社股份中的 10 股，农户各自的占股比例按照这 10% 再进行计算。其二是以产业周转金入股。这部分资金来源于 30 万元的产业发展基金，一户农户可以借贷 5000 元，有 40 户贫困农户进行了借贷，利用这 20 万元资金入股，最后按照入股数量进行收益分红。其三是以集体资金入股。集体资金入股金额为 8 万元，是产业发展基金的剩余部分，这部分由村集体统一进行入股，按照 4% 的比例计算分红金额，向贫困农户进行分配。鉴于合作社这三种入股分红方式开始推行不久，尚未完全按照股权结构进行分配，存在对贫困农户一定程度的让利。

在种养殖经营分配方面，核桃种植是按照作业分包的方式分红，即将核桃苗分包给承包大户，承包户再向小农户发放苗木，并安排专业技术人员监督农户种植的情况，农户种好之后交给承包大户，然后按照每株 2 元的价钱支付农户的劳动费用。目前全村 65 户农户参与了核桃种植。中药材则是依据合作社种植土地距离"谁家近，由谁来种植"的原则，合作社统一技术指导，统一组织管理，统一包装销售。39 户参与种植中药材的农户接受合作社调配，种植中药材收益则由农户和合作社按照"五五"进行分红，归农户那部分的收益再按照农户各自的劳动量进行分配。其余的产业亦是按照"谁参与谁收益"原则进行经营分配。

另外，农民专业合作社能够通过其在农户之间的组织能力实现统一品种、统一生产、统一技术指导、统一销售等统一化生产经营，推动小农户生产的标准化进程。比如，以下案例 4 中，林波专业合作社通过统一的生产模式实现了小农户按照相同的市场标准进行生产，更有利于产品销售到市场，获取更高的生产效益。

 案例4

统一化生产促进特色农产品走向市场

林波专业合作社在 2016 年 1 月登记注册，主要进行蚱蚕养殖和茯苓种植。合作社现有社员 27 户，主要采用"基地＋农户"的模式进行生产经营，社员以资金或林地入股，按股分红。2016 年流转贺家河村三组及部分股民公益林 1725 亩，合作社将林地按面积定产量承包给有能力经营的社员，社员同时可以参与经营。目前已养殖蚱蚕 550 亩，种植茯苓 1100 余亩，2016-2017 年年产蚕茧 9000 公斤左右，年产茯苓 20000 公斤左右。合作社按照统一化经营的模式生产经营，所产出的产品标准相对一致，有利于合作社向外销售。年销售纯收入达到 120 余万元，其中蚱蚕纯收入 100 万元，茯苓纯收入 20 万元左右。合作社带动社员户均收入在 2000元～20000 元。

农民专业合作社可能面临的风险主要是：居于资源相对弱势地位的小农户自行组建合作社的可能性还比较低；而且，作为小农户自身而言，毕竟集体利润的分配额度相对较少，出于个体理性的考量，不会主动参与这类利润的分配。这样一来，合作社将可能会成为具有资源优势，在集体中拥有强大话语权的精英群体们的集合体，普通社员与核心社员存在较大的权利差距，影响合作社的高质量发展。

3.小农户与农业产业化联合体

前述两种联结方式均是以横向一体化为主。随着乡村产业向纵深一体化方向发展，小农户与新型经营主体开始通过农业产业化经营组织进行联结。而农业产业化经营组织的最新表现形式是农业产业化联合体。农业部等国家六部委《关于促进农业产业化联合体发展的指导意见》中指出，龙头企业、农民专业合作社和家庭农场等新型农业经营主体是以分工协作为前提，以规模经营为依托，以利益联结为纽带的一体化农业经营组织联盟。即不同类别的农业生产经营组织通过紧密的利益联结机制实现联结，经过组织相加，功能互补，效益共享，风险共担，以确保农业生产经营组织联盟的稳定性。整体来看，联合体所涉及的主体包括农民专业合作社、家庭农场与普通农户，这是目前小农户与新型经营主体联合中主体要素最为齐全的组织形式。在组织内部，小农户一方面将土地流转给专业大户或者家庭农场等新型经营主体，另一方面将土地托管给提供生产性社会化服务的农民专业合作社，间接参与到农业产业化联合体的运营当中。

目前来看，小农户与农业产业化联合体的利益联结机制主要表现在四个方面。第一，小农户能够分享土地流转的收益。小农户将土地流转给规模经营主体获得流转金，或者自发流转周边小农户的土地成为专业大户，继而成长为家庭农场，这两种方式在联合体的形成中都并不少见。第二，小农户能够分享土地托管服务收益。联合体中的服务组织以针对大宗粮食作物的托管服务为主，对于以传统粮食为主导产业的农业地区增产增收发展起到良效，同时，土地托管不涉及土地经营权的变动，往往更为广大农户所接受。以安徽省宿州市的淮河农业产业化联合体为例，如表6-2所示，在土地托管后，小农户的生产成本较托管前减少，由单产增加所带来的亩均产值有所增长，最后所获得的利润更是明显增加。

表6-2　H联合体中小农户参与小麦生产托管前后的投入—收益变化情况表

分类项目	托管后	托管前	备注
劳动力投入（工 / 亩）	3.40	4.20	规模经营，亩劳动力投入降低
劳动力价格（元 / 工）	60.00	50.00	自用工 50 元 / 天，雇佣工 60 元 / 天
种、苗投入（元 / 亩）	42.50	63.00	托管后比农户习惯种植亩节省 20.5 元
农药投入（元 / 亩）	25.00	30.00	托管后统防统治，亩用药节约 5 元
化肥投入（元 / 亩）	147.00	180.00	托管减少不合理化肥使用量，亩节省 15 元；联合体统一购肥，亩节省 18 元

续表

分类项目	托管后	托管前	备注
农家肥投入（元/亩）	5.00	2.00	土地托管后实行秸秆还田，成本增加
耕种收机械费（元/亩）	90.00	110.00	土地托管后规模经营，降低机械费用
灌溉费（元/亩）	15.00	15.00	——
工具材料费（元/亩）	7.00	5.00	——
其他费用（元/亩）	3.00	2.00	——
成本合计（元/亩）	539.12	614.37	土地托管后生产成本亩节省 75.25 元
产量（斤/亩）	1052.00	902.00	托管后农户比普通农户亩增产 150 斤
出售平均单价（元/斤）	1.32	1.15	土地托管后小麦良种繁育，价格高 15%
产值（元/亩）	1388.64	1037.30	土地托管后小麦亩产值增加 351.34 元
利润（元）	849.52	422.93	土地托管后小麦亩利润增加 426.59 元

数据来源：根据实地搜集的二手资料整理所得。托管前小农户种、苗投入为 17.5 公斤，托管后小农户种、苗投入为 12.5 公斤，土地托管后比农户习惯种植亩节约种子 5 公斤。

第三，小农户能够分享品牌溢价收益。随着联合体这类组织形式的发展，一些企业的基地规模有所缩小，渐渐剥离自身的生产业务，转向与家庭农场、合作社、普通农户等生产者的紧密合作。联合体内的农业企业大多拥有绿色、无公害类农产品品牌，农业企业的品牌在联合体成员内可以统一使用，前提是需要按照农业企业制定的统一生产标准进行生产。以往单家独户的小农生产标准往往不统一，农产品难以进入市场或者出售价格不高。在联合体统一种植品种、统一生产技术以后，小农户的农产品达到企业销售标准，才可以借用企业的品牌销售到市场中，获取相对丰厚的生产利润。其实，以盈利为主要目的的农业企业之所以愿意以高出市场的价格与小农户签订订单，除了降低自身的生产成本与管理成本，品牌溢价也是解锁这一奥秘的答案。农业企业利用高价回收农产品，就是将溢价的这部分显性化。其所带来的超额利润使得小农户产生内生价格激励，从而采用更高质量水平的安全生产[①]。如此来看，小农户在联合体中能够分享到品牌溢价收益，而这一溢价也将形成正向的循环激励。

① 李丹，周宏，周力. 品牌溢价与农产品质量安全——来自江苏水稻种植的例证 [J]. 财经研究，2021，（02）：34-48.

第四，小农户能够分享产业链延伸收益。创新拓展源于市场主体的内生能动性。联合体通常由一些农业生产经营组织共同组成实力较强的组织联盟，农业企业为组织的主导者，在延伸产业链与促进一二三产业融合上具备天然的优势，而且产业链延伸是一个龙头企业未来发展的必然趋势。如案例5，小农户通过农民专业合作社等经营主体嵌入到联合体中，分布于不同的产业链条之上，从而可以获取订单生产的收入、务工就业的收入、入股分红的收入等。

 案例5

C联合体延长产业链促进小农户增收

C 联合体的组成单位既包括养殖型农业生产经营组织，又包括种植型农业生产经营组织，具有明显的种养结合生产的特征。C 企业牵头成立联合体，在前端环节，小农户按照订单进行饲草饲料生产（玉米青贮等），同时，可以联合入股创建家庭农场进行肉牛养殖；在中端环节，合作社提供种养殖技术和生产性服务，带领小农户将种植的饲草料加工为肉牛饲料，将牛粪便处理成为堆肥供给当地农户作为农作物肥料；在后端环节，企业（具备屠宰证）培训当地小农户进行肉牛屠宰，参与牛肉加工环节，形成几十种不同的牛肉制品。

小农户与农业产业化联合体衔接可能面临的主要风险在于：存在强弱差异的经营主体联结于同一组织结构中，形成不对等的委托代理关系，从而易引发新型经营主体的道德风险、农户机会主义的负面问题；同时，由于目前两者衔接的程度还不够，小农家庭与其他联合体内成员之间容易滋生排斥性，产生"去家庭化"的反向发展趋势等。

（二）小农户与农村集体经济组织

农村集体经济组织内嵌于乡土社会，众多具有村集体成员身份的村民是集体经济组织的成员。在现今提倡参与式发展的背景下，作为相对弱势群体的小农户被"赋权"和鼓励主动参与，使其在村庄层面获得参与决策机会，这是产业发展的核心要领，村集体经济组织成为带动小农户打通大市场的重要力量。尤其在村集体的政治功能与经济功能划分开后，村集体经济组织逐渐成为可供小农户选择的最佳经济合作组织，也成为小农户进入农业市场的最佳代理者。

　　农村集体经济组织相较于新型经营主体，在整合土地、生产资料、劳动力等资源上更能体现出其优势。一来，村集体经济组织本身作为村庄社会网络的集聚中心，在特定地域范围内组织小农户更具有便利性。二来，村集体是受到国家机关委派的基层管理机构，肩负农业有效治理的任务，具备联结众多小农户衔接现代农业的行动力。从梁平区农业生产性社会化服务创新试点情况（案例6）来看，村集体经济组织在鼓励小农户参与现代农业生产方式方面发挥了重要作用。

案例6

村级层面宣传土地托管服务，鼓励小农户与现代农业衔接

　　梁平区坪村从村集体层面宣传土地托管的益处，党员与大户带头示范加入土地托管。坪村共有1186户，3723人，其中举家外出有423户，占全村人口的1/3，空巢老人占1/4。村庄拥有耕地面积3500亩，水田面积2600亩，以梯田为主，近几年出现了梯田少许撂荒的现象。而且水稻种植户以60～70岁左右的老年人为主，随着年龄增长，在春播秋收最忙碌的两个月里，这些老人身体往往吃不消。恰逢村中有一个农业生产性服务组织蒋某购买了一些农业生产机械，包括微耕机、无人机、植保机等，于2016年在坪村初次服务了300亩水田，取得了很明显的效益。村主任认为不得不转变对农业生产性服务的态度和观念。于是，首先，通过召开村级会议或者村民小组会议来宣传农业生产性服务的好处；其次，通过召开党员大会，以村中的85名党员带头进行托管示范；再次，鼓励蒋某为村庄中其他的种植大户进行部分环节托管服务。截至2018年，蒋某成立的服务组织已为坪村托管水田面积达1300多亩。

村集体以其柔性手段切入到乡村产业建设当中，以公共利益为目标，能够带动小农户深度参与。在土地整合方面，村集体经济组织出面协调小农户将细碎化的土地整合成块，便于开展全程作业服务，同时将闲置的土地交由服务组织进行托管，能提高土地利用效率，促进农业生产。在生产资料整合方面，村集体经济组织能够协助本地服务组织将村庄中的农用机械加以整合，并作为村民的代理者与服务组织协商种子、化肥、农药等生产资料的价格。在劳动力整合方面，以土地集中为基础，依托土地承包经营或者托管服务关系，逐渐调整农村劳动力分工结构。

另外，村集体经济组织作为小农户与社会化服务主体有机结合的纽带，经过村集体的有效介入，能够快速减少服务组织与服务对象之间的陌生感，润滑彼此之间的服务关系。如案例6中，通过村集体经济组织的推介，党员与大户的带头示范，本地兴起的服务组织在同一个村庄内实现了较大的服务范围覆盖。而当双方遇到一些矛盾纠纷需要调处时，村集体更具有话语权代表接受服务的小农户同服务组织进行协商谈判，及时处理矛盾问题。

小农户通过农村集体经济组织链接到乡村产业振兴进程中可能面临的困难是，自从我国双层经营体制建立后，农村集体经济发展呈现出重"分"轻"统"的变化趋势，加上农村集体经济组织的实力整体上还相对薄弱，难以独自发挥有效组织小农户的功能。需要通过镇域范围内多村联合建设，提高单个村集体经济组织的能力，同时需借助多条渠道提升集体经济自身收入，以增强其发展实力。

三、乡村产业发展与小农户的联结机制

鉴于上述分析，小农户通过不同的组织形式参与乡村产业发展，无论是市场化的组织形式，还是以统分结合为基础的村集体组织形式，对于小农户的组织化均起到了正向作用，但是不可避免的也存在一些运行风险或困难。总体

来看，依托两类组织载体，运用土地流转、土地托管、合同契约、资产资金入股、订单农业合作等手段，形成了小农户与乡村产业发展的不同类型联结渠道。依据发展现状以及对未来趋势的预判，为进一步促进乡村产业发展与小农户紧密联结，可以在规模化经营扶持机制、契约型利益联结机制、股权型利益联结机制、市场直销型营销机制、农产品价格保护机制等多重联结机制方面予以综合提升。

（一）规模化经营扶持机制

农业现代化的主要特征为规模化经营，而且针对我国长期以来人多地少、土地细碎化的现实农情，促进土地规模化经营也是一条必然的破解道路。而目前我国农业经营活动多以家庭经营为主要单位，经营主体仍然是占据绝对大体量的小农户，他们从事着小规模分散化的生产经营，难以获得资源集中的优势。因而，政府部门持续建立适宜本地的规模化经营扶持机制成为首要选择。

一方面，要建立土地流转与土地托管相结合的规模化经营路径。在过去十余年间，我国无论是在政策表述还是在地方实践中，均采取土地流转的途径走向规模化经营。但是，从实际情况来看，家庭承包耕地的流转率自2013年快速增长以后，于2015年开始增速放缓，同时，大量存在的小规模农户在缺乏替代生计的情况下，对于让渡土地使用权或者控制权存在着诸多疑虑[①]。在这一状况下，单纯依靠土地流转的方式促进规模化经营已经不具有可操作性，需要转变以往的单一规模化经营模式，以不同方式相结合稳步推进。通过在政策层面鼓励开展土地托管服务，在不改变土地承包经营权归属的基础上，推动服务规模化经营的实现，进而推动规模化经营的发展进程。

另一方面，要重视发挥农村集体经济组织在促进规模化经营中的作用。

---

① 焦芳芳，刘启明.土地托管：小规模走向大生产的路径选择——基于L区创新试点的思考［J］.新疆社会科学，2020，（04）：31-40，146-147.

随着乡村产业向纵深处发展，无论是在产业前端最基础的生产环节，还是在产业后端的经营销售环节，村集体的组织功能与衔接作用均愈发得以彰显。不得不承认，从村组层次起到"统"的作用，是整个产业发展系统中绕不开的重要一环。通过鼓励村集体经济组织参与到实现乡村产业发展和小农户的利益联结当中，在小农户与各类新型经营主体之间搭建一条互相联系的桥梁，能够促进农户自主联结到各类市场主体，再依据市场机制的调节规则自动形成规模化经营。

（二）契约型利益联结机制

契约促使小农户与新型经营主体产生直接关联，是两者之间所建立的最常见利益联结机制。建立契约型利益联结机制意味着各类生产经营主体之间建立有形或无形的委托代理关系约束，并在这类约束下分别形成委托者与代理方。一般而言，契约型利益联结机制分为显性契约与隐性契约，正式契约与非正式契约等不同形态。较为常见的正式且显性的契约以订单农业中的商品契约为主。

简单而言，商品契约是围绕小农户生产的农产品作为双方交易的实物商品进行的联结。即新型经营主体依据市场行情与农户签订明确具体的收购数量、最低收购价格的订单，农户则根据签订的订单展开生产。商品契约的联结程度往往会受制于主体的履约精神。前文提及各类主体之间有实力强弱之分，可能会出现零和博弈的情况。实力较强的新型经营主体维持持续履约的动力较弱，他们更倾向于寻找生产能力更强的经营主体合作；与此同时，小农户虽然在农业经营中处于相对弱势地位，但并非全然按照合同规则完成农产品交付，遇到市场价格涨高时，他们也会倾向于出售给出价更高者。如此一来，容易导致合作双方利益的损失。

针对传统的契约型利益联结机制需要进行适当调适，逐渐赋予农村集体经济组织监督的职能。在签订商品契约时，若条件许可，可以以村干部作为见证方，对于村庄范围内契约联结中出现的严重违约情况予以纠偏，确保双方利益不受到过度的冲击。同时，推广农业产业化联合体的组织模式对于商品契约的违约情况也会有所改善。农业企业的订单下发给农民专业合作社，农民专业合作社再向家庭农场、小农户等生产主体分散订单需求。农民专业合作社成为中间组织，既能够督促小农户完成企业的订单需求，保证企业的市场供给，也能够在必要时发挥自身的话语权，保障小农户的利益不受侵害。

（三）股权型利益联结机制

股权型利益联结机制是相较于商品契约型利益联结机制，小农户参与深度更深的一类利益联结机制。这类联结机制会赋予参与者更大的话语权，不同于单纯的农产品收购合同关系、土地承包经营权转让关系所形成的弱联结。农户借助于土地、劳动力、农机具、资金等各类农业生产要素，在经过协商或者评估折价后，投资入股新型经营主体，形成土地股权型利益联结机制、劳动力股权型利益联结机制以及资金股权型利益联结机制等。一方面可以充分激活农村生产要素的价值，另一方面能够将小农户拥有的资源真正嵌入到乡村产业发展的一些关键环节当中。

建立以生产要素为基础的股权型利益联结机制需要注意以下几点。首先，应当鼓励小农户以自有资产入股到农业企业或者农民专业合作社，促进要素股权更大程度地实现。当前小农户与乡村产业衔接程度相对较弱的主要原因在于两者之间缺乏紧密的联结机制，大部分农村地区股权型利益联结机制并未真正建立起来。故而，在产业振兴中应继续探索更深入的股权型利益联结机制，鼓励分散农户集体入股到农业企业，分享外部团体的分红收益。其次，提倡经营主体制定科学合理的股权等比收益分配原则。无论是有形的土地、农机具、资金等生产要素入股，还是无形的劳动力生产要素入股，在股权安排中都需要按照一定比例换算成相应额度的股份，使得股权分红有据可依，确保收益分配的公平公正。再次，引导经营主体创新利益分配方式，形成多样化的利润分配方案，增强生产经营主体之间的联系紧密度。可将利润分配内化到生产加工环节，分享生产加工收益；同时还可以延长到销售环节的利润分配，采用盈余分配、二次利润返还等分配方法，多种分红方式相结合，提升小农户参与到产业各个环节的水平。

（四）市场直销型销售机制

发展现代农业的途径就是改造传统农业，将农业生产经营纳入到市场机制当中运作。在小农户群体中建立市场直销型营销机制是将其直接纳入到市场环节的重要方式。市场直销型销售，顾名思义，就是农户将农产品直接销售到市场上的消费者手中，减少各种中间环节所产生的生产成本。这是区别于通过中间销售者向外销售的一种营销模式，小农户能够自主规划自己的生产与销售，拥有更大的自主权利与发展空间。

建立市场直销型销售机制，首先需要完善已有的市场直销型销售模式。以往小农户会采取将农产品通过熟人关系或者在小范围区域内向特定群体进行直接销售的方式，例如我们所熟知的在城郊地区的社区支持农业等形式。而这类销售模式的覆盖范围与体量比较有限，同时农产品安全检测水平尚有不足，需要在村庄或社区中加强针对这部分农户群体的相关教育培训。可以围绕"农产品市场销售"这一主题提供更充分的"新农人"学习机会，加强他们的种养殖生产规范，提高销售服务质量等。同时，需规范一些市场直销型销售的新形式。尤其近些年来，新兴的市场直销型销售有新媒体销售、"互联网+销售"等新业态模式出现，推动农产品经过线上交易并借助快递的运输渠道送达消费者的餐桌。小农户通过微信、微博、抖音等新媒体以及淘宝、拼多多等网络平台推销自己的农产品。在鼓励和引导小农户通过这些新兴平台销售农产品的同时，也需要意识到，这些平台一般进入门槛相对较低，产品质量良莠不齐，产销之间容易出现信任鸿沟。因而需要加强网络直销模式的规范性，一方面，对小农户的上架产品不定期进行合理合规的产品抽检，并尽可能减少鉴定产生的成本；另一方面，设置有关诚信惩戒规范，对于一些违背交易诚信参与市场销售的行为进行相应的惩罚，保障网络直销市场环境的健康有序。

（五）农产品价格保护机制

农产品价格保护是最直接的农产品支持机制。在我国，农产品价格保护机制更侧重于针对作为传统粮食类产业生产者的小农户的支持，其中主要的、常见的表现形式是粮食最低收购价机制。粮食是比较特殊的农业商品，传统粮食类产业是从业人数最多的产业类型，也是最弱势的一类产业类型，受到市场供给关系的变动影响较大。为持续保障粮食产业的稳定与安全，特别需要政府部门的政策引导以及经济扶持。而且通过建立农产品价格保护这一机制，能够增强规模化经营主体的从业积极性。另外，乡村产业发展的主要目标正在于维护我国的粮食安全与食品安全，保持关乎国计民生的重要农产品稳定生产。

鉴于以上考虑，在乡村振兴中应该继续坚持对部分特殊农产品的价格保护机制，尤其在市场价格出现波动时，应顺应市场客观规律采取政府低价收购的方式保持其稳定性。针对粮食类产业持续建立最低收购价机制，可确保当前占据农业生产经营者最大体量的小农户持续种植粮食作物的信心。同时，尝试适当拓展参与农产品价格保护的市场主体范畴，以及创新试点将更多的小农产品类型纳入价格保护行列。依托多元农业生产经营主体与小农户建立紧密合作关系，在农产品收购时为小农户设置一定的最低价格保障水平线。并结合蔬菜、生猪、特色农产品等各类农产品的价格指数保险新模式，采取政策支持的手段促进价格指数保险的推广。鼓励小规模经营主体主动购买此类保险，使其一旦遇到实际农产品价格低于目标农产品价格时可以申请相应的保险补偿，避免生产成本的过度损失。

四、小农户衔接乡村产业发展的路径思考

（一）提升小农户的组织化程度

实现乡村产业振兴的重要标准之一在于小农户的振兴。总体来看，目前相对分散的小农户实现振兴脱离不了组织化的过程，以组织衔接为基础，围绕组织衔接所产生的关系衔接是联结小农户与乡村产业发展的重要纽带。无论是小农户与家庭农场、小农户与农民专业合作社、小农户与农业产业化联合体等新型经营主体联结，还是小农户与农村集体经济组织联结，都是走向组织化的重要组织形式。具体而言，从已有的地方实践案例来看，在不同的形成条件与发生环境中所产生的不同模式均存在一定的组织优势。如下表6-3所示，第一，小农户通过土地流转的途径形成家庭农场，参与到产业发展当中，在这一组织化过程中，主要是以土地经营权流转为核心的契约联结。第二，小农户通过生产要素入股的途径参与农民专业合作社，在这一组织化过程中，主要应用自有资源入股进行股份联结。第三，小农户通过土地流转或者土地托管的途径参与到产业链延伸的各环节进行利益联结。第四，小农户通过经济合作的方式组成村集体经济组织。集体经济组织是村庄范围内集体成员的联合组织，能够将集体资源进行有机整合，发挥最优配置，具备天然的组织小农户发展生产经营的优势。

表 6-3　不同组织形式下小农户的参与途径与利益联结机制

组织形式	小农户参与途径	利益联结机制
小农户与家庭农场	土地流转	以土地经营权流转为核心的契约联结
小农户与农民合作社	生产要素入股	自有资源入股的股份联结
小农户与产业化联合体	土地流转、土地托管	参与产业链各环节的收益联结
小农户与村集体经济组织	经济合作	基于集体资源的有机整合

这些不同组织形式下的不同利益联结机制为小农户参与乡村产业发展提供了多重选择。从逻辑机理上来看，如前所述，小农户单家独户难以应对纷繁复杂的市场，直接将它们推向市场会产生巨大的社会风险，但不可否认，小农户本身就具有乡村产业发展所必需的一些生产性资源。无论哪一类组织载体充当小农户与大市场之间的中间者角色，起到的重要作用之一均在于使得他们的生产资源转变为市场主体的经营资产，经过与市场经营主体发生联结，使小农户直接或间接地进入到农业市场当中。因而，当小农户组织化的程度愈高，其参与乡村产业发展的程度将会愈深。

（二）增强小农户的自我发展能力

提升小农户的组织化程度是发展的首要前提，而提升他们的内生发展能力同等重要。在当前的利益联结机制建构中依然存在着较为明显的实力失衡问题，导致在一些组织形式中小农户始终处于相对弱势的地位。只有小农户自身发展能力得到提升，才能增强其在各类农业生产经营组织中的话语权，才可能持续地参与到乡村产业发展的各项事业当中。

因而，在后续实践中，一方面，要通过与市场主体的联结进行内部赋能。总体而言，在小农户组织化的过程中，同各类农业生产经营组织开展的契约联合、要素联合、收益联合以及经济合作等在一定程度上能够盘活既有的资源资产，充分引导市场要素进入农业、农村领域。更为重要的是，区别于传统农业生产中，生产要素完全掌握在小农户手中，由农户单家独户完成生产环节，然而产出的农产品却难以融入市场或者难以以稳定的市场价格销售。现在无论是借助于农产品还是农业生产要素，在不同主体的联合互动中都更能够提升小农户参与现代农业发展的空间、渠道与能力。

另一方面，通过外部技术传输的方式增强技能。在当前，乡村产业发展的整体趋势是推动农业现代化的逐步实现，促进一二三产业之间的融合发展，打造数字农业、智慧农业等新型产业发展业态。正是基于农业现代性渐显的基本走向，农业生产技术也呈现出迅速的更新迭代。传统的生产技术有值得坚持继承的内容，也有需要为新兴技术所替代更新的内容。小农户在适应未来产业发展的过程中，必须提升自己的各项生产技能，而技能的习得往往是由个体在自身已有技能的基础上获得提升的那一部分，一般要通过外部的技术传输得以实现。提升小农户的自我发展能力也应当成为政府部门在农业治理中需要关注的一个重要方面。

在具体做法上，应积极开展以小农户为主体的各类实用生产技能素质拓展训练。在乡镇匹配相应数量的农业技术推广人员，并鼓励一些掌握先进技术的本地生产者、推广新型技术的科研单位或者高等院校内的工作人员，通过多种形式向农业生产从事者进行现场教学演练。同时，尤其需要加强针对新型职业农民的教育培训与技术服务。新型职业农民是农户群体中的新生力量，也是未来农业发展的主要力量。加大对于这类群体的技术培训力度在一定程度上既可以对其他小农户起到示范带头的作用，也可以激励小农户通过教育培训成为新型职业农民，以农为业，进而得到更多的学习机会。

（三）关注小农户的发展权益保障

在促进乡村产业振兴与城乡融合发展的宏观背景下，同各类新型农业经营主体联合为小农户衔接现代农业创造了一些机遇，但是，在各类利益联结机制下，不同权利主体的利益博弈中，需要强调对于实力相对薄弱的小农户群体的保护，避免不同新型经营主体直接竞争带来弱势者"失语"的不良情况发生。而且，不可否认的是，小农户在未来很长一段时间内仍然是在农业生产经营者当中占据大多数体量的群体，在乡村产业发展中占据主体地位，并发挥重要的参与作用。小农户的权益保障是促进产业兴旺的基本前提，关系到乡村产业发展的可持续性，更关系到农业经营体系的整体稳定性。

　　因而，在后续的乡村产业一体化发展进程中，既要关注到横向一体化中适度规模化经营的实现，培育本地小规模经营农户逐渐增强实力，形成健康运营的新型经营主体；也要关注到纵向一体化中不同生产经营组织之间的分工协作，通过构建不同类型的利益联结机制，由原先小农户和新型经营主体之间单纯的产品型联结向要素型联结乃至股份型联结转变，探索多元主体联结程度更为深入的参与形式，确保小农户的产品类收益、要素类收益以及分红类收益等得到充分满足。同时，建立针对小农户的风险保障机制，一方面，积极推广农业政策性保险以及多种类型的农业商业性险种。政策性保险主要由中央、省级财政补贴，参保主体负担比例相对较小；而商业性保险则是由地方政府与经营主体共同承担保费，在应用农业类商业性保险中可以适当向小农户群体倾斜。可由农业农村部门牵头，财政部门提供相应补贴，其他有关部门协同，继续深化探索针对小农户群体的气象灾害险、价格指数险等险种，并尝试推广将信贷与保险相结合的融资模式等。另一方面，鼓励不同农业生产经营组织探索设计小农户的最低风险保障机制。一旦小农户在农业生产中所面临的农业风险与经营中所面临的市场风险过重时，可以在组织内部采取生产成本兜底保障的措施加以扶持，争取达成农业组织共担风险、共享收益的集体发展目标。

第七章

乡村产业振兴的国际经验

　　产业发展是经济社会发展的核心动力，乡村振兴需要产业兴旺来驱动。产业振兴是乡村振兴启动器，能够推动乡村快速发展[①]。乡村和农业发展的转型是国家发展转型的重要组成部分。从全球各国的发展阶段来看，乡村产业发展从以满足农产品供给为主要功能的第一产业向具备复合型功能的一二三产业融合转变是非常重要的路径，也就是通过乡村产业内涵和外延的拓展来阻止乡村的衰落。各国通过设计和实施一整套农村发展政策，实现缩小社会差异与区域差异的目标，促进结构转型和农村转型并进，农业逐渐向工业和服务业转变，生产力不断提高，多样化、商业化趋势明显，非农就业增加，乡村可持续发展目标明确，进而实现乡村振兴。

　　世界上其他国家有很多的尝试和成功的经验。在亚洲，日本为了解决由于国家快速工业化和城市化所导致的农村发展滞后问题，发起了以挖掘本地资源和尊重地方特色为特点，立足乡村、独立自主、面向未来的造村运动。各地根据自身情况因地制宜地培育有地方特色的农村发展模式，创造"一村一品"的成功发展之路。泰国制定"2015—2021年有机农作物发展战略"，推出"有机泰国"商标，专门制定农作物的国家标准和国家认证计划，以提升泰国稻米的品牌价值。泰国还通过"一村一品"项目，政府扶助每个村镇利用当地自然资

---

① 胡高强，孙菲.新时代乡村产业富民的理论内涵、现实困境及应对路径[J].山东社会科学，2021，（09）：93-99.

源和特有材料，发展富有文化内涵的传统产业，生产特色产品。面对和日本相同的城乡关系背景，韩国开展了以政府努力支持与农民自主发展相结合为特点的乡村振兴行动，搜索开展旨在改善乡村硬件环境和居住条件的新村运动，以促进乡村传统农业转型升级和延伸农业产业链条为特点的乡村工业园区发展，以旨在提升年轻人发展动力的乡村观光休养资源开发为主要路径的治愈农业发展模式。新加坡立足自身条件发展都市农业，首先发展现代化集约的农业科技园，提高食品自给率，其次兴建科学技术公园，促进生产力发展，最后达到建设都市型科技观光农业，推动经济社会发展的目标。

在欧洲也出现了类似循序渐进型、精简集约型等乡村振兴发展模式。由于地理条件的制约，很多欧洲国家面临国土面积不大、乡村资源相对匮乏的情况，因此需要整合现有农村资源进行发展，进而实现产业发展振兴乡村的目标。荷兰通过《土地整理法》《空间规划法》等政策法规的出台，明确农地整理的目标，科学合理规划土地，实现农地经营的规模化和完整性，转向多目标体系的乡村建设，为进一步发展农业产业打下坚实基础。瑞士以绿色、环保理念为依托，十分重视自然环境的美化和乡村基础设施的完善，将乡村社会的生态价值、文化价值、休闲价值、旅游价值以及经济价值相结合，从而改善乡村生活质量，满足地方发展需求。法国则通过提高农业生产组织化和现代化水平以及先进的市场化手段来提升农业的附加值，通过发展休闲农业、乡村旅游业来促进第三产业的发展。这些国家在乡村产业振兴方面的共同特点是以第一产业为基础，将历史、文化、自然资源以及基础设施条件和第一产业结合，形成富有乡村特色同时又具有现代加工业和服务业要素的三产有机融合，从而实现农业功能的拓展和乡村资源的有效利用，促进乡村振兴。

以上国家在乡村产业振兴中的实践探索，都深深植根于本国农业资源条件。面对不断发展和变化的社会经济环境，或不断完善政策支持体系，或充分挖掘自身农业发展优势，在实践探索中有很多很好的经验值得借鉴与参考。本章将重点讨论国外乡村振兴的主要做法，与之前章节内容相呼应，从"国家政策措施支持""农业标准化与品牌化建设""农业产业市场化发展""乡村产业发展新业态""与小农户有效衔接"等方面进行梳理，希望对我国乡村振兴战略的推进有一些启发。

一、乡村产业振兴政策体系建设的国际经验

世界上大多数国家的乡村产业发展都面临着或多或少的问题，给各国的经济发展带来了一定程度的挑战。为实现乡村产业的可持续发展，各国政府依托本国的农业基本国情和不同的发展阶段与形势，制定并实施了相应的农业政策。如何制定以及调整乡村产业发展的政策，使其能够符合国家农业改革的现实需求和国际农业的发展潮流，是现代农业发展的必然要求。各国在农业产业的保护支持、组织保障和规范等方面政策体系建设提供了一系列的经验，对于我国乡村产业振兴具有重要的借鉴意义。

（一）增强供给型政策：提高乡村产业的要素供给

各国关于乡村产业振兴的支持性政策主要体现在资金、土地、人才等方面的投入和支持。这些保护和支持政策，在保障粮食安全，发挥农业农村多功能性，推进农业可持续发展以及乡村振兴方面发挥了至关重要的作用。

以日本为例，因其土地经营规模小、劳动力匮乏等因素，长期以来日本的农业政策都表现出了高度保护的特点。为促进乡村产业的发展，日本于2010年出台了《关于促进农林渔业经营主体利用本地资源开创新业务及地方农产品利用的法律》（简称《六次产业化·地产地消法》），构建了包括产业、金融、主体、组织形式以及预算等内容的完整的乡村产业振兴制度体系。在立法支持上，日本对乡村产业发展进行立体化支持，通过立法明确了支持对象和支持内容，搭建了地方六次产业化推进机制，推动了日本乡村产业的发展。同时，在

资金支持上，2013年2月，由政府出资300亿日元、社会出资19亿日元成立农林渔业成长产业化支援机构（A-FIVE），设置农林渔业成长产业化基金，以补贴形式支持开展六次产业化业务的经营主体。在配套政策上，都道府县六次产业化发展中心与中央六次产业化发展中心协同，实施有助于六次产业化主体改善经营的措施；中央六次产业化发展中心负责选派熟悉全供应链的管理人才，支持将受助主体培养成为地方示范从业者；支持农业从业者与外食或半成品加工企业的合作、肉类展销会的举办以及信息共享机制的构建；开展六次产业化的普及和推广，甄选六次产业化示范案例和开展地产地销的全国性代表进行表彰，并通过杂志和网络媒体广泛宣传。

再如欧盟，于1962年颁布的欧盟共同农业政策（Common Agricultural Policy，CAP），是欧盟在其成员国内统一实施的农业政策。其主要目标是为成员国农业农村可持续发展提供资金支持，保证5亿欧洲居民能够享有供应充足、价格合理的安全食品，保障农民过上公平体面的生活，促进农业持续健康发展。欧盟共同农业政策在保障欧盟食品安全，维持内部农产品高自给率，提高农产品国际竞争力等方面起着至关重要的作用。2014年，欧盟对农业政策实行改革并颁布了欧盟共同农业政策（2014—2020），新增了三个长期目标：即可靠的粮食生产、自然资源可持续管理、平衡的区域发展，以及六个优先支持的方面：即促进农业和农村地区知识传播和创新、增强农业生产竞争力和活力、促进创新性技术推广、改良食品供应链结构、修复保护和提升农业生态系统、促进农村地区社会包容。同时，欧盟也加大了对欧盟共同农业政策实施相关的财政投入，并优化了资金的管理模式。

（二）回应需求型政策：建立乡村产业的组织保障

除了乡村产业供给型政策，乡村产业振兴的支撑政策还包括强化科技和人才支撑，建立农业支持和保障体系，激发各主体活力，使其能够更好地融入到市场化的洪流中，从而推进乡村产业的全面振兴。乡村产业振兴的国际经验中，美国、德国等大多数国家都注重发挥农业协会等组织的功能和作用，使其能够在农民和市场之间建立有效的联结沟通机制。

韩国的农协正式成立于1961年，朴正熙政府颁布新《农协法》后。根据新的法律规定，两个以前独立存在的组织——国家农业协同组合与农业银行合并，并成立了韩国农协（the National Agricultural Cooperative Federation NACF）。韩国农协作为韩国农民最大的经济合作组织，在农业农村发展中扮演了重要角色。从1961年正式成立至今，其组织体系不断扩大和完善，已经发展成一个庞大的组织体系，是政府自上而下建立的一套集金融、信用、流通、购销、服务于一体的合作组织。在乡村产业振兴方面，韩国农协成立以来，为韩国乡村产业的发展提供了一系列支持与服务。具体而言，包括参与制定农业法规政策，为农业管理和农业经济的各项政策提供参考；对农民进行培训，提高其管理水平；在全国的所有生产区建立农业销售网，加大农产品的销售与供给；通过农业市场自动反馈系统、成员合作咨询及培训项目等，帮助生产者分析市场信息的变化；在进行业务运营监督管理的同时，在政策和资金方面给予相应的扶持等。此外，韩国农协在保护国内农业市场，防止农村经济体系崩溃，延缓农村经济萎缩，改善和提高农民生活水平等方面发挥了重要作用。

再如，德国农业协会（简称"DLG"）自1885年创建以来，成功架起了农业和食品领域中理论和实践交流的桥梁。该协会是致力于促进农业和食品领域的科技进步和发展的非政府组织，是欧洲领先的食品和农业发展组织之一。其类型多样，包括公法协会和私法协会、专业性协会和行业性协会等，且功能较为繁多，不仅为农民提供必要的利益表达方式和参与社会、政治的渠道，为实现德国农业的高度组织化提供支撑，同时向全球25000多名德国和世界级会员提供专业服务，包括农业和食品技术推广，农业机械质量安全认证，食品安全检测，出版与教育培训，农机和畜牧展览，以及田间现场指导等。总而言之，德国农业协会通过将较为分散的农户有效组织起来，使之团结成整体力量融入社会，在促进农民之间的相互交流与合作、增加农民的认同感等方面具有重要作用，在农业政策制定上，也对农业政策制定者思想意愿的形成和政策的决定过程产生重要作用。[①]由此可以看出，乡村产业振兴的组织保障有助于解决农户在面临市场变化时在信息沟通和协调等多方面的挑战，实现农村经济社会组织化和农业产业化发展。发挥各国农业协会等组织的功能，不仅关系到农民的生产和生活，也是农业产业体系建设的重要组成部分。

（三）保障环境型政策：构建乡村产业的发展环境

乡村产业是一个庞大的系统性工程，需要社会各主体的广泛参与和多要素组合，以应对乡村产业发展中的多方矛盾，共同推动农业现代化的可持续发展。包括通过保障粮食安全、坚守生态红线等，缓解资源环境与农业产业发展的矛盾，塑造良好的发展环境推动乡村产业振兴。

在粮食安全上，因各个国家经济社会基础不同，自然资源禀赋各异，各国对粮食安全的战略选择差别也比较大。例如美国政府在保护粮食安全上，采取了农产品最低保护价、补贴市价与合价差额、粮食储备制度、农业双重保险等措施，通过价格支持政策及其他一系列手段，保障农民收入，同时达到稳定生产、调控生产的目的。此外，还通过长期、短期结合的土地休耕等措施，以保持水土，保护农业生态，从而促进农业持续发展。以印度为例，除了支持价格政策之外，政府还注重物质投入和品种改良，开展"绿色革命"，建立粮食购销、价格和储备等政策体系，以保护国家的粮食安全。

在生态环境上，各国政府采取了一系列有关生态农业发展的政策，例如发展有机农业，来缓解现代农业对乡村生态环境所带来的压力。以英国为例，1994年，英国首先推出了"有机资助计划"，但由于该计划提供的补助低于其

---

① Wilhelm Henrichsmeyer，Heinz Peter Witzke. Agrarpolitik Band2：Bewertung und Willensbildung［M］.stuttgart：Eugen Ulmer，1994.

他国家，后又在1999年推出了"有机农业计划"代替原来的资助计划，且资助额远高于此前的计划，并将补助范围扩展至畜牧业。针对农户向有机农业过渡期间经营成本增加和收入降低的问题，有机农业计划一次性为每个农户提供750欧元的资助。计划实施9个月后，英国的有机农业经营土地面积就增加了约15万公顷。2003年以前，英国政府主要提供有机转换期间的支持，而2003年6月，政府开始通过"有机农业计划"提供转换期后的支持。到2005年3月，"有机农业计划"不再为新的申请者提供补助。鉴于有机农业比传统农业更有利于环境保护，政府开始实施初级有机管理项目，代替了原来的"有机农业计划"。部分或全部土地进行有机经营、没有享受"有机资助计划"或"有机农业计划"补助的有机农户都可以申请。如果确认农场主通过实施有机农业计划提高了土壤健康和肥沃度、改善了生态多样性及地质形态，则政府给予农场主每年每公顷60英镑的补助①。通过有机农业生产的天然、绿色的农产品受到广大消费者的喜爱，优质优价的农产品保证了农民的收入，同时也保护了生物多样性，保护了乡村的生态环境。

　　从乡村产业振兴政策体系建设的国际经验不难看出，各个国家的乡村产业政策不仅在农业的提质增效上发挥了巨大作用，在促进乡村的整体性发展和可持续发展方面同样取得了明显的成效，也为我国乡村产业振兴提供了许多值得借鉴之处。例如，在供给型政策上，需要从"人、财、地"等方面形成政策组合拳。在需求型政策上，通过市场塑造工具为乡村产业发展奠定相应的准则规范，以优化产业发展环境，降低政府管理成本。同时，需要充分发挥农协等组织的保障作用，引导资本和农民参与，以回应乡村产业振兴发展的需求。在环境型政策上，通过策略性措施如保障粮食安全、守住生态红线等，对乡村产业发展加以引导和规制。

---

① 张红，苗润莲，胥彦玲．英国有机生产管理及借鉴研究［J］．世界农业，2016，（5）：35-40，218.

二、农业标准化与品牌化发展的国际经验

在乡村产业振兴的实践中，各国在标准化生产和品牌化建设方面采取了一系列举措，包括建立健全农产品质量标准、加强农产品认证、打造农产品品牌等，取得了诸多显著成效，为我国的乡村产业振兴提供了有益的经验借鉴。农业标准化与品牌化建设的国际实践表明，推进农业产业标准化、加强农产品品牌化，一方面有助于提升农产品的质量，另一方面也是一个国家实现农业现代化发展的必要前提和必然趋势。

（一）以标准化生产奠定现代化农业发展的基础

农业标准化主要包括农业标准的确定、农业组织的落实和进行监督搜集的数据等，严格控制农产品的生产、改革环节，从源头上确保农产品的质量。为了加强乡村产业的标准化生产，各个国家建立健全完善的农产品质量标准体系、农业质量监测体系和农产品评价认证体系，制定和实施农业产业各环节的技术要求和操作规范，不断规范生产过程，加强对生产过程和质量的控制。国际农业标准主要是由国际标准化组织（ISO）、国际食品法典委员会（CAC）等国际机构制定。其中，国际标准化组织（ISO）是世界上最大、最有影响力的国际标准制定机构，其中有3个技术委员会负责制定农业标准，包括农作物生产管理、农产品加工、土壤质量、农用机械等多方面内容。国际食品法典委员会（CAC）从保护食品安全的角度，对国际贸易中的农产品的卫生、安全等做出了严格的要求。

以德国为例，20世纪60年代开始，德国政府倡导发展有机农业，德国也是欧洲最大的有机食品市场。在生产标准上，欧盟国家为满足生产标准、生态环境、食品安全等方面的需求，同时为提高欧盟成员国农产品在国际市场上的竞争力，坚持实施"欧洲统一认证"（CE）安全合格标准制度。欧盟有

机法规中明文规定，"有机"（Bio）以及"生态"（Öko）是由法律保护的用词，只有在符合精确制订的相关规定的情况下方可使用。满足所有相关要求的来自于有机生产的预包装制品应使用欧盟有机标签标识，除了注明有机检验点代码之外，在使用欧盟有机标签的同时有义务注明食品成分来源，如"DE-ÖKO-000"是来自德国的产品所标的国家有机标签（"DE"代表德国，"000"是检验点的三位数号码）。此外，耕作协会或特定商标还有一系列额外的有机标志。作为相关耕作协会成员的农户不但必须遵守欧盟有机法规规定，而且必须遵守其协会制定的超出欧盟规定的各种规范。在有机标签数据库中，已有来自5800多个企业的85000多个产品登记使用国家有机标签。为加强有机农产品的标准化生产和管理，德国利用物联网技术，开展农产品生产的精准管理，实现生产过程可视化、质量安全可溯源，并制订严格的食品法规和检测标准，对农产品实行严格质量检测和品质认证，包括生产环节标准和产品标准，建立高效的食品质量可追溯制度，保障农产品质量安全。2015年，德国依据本国农业资源现状提出了农业4.0，利用互联网、大数据等现代信息技术，实现农业生产、加工、营销服务及产业拓展等全产业链更高层次的集约化、协同化，实现了农业的智能化和高标准化。利用先进的遥感及地理信息系统等，采集有关农业土地的相关信息；通过室内计算机自动控制系统控制大型农业机械，进行农田的生产管理；建立农业信息数据库和环境监测数据库，建立辅助决策模型等，为农业生产的智能化和标准化提供理论支撑。德国的农业4.0不仅减少了大量人工，而且通过数据的实时采集与分析以及全产业链的实时监测与防控，实现了农业生产精准化，有效提高了农业生产率[1]。

通过建立农产品生产的标准制度，利用现代信息技术提高农业生产标准，是标准化生产的关键措施和手段，也是推动农业产业升级，促进现代农业发展的重要基础。

---

[1] 肖红利，王斯佳，许振宝，李哲敏.德国农业4.0发展经验对中国农业发展的启示［J］.农业展望，2019，（12）：117−120+124.

（二）以品牌化建设提升乡村产业的核心竞争力

品牌化建设是乡村产业发展的重要内容，贯穿农业全产业链，是推动农业高质高效发展的需要，也是消费者和生产者的需要。对于农产品来说，品牌化建设在充分展示地域特色的同时，能够提升农产品的竞争力，提高其潜在的社会价值和经济价值。农业品牌化就是由传统农业向现代农业转化的历史过程，也是不断调整农业结构，推进农业专业化和规模化，实现乡村产业可持续发展的重要路径。

在农业政策体系方面，法国从农产品认证入手，制定了系统、全方位、严格而有效的农产品认证体系。具体而言，包括原产地名称控制（Appellationd'OrigineControlee，简称AOC）、红色标签认证（LabelRouge，简称LR）、原产地名保护（Appellation d'Origine Protegee，简称AOP）、地理保护标记（IndicationGeographiqueProtegee，简称IGP）、传统特产保护（SpecialiteTranditionnelleGarantie，简称STG）、产品合格认证（CertificatDeConformiteProduit，简称CCP）六大认证标准。其中，最具代表性的就是原产地命名控制（Appellationd'OrigineControllee）认证体系，即AOC认证标志。该认证于1935年由农业部所属的原价原产地名称研究所创立，最初只是用于葡萄酒及烈性酒，1990年，法国将AOC认证范围扩展至所有农产品及食品。AOC认证标志体系体现了农产品与其产地之间的关系。凡经过AOC认证标志的农产品在地理环境、气候环境、种养技术和经营管理方面都有着自身独特的优势，正是这些优势使其产品品质优良，被消费者长期认同。如法国的AOC葡萄酒，对土地、品种选择、种植酿造方式、储存、标识、酒精含量等都作出了严格的规定。对农产品进行认证，对于保证农产品质量、树立其国家的农产品的品牌竞争力具有重要意义。

在二十世纪六七十年代，日本针对农业生产萎缩，农村村落衰败等问题，组织实施了"造村运动"，其中以"一村一品"为理念的农村产业发展运动最为典型。该运动强调引导农村居民找到本地闪光点，开发生产具有本地特色、令人感到自豪的产品。"一村一品"是以某一资源特色区域为中心，因地制宜，打造出一种或几种具有地方特色的优质农产品，形成在一定区域具有最优效益的品牌农产品，并逐步扩展到全国。这标志着品牌农业在日本的正式发展。日本政府具有高度的品牌意识，为加强品牌农业建设，采取了"品牌农业"的营销策略，日本农业与商标权结合发展"品牌农业"，坚持高端、高质量定位。以农产品为核心，建立健全品牌规划，实行规模化与品质化生产，对高品质原料进行精加工，充分利用资源，增加综合收益。政府支持品牌建设，以"一村一品"战略为例，每个行政村都有一个代表性农产品，以"集体"为单位，划定标准，统一宣传，加大农产品品牌的战略规划力度，着力打造"品牌日本"的整体品牌形象，提高农产品的国际市场竞争力。

（三）以组织化与规模化经营促进乡村产业的集聚发展

从国际经验来看，农业产业的集聚发展旨在通过生产的专业化、组织化、规模化等方式，赋予乡村产业强大的竞争优势。这对于推动我国农业现代化发展具有重要的借鉴意义。

美国作为当今世界农业现代化程度最高的国家之一，其现代农业突出特点是农场化、大型规模化和机械化。先进的农业技术使得美国农业拥有极高的生产效率，虽然农业人口较少，但生产能力极强。首先，美国政府构建了以《农业法》为基础的较为完善的农业发展制度体系，包括基础设施、农业研发、环境保护、财税金融支持等农业发展的多个方面，为农业产业规模化发展提供了制度基础。其次，加强科技研发与推广。农业科技的研发和推广是把农业科技成果转化为生产力的重要环节，是有效提升农业在整个国民经济体系中地位的一个重要举措。美国尤其重视对高科技的运用，包括生物技术、信息技术、新能源和遥感测控技术等，形成了较为完善的农业科研和技术推广体系。最后，美国采用高度机械化的大农场生产经营模式，探索集约化、规模化的农业经营方式。从农产品的生产、加工、销售各个环节实现了全程机械化以及从"田间到餐桌"的产加销一体化，实现了农业产业的规模化生产。此外，通过加强与物流、电商等的合作提升农业经营效率，完善了农产品市场体系建设，促进农产品流通各层次、各环节、各地区之间相互联系与协作，降低了农产品生产和销售的风险，进一步提高了其乡村产业的竞争力。

虽然世界其他国家有关乡村产业品牌化和标准化的建设都难以在国内找到相似情境，但其树立品牌观念、推动标准化体系建设的理念和路径为我国农业标准化和品牌化的建设提供了有效的国际经验。我国在乡村产业振兴中借鉴国际经验，需要提升标准化生产水平，奠定现代农业发展的基础；加强品牌化建设，提升乡村产业的核心竞争力；同时要加大组织化和规模化经营，以促进乡村产业的集聚发展。

三、农业产业市场化发展的国际经验

纵观各国订单农业发展历程，其发展路径大致相同，但受资源禀赋、生产要素结构、技术条件、历史发展和政治环境等因素影响，各国订单农业依托的载体和发展模式存在明显差异。一般来说，各国订单农业模式可以归纳为两种类型：一种是欧美订单农业模式，即"自下而上"发展的订单农业模式，包括以美国、法国、加拿大以及德国等为代表的欧美国家，这类模式的重要载体是农场主自行创办的现代化高科技的合作社以及拥有雄厚资金和科研能力的工商企业；二是东亚订单农业模式，即"自上而下"的订单农业模式，主要包括韩国和日本，这类模式的重要载体是政府扶持的具有"半官半民"性质的合作经济组织，如农业发展协会（农协），而以工商资本为载体的订单农业模式仅占少数。国际订单农业发展模式为我国订单农业的发展提供了有益参考。因此，本节以美国、欧洲（法国、德国与荷兰）以及日韩等国为例，对国际订单农业

发展模式进行梳理分析。

（一）美国订单农业发展模式

美国订单农业起源于20世纪30年代，因其国内农业资源丰富、地广人稀，导致订单农业发展建立在机械化农业基础之上，是典型的现代化资本主义订单农业。美国的订单农业模式主要包括农工商综合体模式、"企业+农场主"模式、"合作社+农场主"模式等。各类模式的具体特征分析如下：（1）农工商综合体模式。该模式把农业生产、农业生产资料的生产和供应、农产品的加工和销售等环节纳入同一体系，并进行统一核算，形成完全垂直一体化的综合经营。这类模式大多出现在美国的畜禽养殖行业，如养禽场、养猪场。企业通过租种或购买的方式与农场主签订土地转让协议，同时企业与农场主之间通过合法途径签订工作合同，建立长期契约关系[①]。（2）"企业+农场主"模式。农场主在农业生产之前与企业签订产销合同，明确规定双方的责任、义务和权利，然后再进行农业生产。这类契约模式主要出现在集约化要求程度高的畜禽养殖，以及易腐烂、不易运输的蔬菜、水果等经济作物种植中，企业与农场主直接签订合同，建立单期或多期契约关系[②]。（3）"合作社+农场主"模式。农场主与合作社签订合同，合同对双方义务、责任和权利进行规定，双方按照合同规定进行农业生产活动。这类模式在美国普遍存在，美国的合作社也被称为农场主协会，均以农场为基础，由农场主自愿组办，是非营利性机构，主要分为三类：销售合作社（为社员销售农产品）、供应合作社（为社员提供种子、农药、化肥等生产资料）和服务合作社。美国农业合作社在果品、蔬菜产

----

① 蔡海龙，关佳晨.国内外农业产业化组织发展经验探析[J].农村经营管理，2018，（05）：16-18.

② 郑春风.美国订单农业发展情况及启示［J］.经济纵横，2007，（14）：69-71.

销领域最为发达，服务合作社数量较少①。

（二）欧洲发达国家订单农业发展模式

订单农业在美国兴起后迅速传入西欧，到20世纪末，订单农业已经成为欧洲发达国家最重要的农业发展模式之一。值得注意的是，欧洲各国订单农业发展成长的社会政治、经济和文化土壤具有不同特点，使得欧洲各国订单农业发展具有各自的特色，其中以法国、德国和荷兰最具代表性，同时广为世界所熟知。

1.法国订单农业发展模式

法国是农业发达国家之一，农业资源丰富，国土面积55.16万平方公里，耕地面积1833万公顷。其订单农业模式包括农工商综合体模式、"企业+农场主"以及"合作社+农场主"模式，后两种订单农业模式在法国更加普遍。与美国以大规模农场为主体的订单农业不同，法国订单农业的主体是中小农场，其中耕作面积在80公顷以下的农场数量达总数的80%以上。此外，美国对订单农业发展主要通过法律与经济政策进行间接支持，而法国政府则是通过税收优惠、财政支持、法律援助等手段进行直接干预。美国订单农业的重要载体之一——农民合作社由农户自愿组成，属于民营的独立社会组织，政府方面更多的是给予服务和培训教育的机会，而非管制与指导。相较而言，法国合作社虽然也是在农场主自愿基础上建立，但是政府在农民合作社的发展中起到了推动和主导作用。农民合作社作为政府和农民之间的沟通者，平衡二者之间的关系，形成"强政府协调推动型"的特点②。

---

① 陈竹.农产品质量安全治理研究——基于契约理论和规则理论的双重视角［D］.上海：复旦大学，2013.

② 黄福江，高志刚.法国农业合作组织的发展及其对中国的启示[J].世界农业，2016，(03)：134-139.

2.德国订单农业发展模式

德国位于中欧西部，拥有高度发达的农业，"合作社+农场主"是德国最重要的订单农业模式之一，主要载体就是该国的农业合作经济组织。与美国和法国的合作经济组织一样，德国农业合作社也是在农场主自愿的基础上建立。德国农业合作社种类繁多（包括加工流通类、配套服务类以及金融类等），经营领域广泛，体系完善，渗透到农业生产、技术服务、金融保险以及生活消费等各个方面，几乎所有的农场主都加入一个或多个农业合作社。在德国，加入合作社的农场主向农业合作社缴纳一定数额的款项，用于合作社建立和运行，政府也会对农业合作社的建立给予一定额度的补贴。德国"合作社+农场"的订单农业模式有如下特点：第一，与美国大规模农场主不同，德国农场主以中小型为主，实行精细作业，农业产业规模效益明显；第二，德国订单农业最重要的经济载体是农业合作社，其组织结构完整，种类齐全，呈严密的网状分布，整个农业合作社管理规范，运行合理；第三，政府给予支持，采取一系列措施，如制定法律法规、实施税收优惠以及发放资金补贴等，支持"合作社+农场主"模式的顺利运行[①]。

3.荷兰订单农业发展模式

荷兰位于欧洲西部，是一个欧洲小国，国土面积小、人口少。虽然荷兰自然资源条件不及其他发达国家，但是该国拥有发达的农业，是最主要的农产品出口国之一，花卉、粮食、畜牧等农产品的市场竞争力更是处于世界领先地位。这与荷兰高度集约化、市场化与现代化的订单农业经营密不可分。荷兰家庭农场规模偏小，自然资源有限，订单农业模式包括"企业+农场主""合作社+农场主"以及"市场+农场主"。农场主通过契约联结机制与企业、合作社以及市场合作，实现共赢。在"市场+农场主"订单农业模式中，农场主直接与各

① 李含悦,张润清.基于国际经验的农业产业化联合体建设研究[J].世界农业,2018,（12）:162-167.

类市场联结，其中最盛行的就是"拍卖市场+农场主"模式。在该模式中，农场主将自己生产的农产品按照质量标准分类、分级以及包装，等到检验合格后送入拍卖大厅，大型批发商按照规则进行竞价，出价高者获得农产品。拍卖过程全程电子化，由互联网控制，且公开、公平、完全竞争。参加拍卖的农场主和批发商都按照规定程序进行农产品的出售与购买，农场主与拍卖市场之间属于一次性的契约关系。这种全程电子化的"拍卖市场+农场主"的模式是荷兰订单农业的一大特色[①]。

（三）日韩订单农业发展模式

日本和韩国的订单农业同属于东亚"自上而下"模式，订单农业主体为小规模农户，载体主要包括工商企业和农业合作社。日韩订单农业模式本质上与欧美国家一致，都是农工商一体化模式、"企业+农户"以及"农协组织（农会）+农户"模式。但是在日韩两国，受自然条件和土地资源明显约束，工商资本为载体的订单农业模式（包括农工商一体化模式与"企业+农户"模式）仅占少数，大部分农民是通过农协组织进行农业生产活动。两国农协规模庞大，覆盖整个农业生产，成为两国订单农业发展的坚强后盾。以日本为例，为更好地促进本国农业发展，日本政府大力发展订单农业，发展模式以小农户为核心，以工商企业和农协组织为主要载体。由于自然资源匮乏，土地有限，日本通过别具特色的"农协"将农户组织起来，实现订单农业发展。日本农协无论是规模还是组织能力，都颇为强大，且具有特色。日本农协融合了日本农民的日常生活、生产，日常生活包括医疗保健娱乐等服务项目，生产涉及产前信息供应、产中技术指导及产后销售等一条龙服务。主要经营范围包括米业企业（销售大米）、园艺企业（销售水果和蔬菜）、粮食企业（销售小麦和大豆）、家

---

① 曹金臣.荷兰现代农业产业化经营及对中国的启示［J］.世界农业，2013，（05）：115-117，142，156.

畜企业（销售牛肉、猪肉、鸡肉和鸡蛋）、畜牧业生产企业（销售饲料）、化肥业务、农药业务、农业机械业务等，还包括石油天然气业务和寿险业务，覆盖了日本农民生活、生产方方面面。日本农协的作用相当于欧美发达国家的合作社，但是又不同于合作社。其是日本政府扶持的，具有一定官民合办性质的合作经济组织，不仅是农户和市场的联结纽带，也是连接农民与政府的桥梁。日本农民通过与农协签订协议，建立契约关系，农协帮助加入组织的农民销售农产品、购买农业生产资料、购买生活资料，给予农民农业贷款，同时代表农户利益参与日本农业政策制定，监督农业政策实施①。

与日本类似，韩国农业也属小规模经营。订单农业模式同样是以农协组织为载体的"农协组织+农户"模式为主。大部分韩国农户通过与农协组织签订协议，建立契约关系。农协组织会帮助加入协会的农户购买生产资料，销售农产品，给予农业贷款，同时代表农户参与政策制定，监督农业政策实施。其中农产品仓储、运输、加工及统一销售是韩国农协组织的重要工作内容。此外，韩国农协组织是韩国唯一的专门农业金融机构，为整个农业产前、产中、产后的农事活动提供信贷服务，向成员农户和非成员客户提供合作保险以及信用担保，保证了本国订单农业的顺利运行。

（四）国际订单农业模式对中国订单农业发展的启示

通过对美国、法国、德国、荷兰、日本和韩国六个国家订单农业发展模式的梳理，发现各国订单农业发展模式各具特色。主要原因可以概括为两点：第一，资源禀赋差异。大部分欧美国家土地资源丰富，人口密度较小，订单农业的运作单位以大中型家庭农场为主，有利于农机的推广，因而订单农业模式灵活多样，即使是对资本和技术要求较高的农工商综合体模式，也能发育并顺利

---

① 李长云，刘畅，赵淑华. 美、日、欧农业产业化经营组织模式比较 [J]. 商业研究，2009，（12）：203-205.

开展。而对于东亚国家和地区，土地资源较为稀缺，人口较多，订单农业的运作单位以精耕细作的小规模农户为主，大规模现代化农机推广较难。这类地区的订单农业大多依靠农协组织发展当地农业，农工商综合体模式不能成为这类地区订单农业的主要发展模式。第二，合作经济组织功能差异。欧美合作经济组织是在自愿的基础上，由农场主自愿建立的"自下而上"的合作经济组织，大多围绕某种特定的农产品开展业务，具有较强的专业性，且欧美国家市场化程度高，合作经济组织大多在农产品的加工和流通领域，很少出现在农业生产领域；相较而言，日韩农协组织是由政府扶持推行，具有半官半民性质的合作经济组织，同时由于日韩两国农产品市场化程度不及欧美国家，农业兼业经营普遍，只有建立综合性的合作经济组织，才能使大多数农户搭上订单农业发展的班车。

尽管由于经济、文化和资源禀赋背景不同，上述各国订单农业模式具有各自的特点，但是订单农业在推动上述国家和地区农业实现现代化过程中发挥的重要作用是一致的，且有许多值得借鉴之处。第一，农民文化水平较高。无论是欧美模式还是日韩模式，各国都设立了自己的教育和培训体系，农户在进行正式的农业生产之前，都需要参加农业教育。进行一定的农业知识储备和农业技术培训，有利于农业生产过程中新技术的推广，同时帮助农户更好地理解合同规定条款，在和涉农公司、合作社以及其他机构合作时，保护自己的权益，从而使得订单农业发展更为稳定。第二，金融市场健全。无论是欧美模式还是日韩模式，都有健全的金融市场为依托。各国在订单农业发展过程中，通过完善的金融市场为农户、合作社以及企业筹措资金。农户在筹措到更多的资金后可以完成合同规定的产品供应量的生产；合作社与企业通过金融机构的资金支持，可以扩大规模，获得更多的经济利润以及更好地为农户提供服务。第三，监管体系较为完善。虽然政府在欧美模式和日韩模式中的角色各不相同，但各国政府在本国订单农业发展中都给予了直接或间接的支持，再加上合作经济组织以及其他非政府机构的存在，形成了完整的监管系统，且监管系统分工明确、独立，保证了订单农业的顺利开展。

四、乡村产业发展新业态的国际经验

随着经济社会不断发展，乡村新业态也逐渐发展起来。和国内乡村旅游与康养产业一样，国外很多国家也在积极推进农业产业新业态的发展。中国的健康旅游与西方一些国家翻译的"医疗旅游"或"保健旅游"有很大不同，它具有鲜明的特色[①]。目前，我国养生旅游主要集中在森林公园、养生温泉、特色美食、乡村风光和古村镇等，体验、观光、休闲、住宿是目前开发的主要旅游产品形式。旅游产品开发水平相对较低，尚未形成完整的乡村健康养生旅游体系[②]。国际上康养旅游产业（Healthand and Wellness Tourism）已经发展成为全球健康旅游（Global Wellness Tourism），整个经济包括健康旅游产业、温泉矿泉产业等。

（一）拓展市场，探索新消费趋势

旅游业的未来将出现在消费者方面已经发生的演变中，因为消费者变得更有知识、更见多识广、更成熟、要求更高。这就要求创新产品，改变旅游组织的经营和战略管理以及旅游本身的结构。变化是不可避免的，它受到旅游业外部环境以及全球竞争等因素的影响。由于进入门槛低，每天都有数以千计的创新企业出现以获取市场份额，这有效提高了消费者的议价能力。创新的旅游机构和目的地应该探索消费趋势，设计合适的服务和体验来吸引消费者。应使其管理、做法和过程现代化，并与兼容的组织发展联系，以利用新出现的机会。

---

① Schobersberger, W. 阿尔卑斯健康旅游：医学角度的未来展望（第 340–346 页）。HIS–InstituteHumpelerSchobersbergerLeisureFutures2002，因斯布鲁克：因斯布鲁克大学。
② 郭焕成, 孙艺惠, 任国柱, 吕明伟. 北京休闲农业与乡村旅游发展研究[J]. 地球信息科学, 2008，（04）：453–461.

消费者转型是这一过程中关键的因素之一。旅游需求在数量、特征、地点、偏好和消费行为等方面发生着巨大的变化。

SãoPedrodoSul位于葡萄牙北部的一个名为Dão-Lafões的地区，位于伏尔加河的边缘，以其热力中心而闻名，是该国最大的热力中心之一。中心全年开放，专门治疗呼吸系统和风湿病，主要针对60岁至85岁的消费者提供一系列水疗服务。虽然该地区有得天独厚的资源优势，对于传统的热疗主义者来说吸引力很高，但是对于其他的普通消费者来说则不是。2005年至2012年的发展数据显示该地的康养旅游业已经进入到一个瓶颈期。为进一步带动当地产业发展，当地开展了对当地游客的需求调查，并识别潜在的旅游需求，以顾客为导向开发旅游产品。对消费者进行细分，将顾客或潜在的旅游需求按照一定的因素划分为同质的群体，这些群体之间存在着一定的差异。通过使用详细的客户和细分信息，创造出目标明确的产品和服务。为此，水疗中心后续形成三条旅游发展路线，即健康旅游、文化和遗产旅游和自然旅游。

（二）建立公私部门伙伴关系

对于比较成熟的乡村旅游产业来说，其面对的不仅仅是国内市场，国际市场更是一个可以探索发展的领域，而这就需要一个可以发挥连接作用的机构或组织。就康养旅游产业来说，需要与国内外的医疗旅行促进者建立重要的伙伴关系。这些伙伴可以积极向国外推销该国的服务，以及制定有趣而独特的医疗旅游方案，为潜在的医疗旅行者提供一站式服务。菲律宾、印度选择组建"医疗旅游团队"，由医院、酒店、旅行社、房地产和建筑等行业的主要参与者组成，促进有关医疗旅游信息交流，并鼓励形成涉及多个部门的医疗旅游一揽子计划。

对于以种植业为主要吸引点的乡村旅游来说，应注重农业经营主体与所在区域内外的其他经营主体进行合作，形成能够发挥各自优势的合作网络。日本石川县加贺市的三共农园在之前与当地从事葡萄生产的农户有过合作，为吸引消费者，开始一年四季种植各种水果，在积雪的冬季提供住宿，并将二者结合建成了全年运营型的观光农园。2013年有员工43人，销售额从2008年的1.63亿日元增长到2013年的1.84亿日元。三共农园增设了烧烤和高尔夫球场等设施，其中，高尔夫球场有200名会员，老年顾客较多；苹果和葡萄销售采用整棵认购的销售模式，2013年有300名认购会员，这种方式也促进了节日的销售量；借助县政府补贴，开发了苹果汁、果酱和苹果酒等产品，委托地方企业加工、自主销售。三共农园附近有片山津等几处温泉，农园与温泉旅馆合作拓展客源，并与附近有名餐厅的厨师合作开发菜品，用于园内的自设餐厅。三共农园开展着园林业等多种业务，集团内的业务之间相互促进，如以集团所属老年护理设施中的老年人为对象，提供园艺服务，或服务于区域内学校的各种活动。

（三）注重挖掘和融入本土文化

提高游客体验感是各国发展乡村旅游共同追求的目标，而提升游客体验感的背后离不开对本土乡村文化的充分挖掘和探索。如法国、西班牙等国就制定乡村旅游规划，明确要求在产业发展过程中不可破坏传统景观和建筑，要使其得以继续传承，以吸引更多游客，同时获得可持续发展。针对本土文化开发而言，主要分为两个层次，一是在多民族国家或有独特民族的多民族国家充分弘扬特有民族的民族文化，让各民族各种族之间实现文化交流，发展乡村文化旅游，二是在单一民族国家立足于民族传统文化开展相应的乡村旅游项目。

毛利族作为新西兰的原住民和少数民族，拥有自身独特的民族文化，一些村庄就专门打造特有的本土毛利文化进而壮大乡村。毛利村就是以发展毛利文化为主体，将新西兰土著毛利人的传统舞蹈、毛利人编制和雕刻等传统文化成功打造成游客吸引点。70公顷大小的乡村，平均日客流量1000多人，票价就要

40—60纽币。①韩国江原道旌善郡大酱村主要通过发展"周末农场"和"观光农园",利用原生态的材料制作韩国传统食品——大酱,让游客亲临原始状态下的村庄,体验韩国悠久的大酱食品文化。除此之外,村庄还经营休闲农业,以游客体验为导向,传承民宿风情,体验大酱拌饭等地域美食,并结合当下都市人关注的修身养性的健康方式来经营发展乡村旅游产业。

五、乡村产业发展和小农户有效衔接的国际经验

在国外,乡村产业发展和小农户有效衔接主要依靠合作社这一经济组织。当代农业合作经济组织——新一代合作社,最早于20世纪70年代出现在美国的北达科他州和明尼苏达州,80年代后在美国北部各州和加拿大蓬勃发展起来,随后被逐步推广到欧洲乃至世界上各个国家,其中以德国、美国和日本的合作社类型具有代表性。

德国是合作社的主要发源地之一。德国特有社会背景造就了德国农民合作社具有层级组织体系化完备化、产业类型多样化专业化、服务内容全面化多元化、日常运行制度化体系化、服务地域稳定化与产业发展有机化等适应性特点以及企业化日益明显、绝对数量趋于减少、规模实力趋于增强、经营团队趋于专业、盈余分配趋于多样等趋势性特征,并且遍布全德的农民协会体系、完善的社会保障体系、健全的社会化服务体系以及良好的社会诚信体系构成了驱动和保障农民合作社持续健康发展的"四轮"。美国是农业高度发达的国家,号称"农业世界冠军"。统计结果显示,在美国,由农业合作社加工的农产品占农产品总量的80%,而且美国全部出口农产品的70%左右是由农业合作社完成的。由此足见美国的农业合作社地位的重要性。美国的农业合作社是在市场经济条件下,单个农民出于自身产销利益的考虑自发组织起来的互助合作经济组

---

① 于霞,郭向超,王雪.中外乡村旅游文化发展模式比较研究[J].中国集体经济,2021,(05):164-166.

织。合作社最主要的目的在于帮助农民降低生产成本和解决农产品销售问题，提高农民收入。农业合作社在美国农村几乎无处不在，在促进美国农业经济增长、提高农民收入方面发挥了巨大作用。美国的农业合作社主要分为四种类型，包括销售和加工服务型、物资供应服务型、服务合作社、信贷服务社等。农业合作社团结了农户的力量，共同应对农产品加工商对农民的垄断性侵害。合作社的发展，使它不仅在经济上有能力同农产品加工商讨价还价，而且可以对政府决策施加影响，迫使国会通过限制垄断公司，保护农户权益的法案。不仅如此，农业合作社为先进农业机械的广泛应用和农业技术的推广普及创造了便利条件。美国有着完备且发达的农业"教育—科研—推广"体系，为了共同的利益，合作社会积极配合政府说服农户采用最新的农业技术及农业机械。这样，既提高了劳动生产率，也增加了农民的收入，又落实了政府的科技推广政策。日本采取的是农协制度，1947年日本颁布了《农业协同组织法》，日本农协正式成立。在1950年左右，日本超过99%的农户都加入了农协。通过农协整合农产品资源，化解了小农与大市场的矛盾，既保证了农民的利益，也提高了市场效率。并且通过农协的指导，农户也能够更好地获取市场信息，直接以市场需求来指导自身农业生产，加强了小农户应对大市场的能力。

相比我国，这些国家的合作社都是在市场经济条件下发展成长，并积累了众多经验。虽然各国合作社所处的环境不同，发展路径也各不相同，但较为共性的合作社内在逻辑有以下几个方面。

（一）合作社之间交流频繁且规模化程度高

目前，大多数国家农业合作社正逐步朝着超大型合作社的方向发展，农业合作社的规模集中度越来越高。以美国为例，美国农业部的统计数据显示，销售额高于2亿美元的农业合作社约占全美农业合作社总数的11%，其营业额占全美农业合作社总营业额的79%。全美共有749家销售额低于500万美元的农业合作社，其营业额只占全美农业合作社总营业额的0.5%。这说明少数的合作社逐渐开始主导美国农业合作社主要经济体量。全美最大的两家合作社曾分别被美国《幸福》杂志列为当年"全国100家最大的综合服务公司"的第7名和"500家最大的工业公司"的第96名。丹麦农业合作社发展规模的变化也能说明这一情况。以鸡蛋生产为例，全丹麦的蛋鸡合作社只剩下一个，但是它的产品市场占有率却非常大，占到全丹麦鸡蛋市场的55%。合作社的规模扩大，使得竞争力加强。荷兰农业合作社本质上是农户生产经营利益共同体，目前荷兰农业合作社形成主要有生产要素供给、销售、加工、信贷和生产服务等五种类型的专业合作社。合作社不仅仅为家庭农场提供社会化服务支持，还成为团结家庭农场主的载体，为农户在农业产业链上提供了更多话语权。依赖于合作社，农户在逐渐扩大经营规模的基础上，实现了专业化生产，并具备了更多谈判能力，实现了与国际大市场的对接。

上述情况与我国合作社的情况存在较大的不同，我国合作社之间的兼并与资本集中极少，众多合作社各行其是，彼此间缺少联系。此外，各合作社又以基层合作社为主，实力较弱，在市场竞争中不能形成拳头，缺乏竞争力。未来可借鉴国外合作社发展的经验，或可考虑加快合作社资本集中速度，促进联合。特别是要注意学习国外合作社连锁经营和集团经营的经验，在国内国际市场竞争中，壮大合作社经营实力。

（二）政府长期对合作社多方面支持

许多国家政府愈来愈明显地感觉到，合作社对于调节社会矛盾，稳定中小生产者的生产经营和生活，以至于稳定经济、政治、社会，特别是对于稳定农业和农村的发展都具有十分重要的作用。因此，无论是发展中国家，还是发达国家，普遍重视扶持本国合作社的发展。各国对合作社的支持方式有所不同，有的国家是政府直接出面干预组织，基本上是官办合作社。这种情况在实行计划经济体制的国家表现最突出。从总体上看，政府对合作社的干预程度是东方强于西方。如日本、韩国、印度、泰国、缅甸等国的合作社最初都是由政府直接组织的，而且许多亚洲国家的政府每年要花费较多的精力用于合作社的发展。但当前的发展趋势也在从直接干预向间接干预变化。而西方国家的合作社大都是自发建立起来的，虽然有的国家政府也曾在早期帮助建立过合作社。西方国家政府对于合作社的发展，无论是美国、加拿大等一些实行"自由放任"政策的国家，还是欧洲一些实行"福利社会"政策的国家，都采取间接干预的手段影响合作社的发展。世界各国政府对合作社的扶持大体表现在以下几个方面。

一是法律保护与规范。资本主义国家为保证合作社事业的规范发展和保护合作社的权益，大都制定了一系列的法律。一种是合作社的专门法律，另一种是在其他经济法律中包含对合作社的有关内容。实践证明，凡是合作社立法比较完备的国家（如美国、加拿大、英国、德国、西班牙、日本、韩国、意大利等国家），合作社事业都取得了持续稳定的发展。

二是税收优惠。由于合作社是比较弱小的中小生产者的联合组织，因此各国政府对合作社的经营和合作社社员的收入普遍给予特殊的低税、减税或免税的优惠。如日本、美国、加拿大、意大利、法国、菲律宾、缅甸等国家分别对合作社法人所得税，社员合作社收入个人所得税，自用生产资料的进口税、关税，合作社一切证书、文件、证据的登记税、印花税、销售税、营业税等等给予各种特殊优惠。

三是金融准入。世界各国大都通过立法允许合作社兴办合作社银行、信用合作社和保险合作社等金融事业，其合作社金融事业也取得了很大发展。例如美国有实力雄厚的全美保险合作社联合会，英国消费合作社批发保险公司名列英国保险业前10位，英国合作银行名列英国前12位，日本、韩国农协的信贷、保险业成为两国农业合作社发展的主要资金来源。其中，日本农协所属的中央农林金库的资本额和信贷能力被评为世界顶级，法国农业合作信贷银行被列为全球第七大银行，荷兰的拉伯合作银行是荷兰第二大银行，是世界上最大的50家银行之一。即使是在一些亚非拉发展中国家，信贷合作社和保险合作社的发展也十分活跃。

四是财政资助。世界各国政府普遍对合作社事业的发展给予财政上的资助，资助的形式多种多样。日本、韩国政府对农协中央会的事业费给予很大力度的补贴，每年还拨出巨额专款用于培训合作社所需各类专门人才，不仅在本土培训，有时还到欧美等发达国家培训；同时，日本、韩国、以色列等国政府每年还出资为别国培训合作社人才。德国对新组建的合作社的管理费用给予财政补贴，第一年补贴60%，第二年补贴40%，第三年补贴20%，补贴总额要达到合作社生产性建设投资总额的25%。德国、意大利政府每年分别向本国高等合作学院（系）拨款，培养大批合作社人才。美国政府对合作社的资助数额也是巨大的，在20世纪80年代仅建立农业保障基金联邦政府就拨出1500亿美元。加拿大政府除每年给合作社联盟拨出经费补贴外，随时对合作社提出的事业项目进行审批，拨出专款资助。各国政府，特别是发达国家政府，对合作社高度重视，给予巨大支持，不仅促进了本国合作社的发展，同时，对于该国政治、经济、社会的稳定也起到了重大的作用。

（三）建设市场型合作社管理体制

农业合作社的一个重要功能就是能解决农业生产与大市场的矛盾，当今西方发达国家的合作社管理体制已基本成为市场型合作社的管理模式。主要因为小农户面对大市场的生产要素供给和农产品需求具有天然的脆弱性。纵观发达国家已有经验，荷兰由农户成立合作社，日本和韩国亦有农协，并实现地区范围内的农户基本覆盖。这些国家注重加强建设和完善农业合作组织，以农民合作社为主要载体，联结小农户，建立利益联结机制，进行农技农机推广、生产资料采购、农产品集中销售等活动，建立多维度、全方位农业生产服务体系，实现小农户发展与现代农业生产体系的有效衔接①。帮助农户以集体的力量进入市场，提高了谈判能力，降低了市场风险，同时也使得农户的家庭生产经营逐步融入社会化大生产之中，既可以实现城乡一体化统筹发展，又可不断增加农户的收入。在市场经济体制下，农业合作社的构建可加强农业部门与其他部门的互动，吸引社会资金、技术、人才等向农业部门渗透与扩散。此外，合作社的出现加速了农业生产经营的专业化、一体化进程，提高了农业生产力水平，增强小农户在大市场中的竞争力。

六、乡村产业振兴的国际经验对中国的启示

与其他产业相比，虽然农业是每个人生存所需的基础性产业，但是农业相对效益较低、生产过程辛苦，使其并不受青睐，并由此带来了农村地区劳动力流失、土地荒废等问题。各国在促进乡村产业振兴的政策实践上开展了一系列探索，虽然国别与主题各有差异，但也为中国乡村产业振兴的政策实践提供了有益的借鉴。

（一）乡村产业发展需明确目标指向

乡村产业振兴是实现乡村振兴的关键。由于乡村产业发展涉及多主体、多要素的组合，因而需要有明确的发展目标和思路，精准发力，实现乡村产业由增产转向提质，逐步形成生产效率高、产品质量好、竞争力强的乡村产业形态。2020年7月9日，中国农业农村部印发了《全国乡村产业发展规划（2020—2025年）》，提出了乡村产业发展目标，明确了优化乡村休闲旅游业等六项乡村产业发展重点任务，旨在发掘乡村功能价值，强化创新引领，突出集群成

---

① 肖卫东，杜志雄.家庭农场发展的荷兰样本：经营特征与制度实践［J］.中国农村经济，2015，（02）：83-96.

链，培育发展新动能，聚集资源要素，加快发展乡村产业，为农业农村现代化和乡村全面振兴奠定坚实基础。可见，乡村产业发展的目标指向不仅为乡村产业发展提供了发展方向，也使得乡村产业振兴有了可量化的指标内容。具体而言，乡村产业发展的目标是以产业发展为基础，引导资本、技术、劳动力等要素流向农业农村，形成现代农业产业体系和一二三产业融合发展体系，保持农业农村经济发展的旺盛活力①，促进农民持续增收，增进农民福祉。

以日本为例，日本强化乡村产业发展政策是为应对老龄化背景下的农业劳动力不足、农业收入增长停滞、资源管理的粗放化以及地方经济的萎缩等问题。其政策目标具有综合性，目标之一是增加农业从业者收入，六次产业化政策注重支持延长农业产业链条并把增值收益留给农业生产者，留在农村，这在结果上提高了农业从业者的收入，提高了农业的比较效益。目标之二是提高农业资源利用效率，其六次产业化的案例均是以农业为出发点，以利用当地农产品为基本手段，向第二和第三产业拓展。这从结果上有利于提高土地利用率，促进当地农业从业者增收，并有助于通过维持第一产业来保护生态环境和土地资源。其中的启示在于，一是乡村产业发展中，应把具有乡村特色的第一产业作为基础，以农业为基础发展第二和第三产业才是真正的三产融合，才是正确的做法。二是乡村产业发展的增值收益应该主要留给当地从业者，留在乡村，也就是说，乡村产业发展的目的应是惠及当地农业从业者和地方发展，体现当地的主体性。只有在这种情况下，才有利于缩小城乡差距，实现均衡发展，也有利于实现生态和土地保护这一公共目标。中国乡村产业发展的措施也有必要关注如何实现获益以当地农业从业者为主，以及农业资源可持续利用等综合性目标。

---

① 宋洪远曹慧：实现乡村产业振兴的基本思路和目标任务［EB/OL］.www.zgxczx.cn/content_1131.html，2020-2-14.

（二）乡村产业发展需要系统的政策保障

从乡村产业发展的国际经验来看，国家层面做好全面系统的政策支持对于乡村产业的发展具有重要的指导意义。综合来看，各国为支持乡村产业发展，一是建立较为完善的法律体系，以支持乡村第一、第二和第三产业综合化、一体化发展。二是在乡村产业发展中补贴全面，对产品开发、产品加工、生产管理设施设备、销路和市场拓展等各环节均有对应的补贴措施。三是通过政策支持研究开发和成果应用。四是建立健全乡村产业化推进机制，从中央到地方建立相关制度，负责乡村产业发展的研究和政策制定等。五是建立乡村产业相关辅助政策体系，开展人才培育、农产品利用推进、示范案例宣传等工作。其中的启示在于，农业产业链条长且各环节直接相互影响，针对乡村日渐凋敝和农业发展不振的复杂原因，需要对乡村产业发展进行系统支持，经营主体能力提升、产品开发、销售渠道拓展、生产资金、不同主体间的联合、示范做法推广等都是延长和强化农业产业链条不可忽视的支持对象。合理整合乡村产业支持政策，系统性支持三产融合发展，有助于形成可持续发展的乡村产业。

综合乡村产业发展政策体系构建的国际经验，对于中国的启示在于建立健全政策扶持措施，包括财税政策、金融扶持政策、用地政策等。2021年，农业农村部印发《关于拓展农业多种功能　促进乡村产业高质量发展的指导意见》，针对发挥好政策配套作用指出，要落实财税政策，鼓励有条件的地方按市场化方式设立乡村产业发展基金，执行好中小微企业税费优惠政策，落细农产品初加工企业所得税优惠政策，支持将烘干机配套设施、果菜茶初加工成套设备、蜜蜂养殖及蜂产品初加工成套设施装备等纳入农机新产品购置补贴试点范围。强化金融扶持政策，用好"银税互动""银信互动""银单互动"贷款机制，开发专项贷、订单贷、链条贷等金融产品，发挥农业信贷担保体系作用，支持产品有市场、项目有前景、技术有竞争力的乡村企业。鼓励社会资本到乡村投资兴业。落实农村一二三产业融合发展用地政策，推动各地制定乡村产业发展用地实施细则，保障农村一二三产业融合发展合理用地需求。

（三）以需求为导向的乡村产业发展才有生命力

乡村产业发展需要满足市场和消费者多元化的需求，以需求为导向的乡村产业发展才有生命力。从各国乡村产业振兴案例观察，各经营主体注重消费者需求和体验，具体体现在以开发话题产品吸引特定消费者群体，以多样化产品和根据客户反馈改进商品吸引消费者，以增加品种、延长采摘周期服务满足游客淡季消费，以采用生态种植和养殖方式满足消费者健康诉求，以限制游客数量提升其采摘体验等等。消费者需求导向的经营方式对形成固定消费群体、实现收益的增加作用明显。例如，前文中提到的SãoPedrodoSul在为消费者提供水疗服务的同时，开展对当地游客的需求调查，并识别潜在的旅游需求，以顾客为导向开发旅游产品，并根据消费者不同的消费需求，制定不同的旅游路线，创造出更加精准的产品和服务。其中的启示在于，基于需求导向发展乡村产业也是实现个性化发展的手段。乡村产业发展的基础是土地、文化和环境资源，追求外在形式的乡村产业发展容易陷入同质化竞争困境，难以形成特定的消费群体。以地方特色农产品为基础，突出地方独特文化、开发具有地理特征的商品有助于实现产品差异化，基于客户需求和体验的经营理念是实现服务差异化的前提，这是中国发展乡村产业过程中值得深入思考的两个方面。

（四）乡村产业发展具有多元的路径选择

乡村产业发展本身是手段，其目的是服务于地方福祉的提升。无论地处怎样的区位，有怎样的地方农产品，从农业向加工业和服务业延伸，恪守消费者需求导向的理念是不变的思路，可变的是不同的路径，如把农产品变成加工品，把原料生产变成采摘服务，把生产过程变成农事体验服务，把雇工变成残障人士就业，把加工品变成差异化的地方特色产品，进一步把当地文化和环境变成乡村旅游服务等等。在乡村产业发展以及三产融合中，重要的是探索差异化发展路径，形成从外生性推动到内生性发展的格局。国际在多元路径选择方面的实践对中国的启示在于：首先，需要处理好政府和市场之间的关系。一方面，需要政府做好乡村产业发展的顶层设计，制定乡村产业发展的综合性政策扶持体系，发挥好服务引导的作用。另一方面，则需要遵循市场发展的规律，发挥市场在资源配置中的决定性作用，真正培育长效可持续的乡村产业。其次，需要探索一二三产业融合发展的路径。促进一二三产业融合，旨在通过延伸农业产业链和价值链，解决农业产业附加值过低的问题。乡村产业发展中，围绕农业产业发展二产、三产相关产业，通过二产发展加工业等不断提高乡村产业的标准化水平，通过三产发展旅游等不断发展乡村新业态等。通过一二三产业融合的方式，有助于挖掘农产品生产加工过程中的多重价值，实现农业在加工、旅游服务、生态保护等方面的多功能性。最后，要实现乡村产业标准化、规模化、品牌化的发展模式。在标准化上，需要健全完善的农产品质量标准体系、农业质量监测体系和农产品评价认证体系等，使得农产品质量有保障、可追溯。在规模化上，要改变原来分散的小农经营的模式，不断扩大产业规模。品牌化则在于立足本土的资源优势，因地制宜，发展本地区特色产业，打造本地区的特色品牌。

参考文献

[1] 唐丽霞.全面推进乡村振兴的四个关键问题 [J].人民论坛，2022，（01）：18-21.

[2] 左停，原贺贺，李世雄.巩固拓展脱贫攻坚成果同乡村振兴有效衔接的政策维度与框架 [J].贵州社会科学，2021，（10）：152-159.

[3] 李小云.全面推进乡村振兴战略，构建新型城乡关系 [J].贵州社会科学，2021，（01）：143.

[4] 姜长云.新发展格局、共同富裕与乡村产业振兴 [J].南京农业大学学报（社会科学版），2022，（01）：1-11，22.

[5] 李小云.现代化进程中的乡村问题和振兴路径 [J].贵州社会科学，2022，（01）：143-151.

[6] 李小云，林晓莉，徐进.小农的韧性：个体、社会与国家交织的建构性特征——云南省勐腊县河边村疫情下的生计 [J].农业经济问题，2022，（01）：52-64.

[7] 曲甜，黄蔓雯.数字时代乡村产业振兴的多主体协同机制研究——以B市P区"互联网+大桃"项目为例 [J].电子政务，2022，（01）：114-124.

[8] 左停.全球减贫中的扶贫主体作用机制探究 [J].人民论坛，2021，（11）：28-31.

[9] 刘赛红，杨颖.金融资源配置与乡村产业振兴的交互作用及其空间溢出效应 [J].经济问题，2021，（11）：98-106.

［10］邢成举，李小云，石宝峰，吴雨霞.城乡关系变迁、工业扶贫变革与共同富裕道路的构建［J］.中国农业大学学报（社会科学版），2021，（04）：5-18.

［11］张晓山.实施乡村振兴战略的几个抓手［J］.人民论坛，2017，（33）：72-74.

［12］左停，金菁，刘文婧.组织动员、治理体系与社会导引：中国贫困公共治理中的话语效应［J］.西北大学学报（哲学社会科学版），2021，（02）：50-61.

［13］左停，李颖，李世雄.巩固拓展脱贫攻坚成果的机制与路径分析——基于全国117个案例的文本研究［J］.华中农业大学学报（社会科学版），2021，（02）：4-12，174.

［14］耿松涛，张伸阳.乡村振兴背景下乡村旅游与文化产业协同发展研究［J］.南京农业大学学报（社会科学版），2021，（02）：44-52.

［15］钟甫宁，罗必良，吴国宝，左停，习银生，赵文.“加快推进乡村振兴、扎实推动共同富裕”主题笔谈［J］.南京农业大学学报（社会科学版），2022，（03）：1-18.

［16］唐丽霞.乡村振兴战略的人才需求及解决之道的实践探索［J］.贵州社会科学，2021，（01）：161-168.

［17］于乐荣，李小云.产业扶贫的地方实践与益贫机制［J］.农业经济与管理，2020，（04）：5-12.

［18］焦芳芳，刘启明.土地托管：小规模走向大生产的路径选择——基于L区创新试点的思考［J］.新疆社会科学，2020，（04）：31-40，146-147.

［19］左停，苏青松.农村组织创新：脱贫攻坚的经验与对乡村振兴的启示［J］.求索，2020，（04）：99-105.

［20］梅燕，蒋雨清.乡村振兴背景下农村电商产业集聚与区域经济协同发展机制——基于产业集群生命周期理论的多案例研究［J］.中国农村经济，

2020，（06）：56-74.

［21］唐丽霞.乡村振兴背景下农村集体经济社会保障功能的实现——基于浙江省桐乡市的实地研究［J］.贵州社会科学，2020，（04）：143-150.

［22］陈文胜.论乡村振兴与产业扶贫［J］.农村经济，2019，（09）：1-8.

［23］左停，刘文婧，李博.梯度推进与优化升级：脱贫攻坚与乡村振兴有效衔接研究［J］.华中农业大学学报（社会科学版），2019，（05）：21-28，165.

［24］陈国生，刘小凤，蒋淑玲，丁翠翠，郭庆然，杨柳.湖南省乡村振兴耦合协调发展测度与路径选择研究［J］.经济地理，2019，（05）：191-197，206.

［25］刘启明.中国家庭经营的现实特征与发展趋势［J］.西北农林科技大学学报（社会科学版），2019，（03）：87-95，103.

［26］高帆.乡村振兴战略中的产业兴旺：提出逻辑与政策选择［J］.南京社会科学，2019，（02）：9-18.

［27］豆书龙，叶敬忠.乡村振兴与脱贫攻坚的有机衔接及其机制构建［J］.改革，2019，（01）：19-29.

［28］吴理财，解胜利.文化治理视角下的乡村文化振兴：价值耦合与体系建构［J］.华中农业大学学报（社会科学版），2019，（01）：16-23，162-163.

［29］刘海洋.乡村产业振兴路径：优化升级与三产融合［J］.经济纵横，2018，（11）：111-116.

［30］蒲实，孙文营.实施乡村振兴战略背景下乡村人才建设政策研究［J］.中国行政管理，2018，（11）：90-93.

［31］张挺，李闽榕，徐艳梅.乡村振兴评价指标体系构建与实证研究［J］.管理世界，2018，（08）：99-105.

［32］朱启臻.乡村振兴背景下的乡村产业——产业兴旺的一种社会学解释［J］.中国农业大学学报（社会科学版），2018，（03）：89-95.

［33］温铁军，杨洲，张俊娜.乡村振兴战略中产业兴旺的实现方式［J］.行政管理改革，2018，（08）：26-32.

［34］曾福生，蔡保忠.农村基础设施是实现乡村振兴战略的基础［J］.农业经济问题，2018，（07）：88-95.

［35］刘启明，李晓晖.关于如何完善土地流转的制度探讨——基于日本农地中间管理制度的分析与启示［J］.中国农业大学学报（社会科学版），2018，（02）：95-105.

［36］万俊毅，曾丽军，周文良.乡村振兴与现代农业产业发展的理论与实践探索——"乡村振兴与现代农业产业体系构建"学术研讨会综述［J］.中国农村经济，2018，（03）：138-144.

［37］张强，张怀超，刘占芳.乡村振兴：从衰落走向复兴的战略选择［J］.经济与管理，2018，（01）：6-11.

［38］周立，李彦岩，王彩虹，方平.乡村振兴战略中的产业融合和六次产业发展［J］.新疆师范大学学报（哲学社会科学版），2018，（03）：16-24.

后 记

2017 年党的十九大提出了乡村振兴战略。从 2017 年到 2020 年，经过三年多的总体框架和具体政策行动的顶层设计以及打赢脱贫攻坚战，2021 年我国农村发展的重点任务实现了从脱贫攻坚向乡村振兴的重大转移，乡村振兴成为我国当前农业农村发展工作的总指引、总目标和总要求。乡村振兴战略提出了五大目标：产业振兴、人才振兴、文化振兴、生态振兴和组织振兴。五大目标中，产业振兴是基础，也是乡村振兴的重要前提。脱贫攻坚阶段，针对贫困人口所采取的一系列产业帮扶政策在一定程度上解决了贫困人口增收脱贫的问题，但是从长远发展来看，随着农业和农村现代化的发展，当前我国农业产业发展仍有很大的空间。

从当前发展实践来看，我国农业产业发展正在经历从小农为主体的传统农业向适当规模的新型经营主体快速成长的现代农业转型，农业的功能也从保障初级农产品为主向促进农民增收、贡献地方经济发展等复合型功能转型，农业的形态从以种养业为主向一二三产业融合发展转型，农业生产方式从劳动力密集型向科技和资本密集型转型，农业生产的产品以满足自给自足和本地市场化为主向融入全国大市场转型。这一系列的转型对于农业产业发展都提出了新的要求，表现在实践中有几个新的趋势：第一，以农业龙头企业、农业合作社和家庭农场等为代表的新型经营主体的数量和规模在快速上升，带动了农村土地流转的活跃；第二，农业产品更加商品化，农产品质量标准和品牌建设成为当前政府和市场主体关注的重点;第三,由于新型经营主体和小农户还将长期并存,加上订单农业和电商发展,小农户和市场直接的联结关系更加紧密;第四,农业产业升级为一二三产业融合发展提供了契机,尤其是以第一产业为基础的农产品加工业的发展和农旅发展促进了乡村功能的拓展,也促进了城乡要素流动路径和方向的多元化,推动了城乡融合发展。

在这样的政策转型和实践转型的背景下,本书以乡村产业发展为切入点,从整体发展情况、政策框架、农业品牌建设、乡村新业态、小农户和市场的联结等方面对当前我国乡村产业发展呈现出来的新特点和新实践进行了归纳总结和系统分析,同时也对国际上一些可借鉴可参考的经验进行了初步的梳理。本书并不是一个系统性研究的成果,框架的设计是基于最近几年作者在国内从事农村发展研究时切身的体会,也是颇为关注的产业发展的问题。因此将这些议题列出来,和参与本书写作的博士研究生们一起讨论细化章节框架,通过搜集政策文献、典型案例和其他相关的二手资料逐步形成了此书。本书的具体章节安排如下:

第一章主要是总体上分析乡村振兴背景下我国乡村产业发展情况,从乡村产业总体情况、农业加工业与服务业发展、农业新业态及乡村特色产业发展和农业经营主体四个方面进行讨论,并且对我国农业产业发展面临的挑战进行了分析。第二章主要讨论了中国推动乡村产业振兴的重点政策领域,将中国乡村产业政策分为供给型、需求型及环境型三类,从不同维度来讨论乡村产业振兴中的政府行动和制度规范。第三章围绕农业标准化与品牌化发展,主要讨论了培育"三品一标"提升农产品的质量与安全水平,推进"一县一业"培育县域发展的特色产业集群,发展"一村一品"助力乡村产业兴旺等品牌建设路径。第四章主要以联结城乡市场的订单农业和农村电商为切入点,讨论不同模式的农业产业市场化路径对农民收入与农村产业的影响。第五章主要讨论了我国乡村产业新业态的发展情况与总体规模,并结合典型案例归纳总结乡村旅游与康养产业两种重点产业模式。第六章主要是讨论乡村产业发展和小农户的有效衔接,通过提高农户的组织化程度来建立乡村产业发展与小农户的有机联结机制,进而将小农户的发展与乡村产业发展进行有效衔接。第七章主要是通过对国际乡村产业振兴的典型经验进行梳理和总结，得到对中国乡村产业发展的重要启示和经验借鉴。

本书由中国农业大学唐丽霞教授和刘启明副教授共同主持撰写，中国农业大学博士研究生参与本书各章节的撰写，袁伟民主要负责第一章，丁悦主要负责第二章，冯瑞英主要负责第三章，李林峰主要负责第四章，刘雅慧主要负责第五章，焦芳芳主要负责第六章，张一珂和冯瑞英主要负责第七章，全书最后由唐丽霞和刘启明负责定稿。本书的写作得到了云南省委组织部和云南省人力资源和社会保障厅基层科研工作站以及中国农业大学2115人才工程的支持。本书的写作过程得到了中国农业大学资深文科讲席教授李小云教授的倾力指导，也得到了本套丛书其他主要作者，如中国农业大学左停教授、浙江农林大学鲁可荣教授、云南农业大学赵鸭桥教授等同仁的支持。本书的审稿专家也为书稿的完善提供了宝贵的意见和建议，湖南人民出版社的黎红霞老师更是多次和我们沟通书稿的修改工作。本书从立项写作到最终书稿的完成，时间紧张，其间因为各种缘由无法进行更多的实地调研和考察，仓促成稿，有很多不足，也请广大读者理解。

唐丽霞　刘启明